江苏省苏科创新战略研究院资助出版
南京特殊教育师范学院"十四五"马克思主义理论重点学科资助成果
2023年度江苏省教育科学规划重点课题成果

大学生休闲教育创新研究

阚宗兰 著

东南大学出版社
SOUTHEAST UNIVERSITY PRESS
·南京·

图书在版编目(CIP)数据

大学生休闲教育创新研究 / 阚宗兰著. -- 南京：东南大学出版社, 2024.12. -- ISBN 978-7-5766-1778-8

Ⅰ. G641

中国国家版本馆 CIP 数据核字第 2024ZX0200 号

策划编辑：张丽萍　责任编辑：陈　佳　责任校对：子雪莲　封面设计：王　玥　责任印制：周荣虎

大学生休闲教育创新研究
Daxuesheng Xiuxian Jiaoyu Chuangxin Yanjiu

著　　者	阚宗兰
出版发行	东南大学出版社
社　　址	南京四牌楼 2 号　邮编：210096　电话：025-83793330
网　　址	http://www.seupress.com
电子邮件	press@seupress.com
出 版 人	白云飞
经　　销	全国各地新华书店
印　　刷	广东虎彩云印刷有限公司
开　　本	700 mm×1 000 mm　1/16
印　　张	14
字　　数	256 千字
版　　次	2024 年 12 月第 1 版
印　　次	2024 年 12 月第 1 次印刷
书　　号	ISBN 978-7-5766-1778-8
定　　价	58.00 元

本社图书若有印装质量问题，请直接与营销部联系。电话(传真)：025-83791830。

自 序

随着生产力发展、科技进步、社会福利的充分释放,休闲日益成为衡量社会进步、生活质量的重要指标。

"休闲"一词虽流行度广,但其含义立体,需要多维界定。从内涵分析,休闲是古希腊哲学家亚里士多德所称的哲学产生和发展的三个条件之一;是天主教哲学家约瑟夫·皮珀认为的起源于宗教仪式的生活观念和人生意义;是现代国际著名休闲学研究专家杰弗瑞·戈比认为的"能使个体以自己喜爱的、本能地感到有价值的方式,在内心之爱的驱使下行动,并为信仰提供基础";是我国著名学者于光远所说的使"谋生手段"变成"乐生要素"的方式;也是我国休闲学专家马惠娣表达的"以欣然之态做心爱之事"。从不同学科解读分析,休闲以丰富的哲学意蕴、审美的生活态度、工具性的社会建制手段、"畅"的心理感受、真善美的文化内涵、新的经济增长点等丰厚的底蕴,由部分人的消磨时光,到大多数人的生活方式,进而演变成一种研究对象。

古今中外重视休闲,是因为休闲之于社会和人的发展的重要作用,其价值表现在很多方面。休闲不但关涉人的幸福感和满意度,还是社会生产生活方式、人的全面发展的标尺,是生产力发展的根本目的之一,是消除异化成为"人"的过程。作为一项古老的人类活动,人类休闲经历了几个阶段:从原始社会的"劳作得像玩一样",到奴隶社会的"有闲阶级的特权",再到中世纪"宗教式休闲",历经文艺复兴时期的"玩的黄金时代"、工业时代的"快乐英格兰"、后工业社会阶段的"花费(消费)休闲",逐步发展成为今天的"大众休闲"。休闲一直是与"游戏、玩、仪式、劳动、文化"等观念和行为相伴而生或者共同进退的。从"有闲阶级的社会"到"普遍有闲的社会",昭示着全民休闲时代的到来,未来的休闲将不断地演变成人类生活的中心内容。

人类需要休闲,更要明智地利用闲暇。休闲问题是宏观的社会问题、时代问题,也是微观的个体问题。个体对休闲的利用开发有积极和消极之分,社会对休闲的引导也有正向和负向之别。充盈的休闲时间资源、日益庞杂良莠不分的休闲方式、极端渲染过于物化的消费主义休闲、"劳动—休闲"两极分化的异象,都会影响社会和个人的整体发展和完善。

鉴于大学生休闲时间的充裕性和休闲生活的重要性,须对大学生的休闲生活和休闲教育开展调研,通过多种途径了解大学生休闲生活的概况,特别是存在的诸多问题。这也从一个侧面凸显了休闲教育在全民休闲时代的必要性和重要性,通过开发休闲时间和投资教育、教养进行休闲教育,实质就是个人、民族和国家文化资本的积累。当前,基于我国社会发展主要矛盾的变化和人民对美好生活的新期待,秉承新发展理念和提高人们生活质量的要旨,从理论、实践到政策层面,开展大学生休闲教育都正当其时。

为了更好引导休闲活动,休闲教育也要推进发展历程。在推进休闲教育方面,中国起步较晚,但也取得了一些值得借鉴的宝贵经验。自古我国休闲文化中就有着对休闲的独特的理解方式和行为方式。需要在中华传统休闲文化基础上,借鉴国外休闲教育理论和实践,开创性地开展针对大学生的课堂内外、线上线下的休闲政策支持、休闲技能培养和教育方法等的创新。"人的差异性在于业余时间",有感于当前大学生休闲生活的状况及对大学生休闲教育迫切性的现实需要,作为一名思政课教师,开展休闲教育既是学术旨趣,更是工作责任。就像一些心理学家表述的那样,不是引导学生远离某种"压力"而达到休闲,更本质的是牵引学生沉醉于某种"劳累"中而达到"畅"的体验。这是未来需要不断探索的道路。

目　录

绪论 …………………………………………………………………… 001
　　一、休闲——日益被关注的话题 ……………………………… 001
　　二、休闲研究的兴起与发展 …………………………………… 005
　　三、休闲研究的趋势与不足 …………………………………… 023

第一章　休闲教育及其理论 ……………………………………… 031
　第一节　休闲和休闲理论 ………………………………………… 031
　　一、休闲的内涵 ………………………………………………… 031
　　二、休闲的动机 ………………………………………………… 045
　　三、休闲的价值 ………………………………………………… 048
　第二节　休闲教育 ………………………………………………… 067
　　一、休闲和教育 ………………………………………………… 067
　　二、休闲教育的必要性和内涵 ………………………………… 069
　　三、休闲教育的内容 …………………………………………… 077
　　四、休闲教育的发展 …………………………………………… 081
　第三节　休闲教育与思想政治教育 ……………………………… 083
　　一、休闲教育与思想政治教育的互动功能 …………………… 083
　　二、休闲教育与思想政治教育的融合发展 …………………… 095

第二章　当前大学生休闲生活和休闲教育状况及特点 ………… 102
　第一节　大学生休闲生活状况及特点
　　　　——基于×大学城的调研分析 …………………………… 102
　　一、大学生休闲生活状况调查 ………………………………… 103
　　二、大学生休闲生活的基本特点 ……………………………… 119
　第二节　大学生休闲教育状况及特点 …………………………… 121
　　一、大学生休闲教育状况调查 ………………………………… 121

二、大学生休闲教育特点分析 …………………………………… 124

第三章　当前大学生休闲生活和休闲教育的问题及成因 ………… 128
第一节　大学生休闲生活存在的问题及成因 …………………… 128
　　一、休闲价值认知不足和学习功利性思想的存在及成因 … 128
　　二、休闲伦理和职业伦理出现的诸多偏差及原因 ………… 130
　　三、休闲实践缺乏知识信仰和当代青年精神及缘由 ……… 132
　　四、尚待全面提升质量的休闲实效 ………………………… 134
第二节　大学生休闲教育存在的问题及成因 …………………… 139
　　一、休闲教育理念时代特色尚不鲜明 ……………………… 140
　　二、休闲教育的实施途径比较单一 ………………………… 141
　　三、休闲教育内容的系统性和规范性相对欠缺 …………… 142
　　四、休闲教育环境的合力作用还未显现 …………………… 143
　　五、休闲教育方法缺乏全面创新 …………………………… 143

第四章　新时代大学生休闲教育的趋势与实施 …………………… 145
第一节　新时代大学生休闲教育的趋势 ………………………… 146
　　一、休闲活动和文化的历史演进 …………………………… 146
　　二、休闲教育的发展轨迹 …………………………………… 163
　　三、大学生休闲教育的时代特色 …………………………… 166
第二节　新时代大学生休闲教育的载体与方法 ………………… 172
　　一、新时代大学生休闲教育的载体 ………………………… 172
　　二、新时代大学生休闲教育的方法 ………………………… 178
第三节　新时代大学生休闲教育的路径 ………………………… 186
　　一、休闲教育与思想政治教育实施主体的融合路径 ……… 186
　　二、休闲教育与思想政治教育载体的融合路径 …………… 189

后记 ……………………………………………………………………… 191

参考资料 ………………………………………………………………… 193

附录 ……………………………………………………………………… 207

绪 论

一、休闲——日益被关注的话题

党的十九大报告指出:"中国特色社会主义进入新时代,我国社会主要矛盾已经转化为人民日益增长的美好生活需要和不平衡不充分的发展之间的矛盾。"[①]这既是对我国当前发展历史方位的全新界定,更是对人民日益广泛和多样化需求的高度重视。二十大报告进一步强调,"中国式现代化是全体人民共同富裕的现代化……我们坚持把实现人民对美好生活的向往作为现代化建设的出发点和落脚点"[②]。其中"美好生活"包含着对人们休闲生活的质量提升。

随着生产力水平不断提高,科学技术日新月异,我国人民的整体生活水平实现了从贫困到温饱再到总体小康的跃升,随着2021年全面建成小康社会目标的实现,人均收入达到中等偏上水平的现实必然使国家和人民更加注重生活质量,必然会突出休闲在国家战略、社会政策和个人生活中的地位。

(一) 休闲成为当下中国社会发展和人们生活的重要内容

法定节假日的持续增加为休闲活动的开展提供了现实可能。20世纪90年代中期,我国开始实行每周5天工作制;20世纪末,国家又实施了五一、十一、春节三个长假日。若将所有节假日时间累积,大多数中国人每年约有114天(即每年三分之一)的可自由支配时间。闲暇时间的延长标志着休闲开始走向普通人的日常生活,如何更好运用闲暇时光开展有意义的休闲生活成为必修课。

服务产业的发展为休闲活动的开展提供了外在环境。生产力的发展、科技

---

① 习近平:《决胜全面建成小康社会 夺取新时代中国特色社会主义伟大胜利——在中国共产党第十九次全国代表大会上的报告》,北京:人民出版社,2017年,第11页。
② 习近平:《高举中国特色社会主义伟大旗帜 为全面建设社会主义现代化国家而团结奋斗——在中国共产党第二十次全国代表大会上的报告》,北京:人民出版社,2022年,第22页。

水平的进步、福利社会的逐步推进、休闲产业和服务的不断创新,既为人们的休闲活动提供了更多的物质基础和技术服务保障,也在改变着人们的生活方式和生存质量。在《论普遍有闲的社会》中,我国著名学者于光远先生指出:"闲"是生产力发展的根本目的之一……人类文明的进步和闲暇时间的长短是并行发展的……从现在看将来,随着社会生产力的发展,如果不属于"闲"的劳动时间能够进一步减少,"闲"的地位和作用还可以进一步提高。这是一条走向未来经济高速发展的必经之路。①

文化素质的提高为休闲活动的开展提供了内在条件。随着国民文化水平和总体素质的提高,其自主休闲意识也在不断增强,休闲需求呈现多元化趋势。在拥有物质财富的同时,人们也改变了以往一味地歧视"闲"而只强调"劳"的观念,开始享受生活和向往自由的精神家园。

(二)新时代中国特色社会主义高质量发展要求更加关注休闲

人类对于休闲价值的认识由来已久。亚里士多德曾把"闲暇、惊异、自由"作为哲学产生和发展的三个条件,休闲是"哲学、艺术和科学诞生的基本条件之一"②。他甚至认为"幸福似乎还内含着闲暇,我们忙碌是为了获得闲暇;一切事物都是围绕着一个枢纽在旋转,这个枢纽就是闲暇"③。马克思指出:休闲是人的基本生存状态之一,休闲和劳动是人的自由全面发展的双重社会生活基础。中华民族优秀传统文化中,习惯将人性、文化与休闲完美结合,形成了独具特色的中国古代休闲智慧和生存方式,留下了很多优美的艺术篇章和人生佳话。

休闲的文化属性能够推动文化事业和文化产业的发展。休闲是文化传承的载体,更是文化创造的新摇篮,约瑟夫·皮珀在《闲暇:文化的基础》中指出,正是在古希腊休闲理想的土壤中,孕育了科学和哲学④。

休闲的经济属性能够推动经济产业的转型升级。休闲是评判社会生产力高低的标准,休闲产业作为新的实践和研究领域,开创了新的生活和发展领域,进而创造了新的经济增长点。据美国权威人士预测,下一个席卷世界各地并成

---

① 于光远:《论普遍有闲的社会》,北京:中国经济出版社,2005年,第11、12页。
② 中国社会科学院语言研究所词典编辑室:《现代汉语词典》,北京:商务印书馆,1983年,第572页。
③ 亚里士多德:《尼各马可伦理学》,廖申白译,北京:商务印书馆,2003年,第69、306页。
④ 约瑟夫·皮珀:《闲暇:文化的基础》,刘森尧译,北京:新星出版社,2005年,第7页。

为经济大潮的将是旅游业、休闲娱乐活动。人们对物质财富的追逐将让位于对充实的精神生活的向往,发展的质量标准将定位于人的生存质量、生命质量以及人的全面发展①。

休闲的社会属性能够提升劳动者的素质能力,为高质量发展提供主体条件。休闲不仅关涉生产力的发展、社会的进步,也关系到个人的自我完善。阿尔伯特·爱因斯坦曾说过:"人的差异在于业余时间。"闲暇时间的增多将劳动从"谋生手段"变成了"乐生要素",而以闲暇时间形态存在的社会资源也成了重要的个人财富②。合理利用闲暇时间是人不断完善自我、提高素养的有效途径。闲暇中的愉悦和自由状态也满足了个人更高层次的需求,能让人在真善美中达到心灵的宁静和思想的和谐,体悟到人类生存的意义和目的。作为人的生命状态和生活方式,休闲所蕴含的文化意义和社会意义在当代对于个体的精神修复、人类的进步、社会的思想滋养又具有举足轻重的作用。工业化时代,生存和竞争的压力、物质化的消费理念,致使人们在闲暇时间增多的同时,并没有感受到真正的休闲意义上的精神生活,而是在物质享受的同时感受到对精神贫困的焦虑,甚至出现了"逃避自由""休闲异化"的现象。对"休闲的价值和意义的追问实质上也是对人类前途命运的思考"③,是对休闲文化和个体生命存在意义的关切。我们在忙的时代仍需要闲的滋养,在忙的同时不要忘记生存的方向。

(三) 人的自由全面发展是休闲的根本价值旨归

在标志科学社会主义诞生的经典著作《共产党宣言》中,马克思、恩格斯阐明了社会发展和个人发展的关系,即代替那存在着阶级和阶级对立的资产阶级旧社会的,将是这样一个联合体——在那里,每个人的自由发展是一切人的自由发展的条件。

这是人类为之奋斗的最高目标,也是衡量社会发展的最高价值标准。作为人类古老而又不断焕新的梦想,休闲既拥有悠久的历史,也需要不断被赋予新的内涵。作为人生命的状态和"成为人"的重要过程,休闲生活方式是实现人自由全面发展的重要实践形式和必要条件;这也是休闲的宗旨所在。

---

① 马惠娣:《人类文化思想史中的休闲》,《自然辩证法研究》2003 年第 1 期。
② 于光远:《论普遍有闲的社会》,北京:中国经济出版社,2005 年,第 12、13 页。
③ 马惠娣、刘耳:《西方休闲学研究述评》,《自然辩证法研究》2001 年第 5 期。

(四)现阶段大学生在享受休闲生活的同时也存在诸多问题

有积极意义的休闲,也有消极意义的休闲,所以,休闲是把双刃剑。于光远先生就曾关注过公众的消极休闲问题,忧心于当代人的"无闲"状态。

20世纪90年代,我国进行了两次工时制度改革。随着大学生正规授课时间的减少,其休闲时间也在不断扩展,休闲意识逐步增强;相应地,休闲形式在丰富的物质文化生活的整体提升下也呈现多样化的特点。除了传统的诸如课外培训、学术活动、看电影、寻亲访友、社交、"侃大山"、睡觉等,手机、上网、打游戏、户外旅游观光、会网友等也成为大学生们的休闲热潮,但随之出现了赌博、酗酒、到歌舞厅、酒吧去寻找刺激,浏览黄色书刊和网站等不良休闲行为。对现阶段大学生的休闲生活的相关调研也显示出在休闲方面出现的部分问题还是相当严重的,其中消极的"佛系"生活方式、有损健康的"宅"式生活、借贷式超前消费、低俗化休闲比较突出。

大学生的休闲生活可控性小、自由性强,如果不加以引导,易造成道德教育的"真空"。而且,大学生的思想、观念、行为,包括身体发育还处在过渡期,成熟与未成熟交会,理性与冲动交织,容易使他们在休闲生活中具有较大的随机性、盲目性和片面性。如果不对大学生休闲生活加以引导,则自由性、可控性小的休闲生活就会成为道德教育的"真空",成为影响大学生全面发展的消极力量。因此,怎样有效利用这种以"时间形态"存在的社会资源,建立文明健康合理的生活方式,凝聚有着进步意义的休闲价值共识,形成对自身自由和价值的有益表达,塑造和谐的人格特质和具有高度社会责任感的人生追求和理念,是国内外学者专家都非常重视的休闲教育问题。

大学生的生活质量、生命价值与其休闲层次的高低息息相关。大学生的思想意识、价值观念、生活习惯、个性品质、人格发展和立德树人的高等教育目标都可能在其休闲生活中养成和实现。诠释大学生生命价值、探索其生命的独特存在,是研究大学生休闲生活的意义。因此,了解当前大学生休闲状况,研究休闲的理论本真和无限可能,对于把握大学生的生命状态、生活方式和价值取向有重要意义。另外,深入分析大学生休闲思想特点,对于指导大学生提升休闲生活质量和休闲境界,缓解当前高校教育教学矛盾,拓宽大学生思想政治教育领域、提高教育效果也有一定的实践指导意义。

休闲作为"有智慧的严肃活动",并不是先天所具备的,是要靠后天习得的,所以,伴随着闲暇时间的增多,休闲教育亦成为当代备受关注的教育课题。同时,作为从事学生工作的辅导员,在平时的管理和服务中,有感于当前大学生的生活实际和思想状况,给予大学生更多的人文关怀,关注其休闲中的文化现象和价值取向,既是工作责任,也是学术旨趣。

二、休闲研究的兴起与发展

(一) 国外相关研究分析

在国外,休闲研究起步相对较早,距今已有一百多年的历史,从现有成果看,主要是以北美休闲研究为主,其他地域的研究略有介绍。关于休闲研究,早在2 000多年前亚里士多德就曾关注和进行过专门的休闲研究;1811年,最早的一篇休闲学术论文出现;1884年,休闲研究的直接起点《懒惰权》(又称《休闲的权利》,拉法格著)发表;1899年,休闲研究开始的标志——凡勃伦的《有闲阶级论:关于制度的经济研究》诞生。

休闲研究是与经济、社会发展同步的。国外休闲研究按照时间段可以粗略划分为"二战"前、"二战"后。"二战"前资本主义国家正处于城市化、工业化时代,休闲更多带有富裕阶层炫耀性消费的印迹;另外在工业化的浪潮中,国家也在建设一些公园和娱乐设施以提高工人劳动之余的休闲生活。所以,美国著名休闲学专家杰弗瑞·戈比认为:娱乐、公园、旅游管理与休闲研究虽然研究的内容不同,但其有相互关联的发展视角。

20世纪40年代及以前比较有影响力的休闲专著有:凡勃伦的《有闲阶级论:关于制度的经济研究》(1899),柯蒂斯的《游戏运动及其意义》(1917),卡滕的《休闲的威胁》(1926),提尔格的《人是创造者》(1930),伦德伯格、喀马罗福斯基和麦克纳尼的《休闲:对郊区的研究》(1934),诺伊迈耶的《休闲与娱乐:社会学视角的研究》(1936),莫德默·阿德勒的《人类是怎样演变的》(1937),艾瑞克·弗罗姆的《逃避自由》(1941)等。在大量的国家公园管理系统成立的基础上,1932年,美国的伊利诺伊大学开设了"娱乐活动"课程,并于1940年设立了休闲学专业。

"二战"后,经济复苏,人们的休闲需求增强,大批的公园、游泳池、图书馆等休闲机构相继建立起来。1955年,美国第一个主题公园诞生——洛杉矶迪士尼乐园开园。为了更好引导休闲实践,休闲组织和研究机构出现。1981年和1984年,加拿大休闲研究协会和美国治疗性娱乐协会相继成立。宾夕法尼亚州立大学、加利福尼亚州立大学等相继设立休闲学专业。大量休闲期刊诸如《休闲研究杂志》《休闲科学》《世界休闲》等出版,休闲学术专著也不断涌现。在《休闲:在变化中的美国》一书中,理查德·克罗斯认为,"二战"以后,美国真正的休闲运动才开始。20世纪90年代,随着福利化社会的到来,休闲研究进入了全新阶段。此阶段主要休闲研究专家及代表性专著包括三类:

第一类是哲学、社会、历史文化视角的著述,如德欧和菲茨杰拉德的《美国公园和娱乐简史》(1954)、约翰·赫伊津哈所著的《游戏的人》(1955)、拉诺比和梅尔森的《大众休闲》(1958)、凯普兰的《美国的休闲——社会调查》(1960)、布赖特比尔的《人与休闲》和《挑战休闲》(1961)、葛拉齐亚的《论工作与休闲的时间》(1962)、皮珀的《闲暇:文化的基础》(1963)、伊夫·R.西蒙等的《劳动、社会与文化》(1970)、纳什的《娱乐与休闲的哲学》(1973)、罗歇·苏的《休闲》(1980)、戈比的《你生命中的休闲》(1985)、克兰兹的《公园设计政治学——美国杜市公园史》(1987)、凯利的《走向自由——休闲社会学新论》(1987)、托马斯·古德尔和杰弗瑞·戈比的《人类思想史中的休闲》(1988)①。

第二类是政治学、经济学、管理学方面的著述,如戈比的《美国人生活时间分配的调查和反思》(1965)、西彻蒂的《预测美国未来的娱乐》(1973)、戈比与帕克的《休闲研究与休闲服务》(1976)、麦克坎尼尔的《旅游者:休闲阶层的新理论》(1976)、德莱佛等的《休闲的效益》(1989)、杰克逊和伯顿的《认识休闲与娱乐:回顾与展望》(1990)和《休闲研究:21世纪前景》(1999)、古德尔和维特的《娱乐与休闲:一个时代的论题》(1995)、戈比的《21世纪的休闲与休闲服务》(1997)以及《走向21世纪中叶的休闲与休闲服务》(2006)、约翰·罗宾逊等的《21世纪的休闲:现实的问题》(2004)、克里斯·布等的《休闲研究引论》(2005)、克里斯多夫·爱丁顿的《休闲:一种转变的力量》(2009)。

第三类是社会心理学、人类学、教育学方面的著述,如梅尔和珀根的《休闲及其应用》(1960)、布赖特比尔《休闲教育的当代价值》(1966)、纽林格的《休闲心理学》(1974)、依索·阿霍拉的《休闲与娱乐的社会心理学》(1980)、齐克森米哈伊的《畅:最佳体验的心理学》(1990)、曼内尔和克莱伯的《休闲社会心理学》(1997)、亨德森等的《女性休闲:女性主义的视角》(2000)、杰克逊的《休闲制约》(2005)、克里斯多夫·爱丁顿等的《休闲与生活满意度》(2009)。

---

① 托马斯·古德尔、杰弗瑞·戈比:《人类思想史中的休闲》,程素梅、马惠娣等译,昆明:云南人民出版社,2008年,第285-291页。

上述文献主要采用多学科交叉思维方法和理论工具,糅合休闲内涵、主体、方式、心理动机、需求、价值等内容和规律,开展应用性研究。

1. **休闲内涵及相关理论研究**

休闲研究的起点是对"何为休闲"这一问题的追问。英文"Leisure"一词来源于法语,而法语则来源于希腊语和拉丁语①。在希腊语中,"休闲"为"Skole",拉丁语则为"scola",原义指闲暇、空闲,后来演变为学校、学派,意为休闲和教育。亚里士多德是早期提出闲暇概念的最主要代表人物。亚里士多德在《政治学》和《尼各马可伦理学》中都曾对闲暇进行过高度评价。他认为闲暇是当人们处于心无羁绊状态下的自我实现,是生命的自我体验和深度觉醒。首先,休闲不是消遣;其次,休闲是劳动的目的;再次,休闲是获得高级知识和技能的条件;最后,休闲是幸福的必要因素。休闲也需要学习和教育。

凡勃伦从美学、宗教学视角阐释了休闲与它们之间的关系,并分析了休闲时间里的各类消费形态和方式,他认为休闲是生活方式、行为方式、社会建制的统一。戈比则认为:空闲时间是人人都有的,但并非人人都会拥有真正的休闲。它不仅仅是"观念里的休闲",它是"对要履行的必然性的摆脱"。约翰·纽林格也认为:休闲感有且只有一个判据,那便是心之自由感②。约翰·凯利则提出:休闲应被理解为一种"成为人"的过程,是一个完成个人与社会发展任务的主要存在空间,是人的一生中一个持久的、重要的发展舞台③。托马斯·古德尔和戈比提出了更为系统完整的定义,即休闲是从文化环境和物质环境的外在压力下解脱出来的一种相对自由的生活状态,它使个体能够以自己喜爱的、本能地感到有价值的方式,在内心之爱的驱动下行动,并为信仰提供基础④。

综上,学术界大体从以下六个角度来定义休闲:

(1)从时间角度出发,把休闲与自由时间联系起来定义;(2)从心理感受出发,将休闲与心理体验、感觉感知等同,认为休闲从根本上就是一种感觉的质

---

① 马惠娣:《人类文化思想史中的休闲》,《自然辩证法研究》2003年第1期。
② 杰弗瑞·戈比:《你生命中的休闲》,康筝译,昆明:云南人民出版社,2000年,第6页。
③ 约翰·凯利:《走向自由——休闲社会学新论》,赵冉译,昆明:云南人民出版社,2000年,第23、31、265页。
④ 托马斯·古德尔、杰弗瑞·戈比:《人类思想史中的休闲》,程素梅等译,昆明:云南人民出版社,2008年,第11页。

量,一种纯粹的心理体验活动;(3)从活动角度出发,把休闲等同于运动、旅游、养生等活动过程;(4)从生活状态出发,将休闲看成一种存在状态(幽雅、冥想的不需要考虑生存问题的无羁绊的状态);(5)把休闲等同于自由,认为个体的不受压抑的、无拘无束的自由行为和自由感,是判定休闲与否的唯一依据;(6)认为休闲是生命的形式,是一种"成为人"的过程,这是从人的本性、存在、审美角度的抽象化与理想化的界定。①

休闲价值也是国外休闲学者普遍关心的问题。亚里士多德说过:"闲暇出智慧""闲暇是幸福的必要要素"。②哲学家伯特兰·罗素也曾说过:"一个人一生中若没有充分的闲暇,就接触不到许多美好的事物。"③马克思也深刻指出:"衡量财富的价值尺度将由劳动时间转变为自由时间。因为增加自由时间,即增加使个人得到充分发展的时间。"④皮珀从休闲的文化意义、精神力量、本质特征等三个方面深刻阐释了休闲的价值:首先,他认为休闲是文化的基础;其次,他指出休闲不是游手好闲,也不是随心所欲;休闲不由外部因素决定,也不是由空闲时间带来的,它是一种精神和思想的态度;再次,皮珀还进一步从休闲的特征概括:它是人在一种平和、宁静的状态下的心理和精神的态度,是为了使自己沉浸在"整个创造过程中"的机会和能力,是上帝的"赐福"⑤,是上帝给予人类的"礼物"⑥。约翰·赫伊津哈的《游戏的人》中,从游戏的角度阐述了游戏与人类文化进化的相关性,认为游戏作为文化的本质和意义对现代文明有着重要的价值,人只有在游戏中才最自由、最本真、最具有创造力,游戏是一个阳光灿烂的世界⑦。古德尔和戈比指出:"正是在休闲领域,人们有选择自由,有自由的体验过程,进而人生的真正意义才得以揭示。正是在休闲中,人性在潜在的转变中体现出对人的自我完善的引导作用。"⑧

再看休闲的经济价值以及在提高人们生存和生活质量中的作用。随着"有

---

① 庞学铨:《休闲学研究的几个理论问题》,《浙江社会科学》2016年第3期。
② 亚里士多德:《尼各马可伦理学》,廖申白译,北京:商务印书馆,2003年,第306页。
③ 伯特兰·罗素:《自由之路》,李国山等译,北京:文化艺术出版社,1998年版,第50页。
④ 《马克思恩格斯选集》第二卷,北京:人民出版社,2012年版,第787页。
⑤ 约瑟夫·皮珀:《闲暇:文化的基础》,刘森尧译,北京:新星出版社,2005年,第42页。
⑥ 托马斯·古德尔、杰弗瑞·戈比:《人类思想史中的休闲》,程索梅等译,昆明:云南人民出版社,2008年,第72页。
⑦ 约翰·赫伊津哈:《游戏的人》,傅存良译,北京:北京大学出版社,2014年,第4-8页,第10、28页。
⑧ 同⑥,第12页。

闲阶级"到"普遍有闲的社会"的发展过程,休闲经济除了作为一个新的研究领域的价值备受人们关注外,还将演绎人类社会发展的新规律①。戈比在《21世纪的休闲与休闲服务》一书中提出:未来,休闲的中心地位会得到加强,人们的休闲观念也将发生根本的变化,休闲的经济价值的分量也会增加。随着休闲的普及,休闲会变成经济发展的重要力量,休闲消费将转变成就业机会,在经济生产结构中,休闲产业的从业比例也将大大提高,休闲服务将从标准化、集中化模式转向个性化的服务模式,人们对休闲与健康之间的关系倍加重视,应运而生的休闲教育也将占据教育产业的极大份额②。

中国人民大学王琪延教授以研究休闲理论、休闲生活和休闲经济著称,他在考察了北欧一些实行"一个星期工作四天,休闲三天"的国家后,认为依据中国现在的经济增长速度,哪怕是增速再低一点,未来的中国也将迎来休闲经济时代。他甚至预测,以每年6%的经济增长速度,到2030年,我们也可以实行工作四天、休闲三天的工时制度。随着社会的进步,休闲之于个人的意义也在逐步发生改变。于光远认为,休闲最初被认为是人们紧张工作后的一种恢复手段和补偿方式;后来,休闲成了人们寻求快乐和凸显地位的一种手段;当然,也许休闲最终会成为人们追求生活意义的一种活动。闲暇并不是彻底地退居内心城堡而安享所谓内心的宁静,而是在经历社会现实生活之后在内省中所积极实现的达观、恬淡、愉悦和心满意足,是人类精神的自由和解放。在休闲中,人们得以沉思默想并和外在世界和睦相处,心灵因而获得力量和滋养③。

休闲的伦理指向:(1)对现代人生存状况的追问和反思。可以预见的是,人类的身体劳顿随着社会进步日益缓解,但心灵的安适是否亦如此呢?德国思想家汉娜·阿伦特带着浓厚的古典情结对这种现代人所谓的闲暇表达了不满,在她看来,现代人所谓的闲暇并不是真正的"闲暇",而只能称为"空余时间",仅仅是由于技术进步而带来的人不需要投入劳动的时间而已。在她看来,现代人的空余时间只会花在消费上面,留给他的空闲时间越多,他的欲望就越贪婪、越强烈④。紧张压抑、认同危机、焦躁不安、困顿抑郁等有增无减,本应具有积极生

---

① 马惠娣:《走向人文关怀的休闲经济》,北京:中国经济出版社,2004年,第5页。
② 杰弗瑞·戈比:《21世纪的休闲与休闲服务》,张春波等译,昆明:云南人民出版社,2000年。
③ 金雪芬:《论休闲之"成为人"的价值意蕴》,《旅游学刊》2012年第9期。
④ 汉娜·阿伦特:《人的境况》,王寅丽译,上海:上海人民出版社,2009年,第95页。

活内涵和创造能力的休闲行为被生物欲望化为身体机能的恢复,以及为进一步的劳动和工作所进行的准备。如果我们仅以工具理性的思维来对待闲暇,就会掩盖和遮蔽了其积极行动的意义。因此,我们需要的是一种积极乐观的人生态度、从容应对的实践取向和被赋予精神性超越内涵的闲暇①。(2)对休闲层次和休闲目的的考量。美国休闲学者约翰·纳什从道德角度做了一个休闲参与层次的理论模型,将休闲行为模式分为六个层级:最低层级称为负层级,其表现为不良行为(如破坏公物等行为),这种行为往往具有反社会性质;次低层级是0层级,其表现为放纵行为(如酗酒等),这种行为往往会导致自我伤害;再上面的层级是第一层级,其表现为消磨时间行为(如被动地看电视等),这种行为属于被动消遣的休闲活动;再高的层级是第二层级,表现为投入感情的参与行为(如歌迷、球迷的行为),这种行为可以促进情感的交流;第三层级表现为积极参与的行为(如运动、游玩、自娱自乐等),这时的行为个体是直接参与活动之中的;最高层级是第四层级,其表现为创造性参与行为(如发明活动、艺术创造活动等),这种行为往往会使得行为者陶醉其中,起到舒缓身心、愉悦心情的作用②。2007年,约翰·舒尔茨(John Schulz)在《休闲意义的发展》一文还指出,跟亚伯拉罕·马斯洛的人的需求层次理论一样,休闲也有层次,他根据休闲目的划分了六类:①摆脱工作;②消磨时间;③寻求快乐;④联络朋友;⑤新体验;⑥获得某种东西。

　　休闲研究的其他视角:卡拉·亨德森从女性主义视角出发,主要运用社会心理学方法,借鉴社会学和文化学思路,揭示女性与休闲的关系。莫德默·阿德勒指出现代人忽视了休闲在人们工作和生活中的重要意义,呼唤人们一定要珍惜休闲、善处休闲。戈比认为休闲是复杂而非简单的概念,休闲行为不只是寻找快乐,也要寻找生命的意义。

　　从对休闲现象的关注到对休闲本质和自身价值的溯源和辨析,从探索休闲与经济发展、社会进步的互动关系到考量休闲在人类不同发展阶段的意义和变化,不同学科背景的休闲学者在深切的人文关怀中也实现了休闲理论和休闲实践的结合,促进了应用性研究成果的整体繁荣。休闲教育施惠于民,呈现出休闲产业化发展格局。

---

① 韩升、谢丽威:《闲暇的政治哲学分析》,《中共四川省委党校学报》2015年第12期。
② 杰弗瑞·戈比:《你生命中的休闲》,康筝译,昆明:云南人民出版社,2000年,第103页。

2. 休闲的应用性研究

（1）对休闲资源的开发和利用研究。西方思想家认为，开发休闲，实际上就是个人、家庭、民族、国家的文化资本积累，是对人的教育与教养的投资①。以休闲的方式构筑文化资本，在西方国家是一个相当普遍的个人和社会行为②。科学、合理地利用闲暇时间，会转化为一笔巨大的社会资源和个人财富，正如马克思所说，人们有了充裕的闲暇时间，就等于享有了充分发挥自己一切爱好、兴趣、才能、力量的广阔空间，有了为"思想"提供自由驰骋的天地③。开发"以闲暇时间形态存在的社会资源"，对休闲经济、产业和服务进行引导、规划和发展，是20世纪开始西方休闲学者就关注的重点。其研究进程如下：1902—1927年，专门负责管理国家公园和纪念馆的美国国家公园服务部建立，将近1 700座城市建立了自己的公园管理系统，下辖的公园总面积达到了250 000英亩④。与之对应的相关研究也开始转向，森林、娱乐和公园管理等应用性研究丰富起来，商业性娱乐与市场研究的成果也在增加，休闲生活引导和休闲教育应运而生。1945年后，美国公园和娱乐发展进入快速推进时期。各种政府和非政府休闲组织、休闲期刊大量涌现，休闲教育也取得长足进步。1960—1970年，美国从小学到大学的课程中都渗透了休闲教育的内容，休闲教育在高等教育中的发展尤其迅速。截至2008年，美国设有娱乐、公园及休闲或相关专业的大学（学院）有335所，其中126所招收硕士研究生、20所招收博士研究生；在加拿大，以上3项的数据则分别是26、8和2⑤。休闲精品项目开发和研究日趋完善。1955—1990年，洛杉矶迪士尼乐园开园，标志着美国第一个主题公园的诞生；美国联邦政府以"国家公园与娱乐行动"的名义斥资12亿美元用于城市和国家公园建设。与此同时，许多非政府组织的休闲学会（协会）和一批休闲学术期刊也逐步出现。美国娱乐与公园协会、公园与娱乐管理学会和休闲科学研究院、美国疗养性娱乐协会相继成立。1981年，加拿大也成立了国家休闲研究协会。至此，健全的休闲与娱乐学会（协会）组织机构网络正式形成。休闲研究的专家学者和著作涌现。美国休闲科学研究院自成立之始，就是一个代表北美休闲研究最

---

① 刘绮红：《休闲运动与和谐社会价值理念探讨》，《体育与科学》2006年第6期。
② 马惠娣：《文化、文化资本与休闲——对休闲问题的再思考》，《自然辩证法研究》2005年第10期。
③ 马惠娣：《瞭望休闲学研究之前沿》，《洛阳师范学院学报》2010第1期。
④ 程遂营：《北美休闲研究：回顾与展望》，《旅游学刊》2009年第10期。1英亩≈0.405公顷。
⑤ 同④。

高水平的一流学者组织,国内第一套《休闲研究译丛》的作者托马斯·古德尔、杰弗瑞·戈比、约翰·凯利、卡拉·亨德森、戴博拉·拜尔列席基、苏珊·萧等都是其主要成员。这个时期影响比较大的专著包括布赖特比尔和迈耶的《娱乐》、德欧和菲茨杰拉德的《美国公园和娱乐简史》、拉诺比和梅尔森的《大众休闲》、梅尔和珀根的《休闲及其应用》、布赖特比尔的《挑战休闲》与《人与休闲》、凯普兰的《美国的休闲——社会调查》与《休闲:理论和政策》、麦克坎尼尔的《旅游者:休闲阶层的新理论》、戈比与帕克的《休闲研究与休闲服务》、戈比的《娱乐、公园与休闲服务:基础、组织与管理》、布赖恩的《广义户外活动中的冲突》、克兰兹的《公园设计政治学——美国都市公园史》等,主要涉及公园、娱乐、旅游等应用休闲的内容①。

（2）对休闲对象的调研和分析研究。该类型研究侧重于休闲服务的定量研究,在交叉学科背景下,以数理统计模型、统计学、系统方法等为研究方法,以休闲现象之间的相互关系为研究基础,通过数理模型和定性定量分析,考察休闲与经济发展、产业发展的关系,探究休闲行为和休闲需求的关系,解决休闲究竟能给人们带来哪些益处、满足人们哪些方面的需求等问题,特别是对休闲前景的预测分析和休闲项目的选择等。SWOT分析法和德尔菲法等定性预测法是西方休闲研究普遍使用的方法。有不少成果反映在对居民休闲、娱乐时间及其利用的调研、测量方面。1960年以来,美国共进行过6次全国娱乐调查,1965年、1975年、1985年、1995年进行了4次关于时间预算的全国性调查,1933—1934年,纽约市组织了一次较大规模的居民休闲时间利用调研。在对美国休闲资源进行广泛调查的基础上,1962年户外娱乐资源审察委员会出版了资料丰富的《美国的户外娱乐》,以此为基础,1973年西彻蒂发表了《预测美国未来的娱乐》。在关于时间预算的诸多成果中,1997年由罗宾逊和戈比合作出版的《美国人时间利用的社会学调查与方法》则具有里程碑式的影响。

与此同时,儿童、青少年的休闲问题也逐渐受到社会的关注,城市老人的休闲、无业流动人口等问题也逐渐引起政府的重视。一些政府和非政府组织开始从开辟公园、提供娱乐设施方面考虑工人的逐渐增长的休闲需要。

（3）休闲研究在21世纪的新趋向。除了继续对公园、娱乐、旅游等研究领域进行拓展和深化外,更加关注休闲与健康的关系、对休闲文化的影响,突出国

---

① 程遂营:《北美休闲研究:回顾与展望》,《旅游学刊》2009年第10期。

际化研究趋势,并逐步加强了休闲研究与教育的国际交流。这一时期比较有分量的专著包括:杰克逊的《休闲的制约》、杰克逊和伯顿的《休闲研究:21世纪前景》、维尔的《休闲和旅游供给:政策和规划》、韦尔梅尔和马西斯的《旅游和休闲业:塑造未来》、戈比的《走向21世纪中叶的休闲与休闲服务》《你生命中的休闲》《21世纪的休闲——当前问题》等。杰克逊和伯顿主编的《认识休闲与娱乐:回顾与展望》和《休闲研究:21世纪前景》是对北美休闲研究历史的回顾和展望,维尔、韦尔梅尔和马西斯的《旅游和休闲业:塑造未来》从政策、规划以及产业角度论述了休闲与旅游在政府、社会层面的意义①,戈比的《走向21世纪中叶的休闲与休闲服务》则是对《21世纪的休闲与休闲服务》的深化与拓展,克罗斯的《变化中的美国休闲:21世纪的趋势和问题》用了大量篇幅回顾美国休闲发展历史,同时又对美国休闲的未来发展进行了科学的预测与评价。

(二) 国内相关研究分析

与西方一百多年的研究历史相比,虽然我国对休闲的关注和研究相对较晚,但特色明显、成果颇丰。20世纪70年代末,我国有学者开始涉足闲暇问题的研究,在可查阅的资料中最早的一篇论文发表于1978年,20世纪80年代开始,更多的人关注到休闲的问题。作为我国休闲研究的缔造者,我国著名理论家于光远先生从20世纪80年代开始就号召重视休闲问题,提出休闲研究的核心和方向并躬身著述。20世纪90年代特别是1995年我国实行一周五天工作制后,越来越多的研究著述和论文出现。时至今日,除了研究文献,相关的研究机构、组织、中心、场所不断出现,各类学术活动持续召开,网站、期刊、课题蓬勃发展,学科建设扎实推进。经过近30年的摸索和深入发展,我国休闲研究理论朝着跨学科交叉研究、宽领域合作探索、内容多元化和体系化的方向不断发展;在实践应用中,政府、企业、社会各界不断进行调研、预测、设计,努力提高人民日益增长的休闲需求和生活质量,满足人们的实践休闲和享受休闲的需要,建设休闲城市,开发休闲项目,引导健康休闲,做好休闲教育。休闲经济、休闲产业、休闲消费格局在我国初步形成。

1. 于光远休闲理论概述

(1) 关注生活方式。于光远屡次强调:现代人应具有较高的文化素养,现

---

① 程遂营:《北美休闲研究:回顾与展望》,《旅游学刊》2009年第10期。

代生活方式也应融入更多的文化要素。如讲科学、讲文明、讲礼貌、讲美观、讲卫生、讲发展和表现自己的才能与个性等,都属于文化要素范畴,离开这些文化要素,也就没有中国共产党第十一届中央委员会第三次全体会议提出的与现代生产力发展和科技进步要求相适应的生活方式。要增强生活中美的文化要素,一是增加和提高客体中美的要素,二是提高接受美的主体的审美情趣和能力①。

(2) 重视"玩"。1983年,于光远指出:我国对体育竞赛是比较重视的,但对体育之外的竞赛和游戏研究得很不够,在中国的高等学校中,没有一门研究游戏的课程,没有开设一门游戏专业,没有一个研究游戏的学者②。1993年,他为一个旅游企业的题字中写了六段话:玩是人生的根本需要之一,要玩得有文化,要有玩的文化,要有研究玩的学术,要掌握玩的技术,要发展玩的艺术③。于光远所说的"玩"是有利于儿童成长、有利于成年人调剂生活、有利于老年人延年益寿发挥余热、有利于实现社会主义发展目的的,是使谋生手段变成"乐生要素"的方式。21世纪初期,他甚至开始关注麻将问题,认为麻将是中国的休闲文化智慧之一。

(3) 休闲研究的倡导者和力行者。从20世纪80年代开始,于光远以远见卓识和深邃的思想境界预见到了即将到来的大众休闲问题。1995年,他组织成立了休闲文化研究小组;1996年,他发表了《论普遍有闲的社会》;2000年,他还与成思危、龚育之等共同任主编出版了我国第一套"西方休闲研究译丛",这是休闲研究领域的拓荒行为和开创性工作;2004年,他又主编了"中国学人休闲研究丛书"。除了亲自参加各类休闲研究会议、学术团体活动,他还亲自指导并发表相关研究论文。

(4) 相关休闲基本问题认识概述。在《论普遍有闲的社会》中,于光远指出:"闲"是生产力发展的根本目的之一,闲暇时间的长短与人类的文明进步是并行发展的。"从现在看将来,如果不属于闲的劳动时间随着社会生产力的发展能够进一步减少,闲的地位还可以进一步提高,这是走向未来经济高速发展的必经之路。"④他准确预测了我们正在进入的普遍有闲的社会,并指出了休闲与生

---

① 马惠娣:《"休闲:终归是哲学问题"——记于光远休闲哲学思想》,《哲学分析》2014年第4期。
② 于光远:《论闲之为物》,《未来与发展》1996年第5期。
③ 于光远:《论普遍有闲的社会》,北京:中国经济出版社,2005年,第40、41页。
④ 同上,第11、12页。

产力发展的本质联系。1999年,于光远在与我国著名休闲学者马惠娣的学术讨论中说:毫无疑问,休闲是个哲学问题,归根结底是认识人的问题。同时,他也忧心于人们对消费的理解过于简单,多次引用马克思的文献旨在说明消费的目的在于"生产出生产者的素质,因为它在生产者身上引起追求一定目的的需要。无论如何,消费替代产品创造了主体,产品对这个主体而言才是产品。产品在消费中才得到最后完成"[1]。2003年发表的《我的"四种消费品"理论》明确提出:社会越发展,国家越富有,社会满足其成员的物质条件和非物质条件的程度就越高,反映一定社会生产方式的生活方式也就必然发生变化,人的一切活动的本体论意义也将得到彰显,社会生产力发展的新规律就会出现[2]。这些观点清晰指明了消费、生产与人的生活的本质联系。通过撰写系列文章,余光远论证了时间与休闲、劳作与休闲的辩证关系,指出未来工作与休闲不再对立而是合二为一成为自由的生产活动,劳动不再是谋生手段而是"乐生要素"。2004年,他在"中国学人休闲研究丛书"的序中强调:除了理论研究,未来要多关注实践休闲的内容,"在未来,随着时代的发展,人的休闲需求会越来越大,提出的标准会越来越大,如何实践休闲,享受休闲,会越来越成为全社会所关心的问题"[3]。他还倡导政府、企业、社会各界都要为人民大众的休闲生活服务,设计丰富多彩的、内容积极向上的休闲实践项目,让人民大众在寓教于乐中接受新知识、新事物、新观念,享受美好的新生活。

(5) 关于未来休闲研究,于光远认为休闲既是社会问题、时代问题、宏观问题,又是个体问题、微观问题。当前的跨学科研究方法和思维方法产生了丰硕成果,促使了休闲社会学、休闲心理学、休闲经济学、休闲产业、休闲经济等哲学、社会学、历史学、文化学、人类学、经济学等学科的相互对话和交叉繁荣;休闲本身所具有的人文特性正契合我们国人本身所向往的"存在状态"和生活方式;愿意为这一时代问题而耕耘的学者越来越多,这一方面是学术志趣,同时也是人的"欣然之态做心爱之事"的人生价值的体现。有关未来休闲研究,他认为应注意三个问题:一是休闲文化的特性问题。中国有五千多年的文明史,休闲在传承文化方面一定有独特的价值。需要认真梳理中华民族休闲理念中优于

---

[1] 马惠娣:《"休闲:终归是哲学问题"——记于光远休闲哲学思想》,《哲学分析》2014年第4期。
[2] 于光远:《我的"四种消费品"理论》,《自然辩证法研究》2003年第3期。
[3] 马娟:《休闲与人的全面和谐发展》,《福州党校学报》2008年第2期。

其他民族文化的特质,并向世界输出中国文化,包括中国人的休闲智慧、休闲价值观及由此创造的艺术形式。二是关注休闲引起的产业链和新的经济现象。目前中国的休闲产业已经崛起,但是一些企业包括管理者、经营者只知道休闲带来的赚钱机会,却缺少人文关怀意识,不了解人的休闲究竟要达到什么目的,导致许多休闲产品缺少创新、缺少人文精神和文化底蕴。三是关注人民大众的现实生活、闲暇生活、休闲行为。2007年,于光远还在公开谈话中表示他特别忧虑当代青年知识分子的无"闲"状态。

2. 探索本土休闲文化,引介国外休闲理论

2000年,第一套"西方休闲研究译丛"发行:古德尔和戈比合著的《人类思想史中的休闲》、戈比的《你生命中的休闲》和《21世纪的休闲与休闲服务》、约翰·凯利的《走向自由:休闲社会学新论》、卡拉·亨德森等的《女性休闲——女性主义的视角》,这套丛书分别从哲学、文化、社会发展、人的生存意义的视角对休闲的内涵、发展史、价值意义展开阐释,侧重休闲的理论研究。

2009年,中国经济出版社推出了马惠娣任主编的第二套"西方休闲研究译丛",这套丛书有布赖特比尔和莫布莱的《休闲教育的当代价值》、克里斯多夫·R.埃廷顿等的《休闲与生活满意度》、伊夫·R.西蒙(因为不同译作有不同的译法,为尊重译者的习惯,本书在其他处又称伊夫)的《劳动、社会与文化》、戈比的《走向21世纪中叶的休闲与休闲服务》、约翰·罗宾逊和戈比的《美国人时间利用的社会学调查与方法》。

2004年,浙江大学成立了亚太休闲教育研究中心(APCL)。2009年,该研究中心编辑出版了部分休闲书系,其中的译著就有克里斯多夫·R.埃廷顿的《休闲:一种转变的力量》、埃德加·杰克逊的《休闲的制约》和道格拉斯·克雷伯等的《休闲社会心理学》。

此外,比较有影响力的论文主要从两个进路开展研究:一是对西方休闲及其研究的历史考察、现状描述及其发展的展望等综述性、评述性文章。有马惠娣的《西方休闲学研究述评》(2001)、《人类文化思想史中的休闲——历史、文化、哲学的视角》(2003)和《瞭望休闲学研究之前沿》(2010),李斌的《近代英国民众休闲生活史研究述评》(2004)、郭鲁芳的《国外休闲经济研究的历史与进展》(2004)和《经济学与管理学视野中的国外休闲研究》(2007),卿前龙的《西方休闲研究的一般性考察》(2005)、宋瑞的《国内外休闲研究扫描》(2004)、《反思与演化:近二十余年西方休闲研究的学理之辩》(2013)和《休闲与主观幸福感:

西方研究述评》(2015)，刘慧梅和张彦的《西方休闲伦理的历史演变》(2006)，张建的《国际休闲研究动向与我国休闲研究主要命题刍议》(2008)，吴承忠的《西方休闲经济萌芽阶段的发展历程》(2010)，周海荣和姜锡润的《西方休闲观的历史流变》(2014)等。二是考察西方休闲及其研究对中国的影响及启示。主要有宋瑞的《休闲与生活质量关系的量化考察：国外研究进展及启示》(2006)、孙林叶和董美珍的《国外休闲教育的发展及启示》(2006)、戈比等的《北美休闲研究的发展：对中国的影响》(2008)、张雅静的《西方休闲价值观解读及启示》(2010)、吴承忠的《国外休闲政策实践及其启示》(2015)、伍先福和陈攀的《西方休闲研究的福利取向及其启示》(2012)、林岚和施林颖的《国外休闲制约研究进展及启示》(2012)、刘松和楼嘉军的《国外休闲满意度研究述评与启示》(2017)等。

3. 中国学人对休闲理论的阐释

在研究早期，著名学者于光远、成思危、龚育之等人都曾对闲暇多有关注。成思危指出：新世纪的到来和知识经济的逼近，给我们带来了两大问题——一是人们的生活方式、工作方式发生了根本的变化，在效率提高的同时，人们将有更多的空余时间，或者说是闲暇时间；二是，随着经济全球化和网络化时代的到来，越来越多的文化之间的相互融合、相互渗透也会日益显现。龚育之也认为：休闲，从部分人的消磨时光，到大多数人的生活方式，进而演化成一种研究对象，从而形成休闲科学。1995年在于光远先生的组织下，我国第一个休闲文化研究小组成立，当时尚不足10人。后来，在著名休闲学者马惠娣、陈鲁直、韩德乾、刘梦溪、王文章等人的带领下，队伍日益壮大，研究领域日益拓宽，国际合作交流也在进行。

4. 对马克思休闲思想的发掘

马克思的著作中没有专门的关于休闲的论述，所以作为隐喻内容，其休闲思想长期未能进入学者视野，前期能够查询到的关于马克思休闲思想研究的成果不是很多。就笔者目前掌握的资料来看，以马克思休闲思想为研究主题的书籍主要有陈鲁直的《民闲论》、刘晨晔的《休闲：解读马克思思想的一项尝试》(2005)和王晓杰《马克思休闲思想及中国休闲经济发展研究》(2015)等，相对而言，论文成果则相对丰富。

龚育之教授曾指出：在马克思主义的思想宝库里，自由是一个相当重要的概念，政治上的自由、哲学认识上的自由和谋生劳动之外的时间上的自由都有着深刻的联系。马克思认为,除了必要劳动之外,剩下来的可以自由支配和进行自由创造的空闲时间,可称之为必然和自由;恩格斯讲"自由是对必然的认识",毛泽东则论述"自由是对必然的认识和对客观世界的改造"。

《民闲论》的作者陈鲁直以深厚的马克思主义理论素养,系统整理了马克思关于"劳"与"闲"的关系,阐释了马克思在《共产党宣言》中提出的"每个人的自由发展是一切人自由发展的条件"的思想精髓。陆彦明、马惠娣的《马克思休闲思想初探》是国内第一篇研究马克思休闲思想的文章,初步探讨了马克思理论中有关休闲与人的全面发展、休闲与社会进步的相互关系,旨在对当代社会日益凸显出来的休闲问题做学理层面的剖析。刘晨晔、许征帆在《劳动——休闲——马克思人的自由全面发展思想的两个内在逻辑基点》(2003)一文中指出人的自由全面发展不仅有人们非常熟悉的"劳动"的基点,也有人们很少注意到的"休闲"的基点,真正实现自身解放和自由全面发展的人是能够同时主宰劳动和休闲的人。刘晨晔在《解读马克思休闲思想的几个问题》(2003)中提出了解读马克思休闲思想的方法论问题,即应当采用"症候阅读法",以此挖掘马克思休闲思想的"生长发育之根"。于桂芝在《劳动和休闲的哲学基础——马克思关于人的自由全面发展的再认识》(2004)一文中进一步深化了刘晨晔论文中的观点,认为马克思关于人的自由全面发展的实质就是劳动和休闲。

综上,从内容上看,这些研究多是把马克思的休闲思想与其关于劳动、自由、闲暇时间的思想联系起来考察,并将劳动和休闲并列起来。之所以这样做,一方面是基于两者本身的内在关联及其在马克思著作中的历史联系,另一方面意在通过人们熟悉的"劳动"引起对于不熟悉的"休闲"的重视。

从研究方向上看,这些论文多属于人学研究,研究马克思休闲思想的价值指向是人的自由全面发展。原因在于人的自由全面发展既是马克思主义理论的出发点和归宿,也是休闲学研究的价值目标。这也反映了休闲学研究的特点,即休闲学研究始终离不开人,始终指向人自身。

5. 对中华休闲文化的探究

北京大学赵敦华教授曾讲过:在诸多古代文明中,只有中国、印度和希腊产生出了一般意义上的哲学,而且有着人类最初的文化形态——宗教和神话①。中华民族有着五千多年的悠久历史,曾为人类思想文化宝库做出了重要贡献,

---

① 赵敦华:《西方哲学简史》,北京:北京大学出版社,2001年,第1页。

特别是在休闲文化方面,有着对休闲的独特的理解方式和行为方式,是世界文化宝库中一颗璀璨的明珠①。"休闲"二字有着丰富的传统文化内涵。在古汉语字典里,"休"倚木而休,"闲"通"娴",有娴静、散淡之意。在中华历史文化进程中,休闲也扮演着重要的角色,它既是文化传承的一种载体,亦是文化的创造者。自古至今,广大民众的生活方式和行为方式中或多或少都渗透着这种亲切而又直接、自由而又富于情趣、美又充满人性化的力量。探究中华休闲智慧,发扬和传承中华休闲文化,中国休闲学人在此领域探索日盛。

(1) 对传统休闲文化的研究。主要以古代小说、散文、诗词歌赋等文艺作品、传统生活方式、养生活动、体育运动形式、风俗习惯等为研究载体,从休闲文化和审美休闲的视角,开展传统休闲文化的价值挖掘和理论建构。2005 年吴小龙探讨了我国古代隐逸文化传统对现代休闲的影响,2006 年吴承忠谈到了元大都休闲图景文化,2008 年谢珊珊从唐诗宋词等角度研究了其休闲价值,2013 年潘喜梅从古代养生保健活动中发现古人休闲模式,2014 年王济远探讨了古代休闲智慧的发展脉络及现代意义,2015 年潘立勇开展了对古代休闲美学的理论品格及理论建构的系列研究。

(2) 中西休闲文化对比研究。主要有刘子众、彭文革、马惠娣的相关成果。

(3) 对我国现代休闲文化的内涵、理念、发展的研究和总结。黄健、张永红、孙宁、秦学探讨了休闲文化的核心问题、发展理念和趋势。

(4) 探索休闲文化的价值和意义。2003 年,王文章强调休闲教育要更多关注文化艺术,包括文化艺术的理论、优秀文化形式和传统的传承和保护。陈迎宪、刘海春、刘邦凡、庞学铨分别从休闲文化对人的发展、社会进步等的意义和价值开展了探索。

(5) 休闲文化的批判和建构。对传统优秀休闲文化的传承和创新,对现代休闲文化的批判、传播和建构,杨建、谢洪恩、吴文新、徐锦中、范藻等分别从生态学、人类学、社会学角度对其进行了阐释。

6. 国内大学生休闲生活的研究

虽然我国还没有关于大学生休闲生活研究的相关著述,但研究论文自 2003 年以来日益增多,涉及的期刊论文、硕博士论文、会议论文已有千余篇。现有成果主要沿袭"关注大学生休闲生活——调研和探究大学生休闲生活状况——发

---

① 马惠娣:《人类文化思想史中的休闲:历史·文化·哲学的视角》,《自然辩证法研究》2003 年第 1 期。

现大学生休闲生活的问题和价值——深入分析和探讨大学生休闲生活的特点和意义——建构大学生休闲生活的指导理论和价值导向"这一主线展开,在数量上呈现递增态势,在研究视角、研究内容上也不断拓展和丰富,特别是尝试从交叉学科视角和微观角度对大学生休闲生活进行研究,触及的领域更加系统、深入和前沿。

(1)调查和研究大学生休闲生活状况和特点

① 大学生休闲态度和动机研究。大学生休闲观念存在差别,其主要分为两类休闲观念:一类是传统的倚学歧闲风。这类观念主要受我国传统文化中所倡导的"业精于勤,荒于嬉""书山有路勤为径,学海无涯苦作舟"等影响,认为参与休闲活动就是"不务正业、游手好闲"的表现。所以,受此影响,部分大学生认为父母辛辛苦苦供自己上学,自己就应该抓紧一切时间学习知识,而不应该把时间浪费在所谓的休闲上。另一类是自由放任型休闲。一部分大学生在度过了高中阶段的苦学日子,认为大学生活应该享受闲暇,把大学的休闲时光纯粹地理解为娱乐、休息和放松。李仲广和卢昌崇对大学生休闲动机的解读如下:休闲动机是一种内在心理过程,它可以引起、引导个人休闲活动,并导致该休闲活动朝向某一目标,休闲动机是产生休闲活动的主观原因。大学生休闲动机的类型主要包括松弛动机、娱乐动机、交往动机、成就动机。具体内容包括放松、消磨时间、亲近自然、个人发展、社会交往和利他行为等,前两者是目前大学生休闲的主要动机。

② 大学生休闲行为研究。近年来有关大学生休闲行为研究的重点是体育休闲,它是当前我国大学生休闲生活的主要方式之一。李庆峰、宁晓菊、孙敏明、周越、陈楠、邓应华、王明和张开媛、费岑芳等对大学生休闲生活方式的调研结果显示:排在前面的休闲方式是上网、体育运动、消费购物、旅游、睡觉、休闲阅读等。赵立允把大学生的休闲行为和休闲类型分为三类:一是工具主义休闲,休闲就像润滑剂,能消除大学生学习生活等带来的疲惫感和压力感;二是消极主义休闲,即把休闲视作空闲,无所事事;三是消费主义休闲把休闲视为逛街、购物等金钱消费行为。同时,杨燕、叶超、沙润还提出,与信息化和网络社会有很大关系的大学生宿舍休闲——上网,正使越来越多的大学生成为"虚拟人""网络控"。随着经济社会的发展,媒体技术的日益高端,网络资源的丰富,上网、消费在大学生休闲生活中占据了举足轻重的地位,休闲消费也占据了大学生消费的重要部分。大学生休闲行为的消费主义倾向明显,呈现消费成本趋高

的势头,"网上冲浪""手机依赖症"越来越成为当前大学生休闲中的问题。唐星星提出消费俨然有成为对休闲生活的总体描述的倾向,大有"无消费不休闲"的态势。集中在网络、手机、购物、交友、旅游、美食、逛街、观影、游戏等主要休闲活动形式上的休闲消费的风气在目前的校园中比比皆是。史宏协把当前大学生的休闲状况概括为"四低",即低自我评价、低休闲等级、低休闲技能、低自觉。

③ 对大学生休闲目标和影响因素的研究。大学生的休闲生活形式日益多样,内容日趋丰富。有无所事事的消磨时光,又有满足精神和生理需要的恢复性的消遣、娱乐活动,还有追求各自不同的需要和价值、实现自我发展、自我完善的知识扩充。除了主观思想动机等因素的影响,大学生的休闲还跟其家庭背景、学校教育、社会环境等关系密切。

(2) 提出和分析大学生休闲生活的问题和原因

李庆峰、丁海燕、蒋晓明在实地考察的基础上,总结出大学生休闲生活的六大问题:休闲生活质量不高,大部分学生对休闲生活的主观评价为"空虚无聊";休闲活动的时间结构不尽合理,即休息时间过多、活动时间过少,小范围交际活动过多、大空间交往活动过少,智力活动过多、体力活动过少,口头活动过多、实践活动过少,一般性活动过多、技能性活动过少等;休闲生活层次不高,花大量的时间集中在纯粹为了消磨时间的休闲上;休闲生活缺乏自觉性,几乎没有理智地、自觉地、认真地考虑过自己的休闲生活,还处在一种盲目的、自发的、不觉醒的状态之中;缺乏休闲生活技能,大部分学生认为自己没有能够很好掌握业余爱好的基本技能技巧;缺乏休闲组织,学校、院系、班级及社团组织的活动只占据大学生休闲生活空间的极小的一部分。① 这六大问题基本概括出了我国大学生休闲生活目前普遍的情况。总之,目前大学生的休闲生活基本上处于一种自在的状态,具有很大的临时性和随意性,缺乏合理性和科学性。

究其原因,首先,大学生的休闲技能和质量与社会经济发展、社会整体休闲状况相关。其次,相对于经济发展水平,我们对休闲的认知和研究相对落后,对休闲资源的开发和利用还不能满足人们的现实需要,对休闲生活的引导和教育还未得到应有重视。

---

① 李庆峰:《大学生闲暇生活的现状》,《青年探索》2003 年第 1 期。丁海燕、蒋晓明:《国内外大学生休闲比较研究》,《当代教育论坛》2010 年第 2 期。

(3) 探究和建构大学生休闲生活的价值和导向

① 探究大学生休闲生活对其自身成长的价值。杜马哲迪尔指出休闲的放松(relaxation)、娱乐(entertainment)和个人发展(personal development)三种功能,个人发展是休闲功能中最高层次也是最重要的部分,它使人们的视野更加开阔,思想不断扩展,人格不断完善。周星认为学生不应该使休闲仅仅停留在放松的层次上,应该努力使自己的休闲具备个人发展的功能,让休闲与学习工作相得益彰①。肖军认为大学生对休闲时间的管理、休闲方式的培育、休闲品位的培养、休闲质量的提高,以及对于缓解大学生的学业压力、就业压力、人际关系的紧张等心理负担,促进其身心的健康发展有益。参加社会实践是提高和完善自我的重要途径,而"休闲同样是塑造人类智力发展的一个重要领域"②。科学的休闲生活有助于大学生根据自己的特点选择健康的休闲内容和休闲方式,扩大自己的知识面③,并开阔自己的视野和思路,培养想象力和创造力,从而不断地认识、充实和完善自己。

② 探析大学生休闲生活的文化功能。王昭君、陈宇明认为,休闲是在人参与下的一种文化创造、一种生活方式,是一种思想,更是一种人生态度④。休闲是文化的基础,其本身就是一种文化形态,就如马惠娣所说,"它的价值不在于实用,而在于文化"⑤。休闲不仅可以满足大学生的求知欲,而且可以提高他们的文化与审美素养。陈琰认为,"真正的休闲是一种优雅的审美生存方式"⑥。当前,大学生的生活价值观发生了转变,逐步有从过度注重学业成绩的获得转向注重自由、表现、发展、文化素养和品位的提高的发展趋势。

③ 构建大学生休闲生活的教育意蕴。戈比认为休闲教育是"一种贯穿从幼儿园以前到退休以后的终生教育,是每个人都应接受的教育"。刘小容认为,大学生休闲教育是指向大学生传授休闲知识和休闲技能,指导他们通过丰富多彩的休闲活动增长见识,推动智力发展和个性成长,帮助大学生树立正确的休闲价值观,培养大学生良好的休闲行为,使他们的个性、道德品质、社会技能、创造

---

① 周星:《大学生日常休闲活动的动机与障碍》,《中国青年研究》2005 年第 8 期。
② 杰弗瑞·戈比:《你生命中的休闲》,康筝译,昆明:云南人民出版社,2000 年,第 296 页。
③ 廖小平、孙欢:《论大学生休闲教育》,《现代大学教育》2011 年第 1 期。
④ 王昭君、陈宇明:《大学生休闲文化之功能探析》,《教育理论与实践》2012 年第 12 期。
⑤ 马惠娣:《休闲——文化哲学层面的透视》,《自然辩证法研究》2000 年第 1 期。
⑥ 陈琰:《闲暇是金:休闲美学谈》,武汉:武汉大学出版社,2006 年,第 4 页。

才能得以充分自由地发展,成为一个精力充沛、生活幸福、开拓进取、勇于创新的人①。白晓宁认为大学生休闲教育丰富了思想政治教育的基本内容,凸显思想政治教育的人本理念,增强思想政治教育的服务功效。应培养健康的休闲意识帮助大学生形成科学的休闲价值观,开展有意义的休闲实践活动帮助大学生提高多种休闲技能,充分利用校园网络文化的休闲方式帮助大学生拓宽休闲视野。

(4)发挥大学生休闲生活的社会示范作用

李红霞认为青年社会化是其成长的主要课题之一,社会角色的培养是大学生社会化的重要内容。休闲为人实现社会化提供了时间保证,它是个体社会化的必要条件,同时也为大学生的社会角色提供了"实习"和示范的机会。

三、休闲研究的趋势与不足

审视西方一百多年来的休闲研究,一些知名的学者提出了不少关于休闲的范畴、概念和原理,诸如休闲需求、休闲动机、休闲制约、休闲体验、休闲经济、休闲价值、休闲管理和休闲社会心理等,为深入探讨有关专业问题,阐述了许多有广泛影响的观点,为建构休闲学的理论与话语体系做出了重要贡献,相关代表性著作也成为西方休闲研究的经典。但大多数著作都是从某些休闲思想、观点出发,"着力于讨论休闲的实践应用与推广,具有很鲜明的实践性与应用性特征,尤其是美国和加拿大的休闲研究专家,其学术倾向和研究内容有着实用主义的浓厚印记与影响。"②系统研究休闲学理论本身的专著颇为鲜见,而且即使专门讨论休闲问题的论著,基本只是涉及休闲的某个领域、某一方面或某些问题。

在杰弗瑞·戈比和沈杰明共同撰写的《北美休闲研究的发展:对中国的影响》一文中提到,休闲研究经历了从哲学、社会学、历史学到政治学、经济学、管理学再到社会心理学、心理学的学科视角转换,研究方法则涉及生态系统方法、有关社会化的群体理论、流畅体验理论、自我决定论、人种/种族论、社会正义论和社会文化理论等,未来的研究要更加借用更为有效的工具测量、实地调研、行动研究、体验取样法,不断加强休闲与政府、公园等娱乐服务部门、企业、非政府组

---

① 刘小容:《休闲教育融入大学生思想政治教育探析》,《思想理论教育导刊》2013年第5期。
② 庞学铨:《休闲学的学科解读》,《浙江学刊》2016年第2期。

织、健康水平及医疗机构的关联度,以健康、旅游为休闲重点侧重应用研究。

20世纪90年代以来,我国休闲研究进入繁荣期。20世纪末到2005年,相关著作大致有近20部,主要集中在社会学、美学、体育学等领域;2005年以来,公开出版的专著已经超过130部,研究领域也延伸到哲学、社会学、经济学、管理学、教育学、美学、人类学、文化学等。

由王雅林和董鸿杨主编,1992年公开出版的《闲暇社会学》开启了中国休闲学研究的先河,虽然在理论和方法上还有明显的苏联和东欧国家的研究痕迹。作为第一位参与国际休闲学术研究的中国大陆学者,马惠娣向1996年召开的第四届世界休闲大会提交了《文化精神领域的休闲理论》一文,引起境外学者的关注。与之同时,青连斌的《城市生活方式》(1990)、王宁的《消费社会学》(2000)和石培华的《新经济条件下的朝阳产业》(2002)等同类型的研究成果也陆续发表。

2004年后相关论文呈现逐年快速递增的趋势,迄今已突破上万篇,研究对象涉及儿童、大学生、老人、女性、大众休闲等,研究内容包括休闲方式、休闲经济、休闲产业、休闲文化、审美休闲、休闲城市等,特别是有关深度研究旅游、运动、体育、养生等休闲方式的方面。现有研究主要在以下领域取得较大进展:

(1)概念的中国化界定。国内学者分析各类国外休闲定义,认可休闲作为与体验、自由感受、愉悦等心理感受相关的人的生存和生活方式的界定,但也尝试结合我国国情和传统进行中国式界定。一是从古代汉语中的引申义作象形理解、字源与引申词语解释、休闲时间观、哲学和文化状态观等。此外,马惠娣在《人类文化思想史中的休闲——历史·文化·哲学的视角》一文中,还提出应该将"休闲"与"闲暇"区别开来,认为闲暇是计算时间的一种方式,而休闲是人类的一种存在状态和理想。

(2)跨学科交叉研究与休闲的哲学研究。我国最早进行休闲哲学研究的学者是于光远先生,马惠娣女士也是中国休闲哲学研究的扛鼎人物。从1995年至今,她公开发表的休闲研究论文已达30余篇,其中《休闲:人类美丽的精神家园》《西方休闲学研究述评》被《新华文摘》转载。马惠娣认为,"休闲是人的生命状态的一种形式,一般意义上是指两个方面:一是消除体力上的疲劳,二是获得精神上的慰藉"①"休闲是以欣然之态做心爱之事"②。休闲不仅与人的全面发

---

① 马惠娣:《休闲:人类美丽的精神家园》,北京:中国经济出版社,2004年,第76页。
② 同上,第85页。

展密切相关,而且与实现人的自我价值和"心灵的永恒性"密切相关,因为休闲不仅是寻求快乐,同时也是寻找生命的价值与意义。在《休闲——文化哲学层面的透视》一文中,马惠娣尝试从文化哲学的层面回答"何为休闲"。她精辟地指出,休闲作为一种现实存在,首先是通过人的外在的行为表现出来的,并由特定历史时代的人们对他们所面临的生命历程和所抱有的生活理想而确立起来的文化样式、生活方式和价值取向所决定的。除马惠娣外,还有一些学者从哲学层面对休闲现象进行分析和探讨。较有代表性的文章有:孙承志的《休闲哲学观思辨》、季斌的《休闲:洞察人的生存意义》、陈喜乐和盛华根的《休闲与21世纪人的素质提高》和许斗斗的《休闲、消费与人的价值存在》。孙承志以休闲活动的历史演进为发展主线,在明确休闲概念与范畴的基础上,从休闲与劳动的客观规定性出发,阐述了休闲的存在缘由和价值体现。季斌试图从物品与休闲的哲学关系来阐明休闲对于人的意义。陈喜乐和盛华根则通过对休闲和人的素质的考察,试图从休闲观、休闲内容以及加强管理等方面重构一种新的休闲方式,使休闲时间得到合理利用,以促进人的全面自由的发展。许斗斗则以哲学为基点,并结合经济学和社会学等多学科进行分析,认为休闲与消费虽然都具有经济学的性质,但由于他们实际上都是人的具体生活方式和存在方式,所以本质上应该是人的价值存在的表现,是人的全面发展的表现。

① 休闲的产业经济学研究。近年来,大众化休闲旅游业、文化与娱乐休闲业、餐饮休闲业、休闲农业、休闲体育普遍发展,一批休闲城市发展条件初具,与之对应,我国对休闲专项研究的人才在集聚,力度在不断加大,特别是对区域旅游开发与管理的研究,基本上达到了与国际同步的水平。郭鲁芳的《休闲经济学:休闲消费的经济分析》建构了休闲消费的理论模型,剖析了中国城镇居民休闲消费行为特征[①]。从产业发展宏观调控角度论述的代表人物有魏小安、王宁、宋瑞、张建等。2000年,中山大学社会学系博士王宁首先提出了"休闲经济"的概念,分析了休闲经济的基本特征、轮廓和所覆盖范围,讨论了休闲产业的经济和社会意义,主张大力发展休闲产业,加强对休闲经济和休闲营销的研究。随后,郑胜华的《我国发展休闲产业的可行性研究》、宋瑞的《休闲:经济学分析与统计》、楼嘉军的《休闲产业初探》等分别从不同角度探讨了我国发展休闲产业

---

① 郭鲁芳:《休闲经济学:休闲消费的经济分析》,杭州:浙江大学出版社,2005年,第17页。

的必要性及休闲产业在国民经济中的地位和作用。

② 休闲的社会学研究。由王雅林、董鸿杨主编的《闲暇社会学》于1992年正式出版发行,该书主要借鉴苏联和东欧国家的研究思路,从社会学视角对闲暇进行较为深入的研究,开了中国休闲学研究的先河①。在《信息化与文明休闲时代》中,王雅林指出,全球信息化进程将把人类带入"休闲文明时代"。人们的休闲时间将超过工作时间,休闲经济将占GNP(国民生产总值)的50%以上,社会主导价值观将向"时间自由"转型,并进而使社会的时间结构从劳动时间轴心化过渡到劳动—休闲"两轮化"②。2003年1月,由王雅林主编,中国社会科学文献出版社出版的《城市休闲》问世,通过对上海、天津、哈尔滨三大城市居民在周末时间分配和休闲生活状况的抽样调查,生动反映出近年来中国城市居民休闲时间、生活变化及衍生的社会新问题,既有总体论述、与美国城市的比较,还有专门针对三地休闲状况所做的研究③。孙金华、张国富在《休闲与社会发展》(2001)中指出,休闲是伴随人类文明始终的一项活动,是经济发展、社会进步的必然产物。面对休闲的正负双重效应,要大力扶植休闲产业,加强休闲消费文明化的保障措施,使休闲对社会发展起积极作用。而刘耳则以上海、天津、哈尔滨三个城市为代表,将中国城市居民休闲时间在20世纪80—90年代的变化与美国学者调查显示的美国居民1965—1985年间休闲时间的变化进行比较研究,发现在这些调查所覆盖的时段内中国城市居民工作时间与家务劳动时间有较大减少,而休闲时间有较大增加,变化速度高于美国。

③ 休闲的旅游学和体育学研究。休闲旅游学主要有以下研究内容:一是回顾研究成果,探究"休闲"与"旅游"的含义、关系、研究方法和学科体系;二是研究北京、上海、杭州等休闲城市的休闲旅游及休闲实践的发展状况;三是休闲时代旅游经济、旅游市场、旅游产业和旅游消费的发展状况;四是关注国际旅游等;五是在理论研究方面。休闲体育学主要关注概念界定、象征意义、消费及产业研究等。休闲体育学研究的学科实践主要是指国内很多高校设置了休闲体育相关系科,如华南师范大学体育科学学院2002年开设运动与体育学系,2008

---

① 王雅林、董鸿杨:《闲暇社会学》,哈尔滨:黑龙江人民出版社,1992年,第21页。
② 王雅林:《信息化与文明休闲时代》,《学习与探索》2000年第6期。
③ 王雅林:《城市休闲:上海、天津、哈尔滨城市居民时间分配的考察》,北京:社会科学文献出版社,2003年,第35页。

年11月国内首个体育与休闲学院在广东海洋大学正式挂牌①。

除了上述研究视野,国内学者还从文化、伦理学、美学、教育学、心理学、政治学等学科视角进行研究,休闲研究呈现多学科关注和多领域渗透的特点。主要理论方向是:休闲基本理论与方法研究,休闲与工作的辩证关系研究、休闲与人的全面发展及个性解放的研究、休闲时间分配研究、休闲空间规划及设计研究、休闲行为研究、休闲产品研究等。

(3)强化应用性研究。国内学者对闲暇时间和居民生活方式进行了一系列的实证研究。王雅林和李金荣等对哈尔滨、齐齐哈尔等大城市进行了时间预算研究,马惠娣、张景安出版的《中国公众休闲状况调查》运用时间预算法和比较研究法对城市在业者的休闲生活进行研究。王琪延采用抽样调查的手段,利用结构分析模型等方法,探讨了人们生活时间分配的四种类别:工作时间、个人生活必需时间、家务劳动时间、闲暇时间。张建从青少年闲暇时间利用状况出发,提出了对策研究②。俞伟平调查上海市民休闲状况显示上海市民的出游意识强烈,而徐明宏通过对城市休闲时间的增长和休闲空间的扩张的描述,说明了在工业社会向后工业社会转变的过程中,休闲从"边缘角色"到"时代主角"的变化过程和原因。

近年来,对城市规划、休闲项目设计和管理、旅游规划等的应用性研究在推向深入,涉及城市游憩系统、商业性娱乐休闲空间、城市滨水区休闲旅游空间、城郊休闲空间等问题③。这些研究对城乡土地开发、休闲空间发展、休闲型城市建构、都市文化休闲区开发、边缘小城镇产业发展等问题具有启发意义。

同时,形成了与休闲研究同步发展的系列休闲实践项目。2004年,中国人民大学成立了中国休闲经济研究中心,浙江大学亚太休闲教育研究中心也正式揭牌。继2000年8月"中国休闲产业国际论坛"在北京举行后,2001—2018年,我国相继举办了近20次休闲类研讨会、年会、博览会等。自2002年开始,国内相继有院校开展休闲研究、开设休闲学课程以及设置休闲专业。2006年,苏州大学在新生教育中引入了休闲教育,鼓励和引导学生正确对待休闲时光。2007年,国内第一个休闲学博士点在浙江大学设立。休闲研究课题在国家社会科学

---

① 方青、邬丽丽:《1980年以来的中国休闲研究》,《安徽师范大学学报(人文社会科学版)》2009年第1期。
② 张建:《国际休闲研究动向与我国休闲研究主要命题刍议》,《旅游学刊》2008第5期。
③ 宋瑞:《国内外休闲研究扫描——兼谈建立我国休闲学科体系的设想》,《旅游学刊》2004年第5期。

基金中的比重逐年上升。早在20世纪80年代末就有王雅林、董鸿杨主持国家"七五"哲学社会科学重点科研项目"我国城乡居民生活方式研究",后有马惠娣等人主持的国家软科学课题"休闲产业与社会条件支持系统""闲暇时间、我国公众文化精神生活现状的调查与研究"等国家和地方课题。1980年以来,我国陆续出版了一些以休闲研究为主要内容的学术刊物。如创办于1985年,由中国自然辩证法研究会主办的《自然辩证法研究》,自1999年来共发表休闲研究类文章100多篇。创刊于1986年,由北京联合大学旅游学院主办的《旅游学刊》,自1992年以来共发表休闲类研究文章150多篇。《社会学研究》自1986年以来发表休闲类研究文章十余篇。除此之外,《中国社会科学》《社会》《商业经济与管理》《观察与思考》《哲学研究》以及高校学报等刊物也发表了一些休闲研究类文章。此外,旅游休闲类网站在我国获得了较快的发展。其中,2002年我国第一家以休闲经济与休闲文化研究为宗旨的专业网站——中国休闲研究网,由中国艺术研究院休闲研究中心建立。2004年,世界休闲组织在中国设立了"世界休闲组织"网站中文版[1]。

在取得上述成绩的同时,中国休闲学研究还有许多基础性的理论问题需要正视和探讨。

一是理论研究单一,视域狭窄。理论研究大部分停留在基本概念解释、国外理论介绍阶段,对休闲发展的本质、规律、机理的探讨罕见;虽不乏精品力作,但述而不论、研而不究者甚多,其中不少研究仅描述休闲的表象,尚未深入到经济、社会、伦理分析的内核,简单粗浅的理论解释性文献多、深邃系统的理论研究成果少[2];较多关注休闲产业问题,而休闲学本身可能和必须讨论的范畴、原理或略有涉及或片面而未及展开和深入导致范畴和原理间的内在联系也即理论自洽性明显不足。另外,理论创新不足,较多关注国外休闲理论、介绍西方休闲方式和活动,出现"休闲西化"的特点而忽视本国休闲理论的创新和中国优秀传统休闲资源。

二是学科化、专业化程度不高。目前的休闲研究在概念术语上尚未统一,缺乏系统性,学科层次结构及相互关系没有得到充分的论析,肤浅、交叉、雷同问题较为普遍,因此,休闲研究至多只是一个日渐熙攘的研究领域,距离一个学

---

[1] 方青、邹丽丽:《1980年以来的中国休闲研究》,《安徽师范大学学报(人文社会科学版)》2009年第1期。
[2] 宋瑞:《国内外休闲研究扫描——兼谈建立我国休闲学科体系的设想》,《旅游学刊》2004年第3期。

科的基本要求还相去甚远。

三是在研究方法上,以定性研究为主,量化方法应用很少;没有成体系的方法论,不同研究间的研究成果缺乏连贯性、可比性、对接性。在学科分布上,大部分研究者为哲学、社会学等理论学科背景,经济学、管理学、统计学、市场学等应用学科领域研究者的介入不够,数量经济和数理模式分析、实证性的探讨、实验性的经验研究等在文献数量和篇幅上微乎其微,从而使得研究成果数理多于数据,概念多于操作。

当前大学生休闲研究有了长足的进展,在当前多学科跨领域的大学生休闲研究成果逐渐充盈,为我们全面进入小康社会的休闲生活铺设基础。但实践探索和开发还有不少发展空间,这为我们在理论的指导下探索如何提升大学生的休闲生活质量及创新休闲活动,发掘有意义的生活,提高大学生的生活满意度和幸福感等指明了方向,也指出了问题,提供了路径,也创新了方法。只有深入地分析休闲理论的深刻内涵和巨大价值,我们才能从真正意义上引导大学生改变理念,重视休闲,充分利用休闲时间,改变休闲生活,提高生命和生活质量。只有基于大学生休闲生活实际的条分缕析,我们才能看到人最本真的需要,人的本质该向何处回归。

现有研究在取得上述进展的同时,也存在如下不足:

① 理论分析不够深入。近年来从经济学、社会学、医学、心理学、教育学等角度来分析大学生休闲意识、行为、内容等特点的论文日益增多,但多集中在心理学和教育学角度,特别是从体育这一休闲活动方式来探究大学生休闲生活的文章较多。这一方面说明了大学生休闲生活的多样性、复杂性需要进行多方面的解读,但同时也需要更加深入拓展学科和理论研究的深度和广度,以形成更为规范的理论研究范式和新的研究视野。思想政治教育、心理健康教育等学科领域关注并重视对大学生休闲生活领域的引导和应用也是学科发展的有益尝试。

② 实践调研的专业性和科学性有待完善。虽调研报告数量尚可,但科学性还有待完善。针对不同地域、性别、学校等具体的实践调研报告也是近年来成果呈现的主要形式。这些成果主要集中在一些发达省份城市如浙江、江苏、海南、北京等的大学生休闲生活的调研分析上。这些地区的大学生休闲意识越来越强烈,休闲方式日益丰富,并呈现出物化态势;但也有低休闲技能、低自觉和低层级的特点。针对欠发达地域的调研则基本没有。对于大学生的学历层次、家庭背景等在调研上体现不足,调研问卷的设计缺少科学性。所以权威性的调

研报告不多，报告的科学性有待完善。调研的内容涉及体育休闲、网络休闲、消费行为、娱乐休闲、文化休闲等，调研的方式有问卷调查、个案探究、访谈等，问卷分析习惯采用科学的固态分析，缺少对比数据和趋势变化的动态分析。

③ 问题探究时代特色不明显，未兼顾微观和宏观领域。体育游戏、网络、多媒体、微文化、幸福感、大学生休闲素质、课余时间、休闲障碍因素分析等影响大学生休闲生活的微观问题研究仅有少量调研成果出现，较具代表性的宏观权威报告或者论文还未出现。

综上，目前关于大学生休闲生活的研究虽正处于发展阶段，但已有相当著述呈现，这些都为该领域进一步的研究提供了坚实的理论基础。但从总体上看，还存在以下一些尚待突破的领域：

（1）概念范畴需要进一步清晰厘定。学术界对于休闲学的系列研究证明，休闲是复杂而非简单的概念和现象。大学生休闲生活研究涉及多学科、多领域，既有文化功能，也有教育意义，既可以属于理念范畴，也可以归于实践领域。为了使研究更为深入，就必须解决元问题，即休闲的文本研究。在概念厘定、学科定位和核心观点方面形成共识，使研究建立在基于"公共语言"平台上的主要命题的"言说论道"，进一步促进大学生休闲生活研究的深化。

（2）理论研究需要进一步纵深拓展。面对新情况、新问题，立足古今中外休闲理论并借鉴已有的思想资源和研究成果，加强对马克思主义休闲思想及其中国化成果的挖掘和梳理，全面比较国内外休闲理论与实践，深入探讨和阐发中华优秀传统文化的时代价值，整合大学生休闲引导和教育的资源，联系新时代立德树人的高等教育新要求和大学生对美好生活的向往，拓展对大学生休闲生活的研究视野和深度。

（3）调研方法需要进一步科学有效。目前，关于大学生休闲生活的研究大多采用理论分析法和调查研究法。但是休闲生活的复杂性和长期性要求不断优化研究方法。首先调研问卷的设计上要专业，调研的内容上要有针对性，调研的方式除了问卷调查、个案探究、访谈外，问卷的分析既要有一些科学的固态分析，还要利用网络信息技术特别是大数据技术对比数据和趋势变化的动态分析。

（4）课题研究需要进一步价值明晰。除了对大学生休闲现状的总结，当前研究还需要进一步明晰和挖掘大学生休闲生活、大学生休闲教育的多维功能、大学生休闲生活和休闲教育的现状及引领，把大学生休闲与经济发展、学生成长和社会进步联系起来。

第一章

休闲教育及其理论

作为重要的人类实践活动和生存方式,休闲能力是先天本能还是后天习得的?休闲方式是整齐划一还是丰富多彩的?休闲观是从什么途径产生的?休闲思想是以什么方式发挥作用的?这些问题都指向休闲教育,包括休闲与教育的逻辑关联,休闲教育的含义特征、功能价值、基本特征、历史沿革、发展趋势。以调研 X 大学城的大学生的休闲概况为基础,分析休闲教育对大学生休闲活动产生的作用和不足,进而探寻新时代大学生休闲教育的完善路径。当然,首要的是从学理上解决休闲的理论认知问题。休闲及休闲教育既有始于古希腊时代悠久的思想渊源,更多源自反思现实教育和再认识教育的现代功能[①]。

第一节 休闲和休闲理论

温斯顿·丘吉尔曾在演讲中说过:你能看到多远的过去,就能看到多远的未来。在经历了古希腊时期的休闲理想、资本主义工业革命时期的"工作至上"伦理和"时间就是金钱"的劳动价值观、新时代生态休闲观后,经由经济、政治、文化、生活方式的大变革,人们对休闲的追溯、理解、践行也日新月异。要全面科学把握休闲的含义,就必须考察休闲词源的来源与演化、休闲理论的发展与演变。

一、休闲的内涵

在古代汉语中,"休"有四种表达:第一,休息,休养,休假。如《大雅·民劳》

---

① 刘海春:《休闲教育初探》,《广西社会科学》2005 年第 7 期。

中"民亦劳止,汔可小休"。第二,吉庆、福禄,就是一种丰收后的喜悦、节日中的庆典和劳动后的休养。如《商颂·长发》中的"何天之休"。第三,欢愉、优雅、沉静。如《康熙字典》中有词条"人倚木而休"。第四,真、善、美。闲则有两种引申义:《论语·子张》中"大德不逾闲",将其引申为道德和法度。《家人》中的"闲有家"则通"娴",有娴静、思想的纯洁和安宁的意思。作为词汇组合,"休闲"因为具有特定的文化内涵区别于"空闲""消闲""闲暇"。

综上,古汉语中的"休闲"一词既表达了人类生存过程中劳作与休憩的辩证关系,又喻示着物质生命活动之外的精神生命活动,体现了中华民族对美好生活的追求与向往。先秦思想家们把休闲过程作为寻"道"和循道的过程,即发现事物发展规律的过程,而孔子的"父母在,不远游,游必有方"等思想则把休闲活动与游历、交往等认知世界的行为统一起来。

在国外语言中,希腊文的"skole"、拉丁文的"scola"和德文的"suhule"均指向"学习和教育的场所",是"热爱智慧、追求智慧的学习时间,通过休闲活动去把握复杂多变现象背后的单纯本质进而探索变化世界隐秘的不变原则"①。

可见,在先秦和古希腊等人类文明初期,"休闲"都是人们对真善美这一普遍目标的渴望、向往和追求。近代以来,在不同学科和语境中出现的"休闲"词汇指称的含义则分化明显。

(一) 不同学科背景下的休闲研究

1. 哲学学科中的休闲

亚里士多德、托马斯·阿奎那、葛拉齐亚、约瑟夫·皮珀、约翰·凯利、杰弗瑞·戈比等代表人物关于休闲内涵的研究大致有如下三类:

一是解释型,主要从哲学层面探讨休闲的含义、来源、意义和价值。

关于休闲的起源,皮珀认为:节日的庆祝活动是休闲最内在且是最核心的根源。柏拉图也指出:众神为了怜悯人类——天生劳碌的种族,就赐给他们许多反复不断的节庆活动,借此消除他们的疲劳,赐给他们缪斯……以便他们在陪伴下恢复元气。②

关于休闲的含义,人文主义、古典主义、传统主义在很大程度上均以古希腊文化的观点为基础,将休闲视作冥想和生命的庆典。人在闲暇之时,正是灵魂

---

① 约瑟夫·皮珀:《闲暇:文化的基础》,刘森尧译,北京:新星出版社,2005年,第6页。
② 同上,第一篇题记。此处皮珀引述柏拉图的话。

静默、思维开放的时候,此时不管是感官的感觉或是知性的认知,都具有了赫拉克利特所说的"倾听事物之本质的能力"和"感受性很强的观看能力",许多伟大的真知灼见由此获得。恰是在休闲中,人们掌握了理解"整个世界及其最深邃之本质"的契机。因此,亚里士多德认为人们最好的生活方式是与世隔绝,独处冥想,寻求真理。

关于休闲的价值,皮珀认为:休闲既是一种内在的无所忧虑、一种平静、一种沉默、一种顺其自然的无为状态,也是一种投入于真实世界中听闻、观看及沉思冥想等能力的表现,更是一种无法言传的愉悦状态。人正是在这种状态中,发挥出自己的潜能,从而认识和探索到了世界的奥秘,并发现了事物发展的规律,知道了要顺规律而行。怎样才能达到休闲状态呢?皮珀认为应基于这样一个认知,即人不仅要能和自己和谐相处,同时必须和整个世界及其所代表的意义互相符合一致,这是休闲成为可能的前提。在哲学层面,休闲的价值不在于提供物质财富、实用工具和技术,而是为人类构建一个有意义的世界,守护一个精神的家园,使人类的心灵有所安顿、有所归依①。因为人的自我价值和"心灵的永恒性"的联系必须具备一个持久的重要的发展舞台,需要一个完成个人与社会发展任务后的重要思考空间和享受人的社会性、生活意义、生命价值存在的超越现实的环境。

二是批判型,主要从人们日益异化的现代生活方式出发,关注到处蔓延的"观众病"和"漫游癖",分析人们在自由时间里何以日益变得消极、被动。认为当前的消费者不是创造着他们自己的休闲娱乐,而是消极的休闲导致他们变成肥胖、懒散、吵闹的"吃瓜群众"而不是行动者。

哈尼卡特说:对于被工作所异化的男男女女来说,其最好的期望就是获得更多的休闲机会,但休闲时间的增加并未使人们感觉到更多的自由和幸福,相反却使人们达到了前所未有的忙碌,对技术和工具理性的盲目崇拜更是剥夺了人们深度思考的机会和时间。另一种批判的声音则认为:盛行一时的"工作至上"伦理是对休闲的歧视。"工作至上"伦理认为,休闲就是无所事事和偷懒,而只有金钱和忙碌的工作才能证明一个人的价值和生活的意义。面对被机器奴役的身体、没有思考能力的大脑、得不到休闲滋养的心灵和无以回归的本性这些现代人的典型标志,葛拉齐亚认为"休闲生活只属于希腊人"。

---

① 马惠娣:《人类文化思想史中的休闲:历史·文化·哲学的视角》,《自然辩证法研究》2003年第1期。

三是建构型,主要强调通过休闲哲学发掘人性意义上的休闲生活,认为应在解除现代人生存困境的同时回归人的本性,因为"唯有在闲暇之中,人性才得以拯救并加以保存"。皮珀指出:我们努力去追求闲暇,在我们的努力终结之际,我们会为我们的存在感到喜悦,并且心存感激,因为闲暇并不是工作的休止,而是另一种类型的工作,是一种具有人性意义的工作,好比节日后的庆典活动①。亚里士多德也持相同观点,即我们唯有能够处于真正的闲暇状态,通往"自由的大门"才会为我们敞开,我们也才能够脱离"隐藏的焦虑"(工作世界的一大特色)之束缚②。戈比也强调:除非人们理解了休闲,否则它将不可能存在。

2. 社会学学科中的休闲

总体来看,社会学对休闲的研究主要有社会建制、生活方式、社会建制与人的生活的关系三大角度。

一是包含顶层设计、城市建设和影响力的社会建制。社会建制派主张作为行为和价值观,休闲应与宗教、婚姻、教育、政治等领域区分开来。代表人物有凡勃伦、凯普兰、凯利、古德尔、戈比、爱丁顿等,他们将休闲活动视为自愿的、自由的,或是一种愉快的期望和回忆,是社会建制休闲研究的重要视角。凯普兰提出用辩证的过程来涵盖运动与静止、自由与纪律、孤独与交际、游憩与自我成长等不同休闲类型,从认识论角度则是审美地看待世界的方法和以审视和改造世界的方式来重复和肯定世界,包括玩一场自己熟悉的游戏,或通过读一本书来审视世界。爱丁顿在《休闲:一种转变的力量》中论述了休闲与社会文化规范、习俗和价值观念的紧密关系和相互影响。社会建制派休闲研究的另一个视角是政府对城市、社区等的规划和建设,其代表人物是提出休闲是编织社会互动关系网的大卫·理斯曼。

二是作为人的个性场所、生活方式和生活态度的休闲,主要研究休闲对社会生活的影响和未来社会人们对休闲价值的认识。生活方式一般外在表现为穿着打扮、谈吐方式、语言、活动选择、生活环境、社会关系及宗教情况等,受到习惯、态度、品位、道德标准、经济水平、年龄、性别、社会阶层,以及心理学等变量影响,而且有与之相联系和对应的一整套核心活动项目,是研究成果的集大成者。

---

① 约瑟夫·皮珀:《闲暇:文化的基础》,刘森尧译,北京:新星出版社,2005年,第40-43页。
② 同上,第47页。

杜马兹迪埃、凯普兰和凯利均主张：休闲是个人从工作岗位、家庭、社会义务中解脱出来的时间，是为了休息、消遣或培养与谋生无关的智慧，是自发地参加社会活动和自由地发挥个人创造力。它包括放松、娱乐和个性发展三个层次，其中个性发展是最重要的。佐扎内克等学者则从社会学角度阐述了工作和休闲的关系，并对自由时间分配进行了深入研究。爱丁顿和陈彼得都将休闲视为一种转变的力量，认为休闲所蕴含的特性能推动人们的生活发生持续性的改变，休闲是一种动态的、积极的生活体验过程。

三是"二元论"，将休闲视为社会自由和社会控制的集合体。与早期社会学结构分析主要研究社会结构对个人行为的影响不同，现代结构社会学主要包括功能派和马克思主义派。前者更关注社会意见的统一和一致，认为由很多不同部分组成的系统的顺利运转依赖每个部分的协同，而后者更关注社会系统中的社会冲突，特别是强调阶级冲突是社会结构的决定因素。解释学派认为无论个体如何受到其所生存于其中的社会结构的限制，毕竟在一定程度上还具有选择的自由。互动学派虽然也承认社会制约着个人、塑造着个人，但是他们也相信社会中存在着创造性的可能。

在我国，最早致力于休闲社会学研究的学者有王雅林、刘耳、刘海春等，他们认为，解释"休闲究竟具体体现在社会本质中还是人类的本性之中"这个重要课题，主要有社会模式和存在模式两种方法。社会模式观点认为社会力量决定个人行为，无论休闲活动的环境还是休闲活动的目的，都被认为是社会性的，涉及社会系统内所有的人类群；而存在模式的观点则是个体决定自己的行为，对行为的解释基于个人的行动，而非个人在社会中的位置，关于休闲的含义的各种理论也都倾向于以个人行动的结果为基础。

3. 心理学学科中的休闲

心理学着重研究休闲动机、休闲行为和休闲心理，齐克森米哈伊、伊索-赫拉和纽林格等在这一领域建树颇丰。如纽林格就比较侧重休闲与愉悦的心理体验、美好体会等休闲感的内在关联的研究。

齐克森米哈伊从心理学角度深入研究了休闲体验的性质。在《畅：最佳体验的心理学》（1990）中提出了"畅（flow）"的概念以指称在工作或休闲时产生的一种最佳体验，类似于马斯洛提出的"高峰体验"，即具有适当的挑战性能让一个人深深沉浸于其中，以至忘记了时间的流逝、意识不到自己的存在的体验①。"畅"作为休闲研究的重要概念,与"娱乐""游戏"并列,但又不完全相同。"畅"有时体现的是一种情境,与中文的"陶醉"之意相似,但也有区别,陶醉强调客体的影响,而"畅"更多强调主体自我的作用。"畅"的体验能力使人超越了"工作——休闲"的断然划分,不论在工作中还是闲暇中,它都会让人更积极地去寻求最佳的心灵体验。因之,休闲从根本上是一种有益于个人身心健康发展的内心体验,而不是由外在标准界定的具体活动。

在后续的研究中,齐克森米哈伊又扩大了前期称为"最优体验"的幸福流的内涵。不同于日常普通的愉悦体验,最优体验不仅仅产生于享受和放松的休闲活动以及工作中的顺境,更存在于面临艰难的逆境,尤其是个体进行自发的具有挑战性并有意义的活动时②。他将这种幸福流即"畅"的感觉描述成如下状态:"单纯因为内在动机驱使而从事某一活动,全身心投入其中,自我消失,时间飞逝,将技巧发挥得淋漓尽致,思想行动如同行云流水,就像演奏爵士乐般自然流畅。"③"畅"就像塞里格曼对幸福真谛的描述:全身心投入的激情、快乐的生活和生活的意义感这三个核心要素。"畅"与幸福的真谛有异曲同工之妙,它不一定是即时就能感受到的愉悦感,甚至常伴随着身心疲惫;但是,它可以日积月累并最终汇集成自我决定感和生命掌控感这种接近幸福的状态。

美国的马里兰和伊索-赫拉在中止、积极和持续三个核心概念的基础上,提出了休闲参与模式。他们认为,人既有一种寻求新奇的欲望,又有一种熟悉所参与的休闲形式的欲望。纽林格也提出:休闲体验是由两个基本的维度,即自由与内在动力相结合而产生的。在纽林格的模式中,休闲与非休闲区分的最重要维度就是"感觉到自由"与"感觉到约束"的连续谱,在感觉到自由的一端,一项活动的参与者体验到的是休闲的心理状态;而在感觉到约束的一端,参与者感受到的约束越多,就越趋于非休闲状态。

卡拉·亨德森以女性主义视角研究女性休闲多个方面和层面的问题,揭示女性与休闲的关系,重点讨论女性休闲的公平、赋权与社会变革,主要采用社会心理学的研究方法,也借鉴了更广泛的社会学和文化学方法。

---

① 闻一平、王少春:《论休闲体育的价值》,《浙江体育科学》2004年第4期。
② 苗元江、王旭光、梁小玲:《生命之流——幸福流的理论及其应用》,《中小学心理健康教育》2012年第20期。
③ 曾明星:《休闲学与休闲文化》,上海:华东理工大学出版社,2019年,第188页。

4. 经济学学科中的休闲

经济学研究更侧重于休闲与经济的内在联系,根据休闲时间的长短,制定经济政策,调整产业结构,促进消费活动,开拓全新市场。凡勃伦、加里·斯坦利·贝克尔、林德等奠定了研究基础。20世纪90年代以后,休闲经济学研究开始聚焦时间分配、劳动供给和家庭生产等方面。在时间利用角度,比德尔(J. Biddle)和赫默梅什(M.Hemermesh)提出了不同于标准时间利用模型的睡眠需求理论,在"一个人的时间利用选择取决于别人的时间利用选择"的假设前提下,构建了与90年代英国职业夫妇行为保持一致性的时间利用模型[1]。在劳动供给角度,则以建模探讨劳动时间、休闲时间与工资率、非工资收入之间的关系。

(1)休闲消费理论,主要是凡勃伦的经济学理论和马克思的消费理论。一是休闲时间的消费。皮埃尔-约瑟夫·蒲鲁东在《从公众卫生、道德、家庭及人际关系观点看礼拜天的庆祝》(1850)中提到"把休息理论搬上立法台面",正如本杰明·富兰克林所说:"时间就是金钱",假日经济的意义也在此。二是休闲产业和商业的蓬勃发展。现代人的休闲观念几乎是和各类休闲产业同时产生的,很多休闲方式包括18世纪的杂志、咖啡馆和音乐厅与19世纪的职业体育和假日旅游,均是为了迎合大众口味而设计的。据统计,美国每年的交通运输费用大概有1/3以上源于休闲旅游的花费,美国人民的休闲花销大约占全部消费支出的1/3,休闲活动已成为美国第一位的经济活动。三是与休闲相关的工作机会不断增加。20世纪末,美国休闲业的就业规模是汽车制造业规模的5倍到20倍。

(2)休闲生产理论,坚持生产问题是经济研究的主导原则,主张生产性闲暇是消费与生产功能的融合。

一是城市经济模式向休闲化的转变。随着城市工业基础的瓦解,城市经济的良性循环越来越依赖于对各种休闲要求的实现,休闲服务的发展随处可见。包括城市滨水地区的商业性开发利用,高度重视商场设施、民俗文化、旅游观光、体育竞技、娱乐设施、餐饮服务等方面的融合,积极开发历史名胜古迹,利用节假日和庆典场合进行商业倾销,开展各类非职业技能培训式的成人教育,建

---

[1] 郭鲁芳:《国外休闲经济研究的历史与进展》,《经济学家》2004年第4期。

造度假区、主题公园、假日别墅、旅游观光点等商业性休闲服务机构等①。

二是休闲活动对地区性休闲经济发展越来越重要。员工是否对社区生活服务水平满意,很大程度上决定了许多企业迁移和扩展的选址,而关涉到这些"生活质量"问题的大部分指标都同休闲有关;首先是自然环境和生活设施,如社区环境、公园绿地、购物场所、娱乐设施等,其次是文化教育氛围和服务等,如教育资源、艺术场馆、社区服务等。社会学家哈罗德·凯利认为,现代休闲行为一类是在商场中参与的休闲,另一类是以寻求个人自我定位、自我发展及促进人际交往为目的的休闲。休闲的商品化已无处不在,尽管有时候我们也会因为许多休闲体验的商业化而感到痛苦,可在绝大多数的时候,我们是喜好这种方式的,而且这种喜好已经被广告业重新塑造了。20世纪以来,普通人得到了越来越高的可支配收入,这引起了其在价值取向和行为方式上的一系列重大变革,而休闲行为的多样化也带来了休闲生活质量的显著提高。

(3) 新消费者理论,认为不应把休闲作为一个独立范畴,所有休闲都含有某种消费,所有消费活动都含有某种休闲。个人是一个积极、主动的生产单位,其主要生产健康、尊严等一系列特殊商品。个人生产所投入的要素既有购自市场的商品与劳务,还有时间和环境因素,商品和服务并非生产过程中的唯一投入,消费者的时间也是投入。

此外,我国学者也有针对此领域的一些研究:于光远和马惠娣提出"闲是生产力发展的根本目的之一",休闲是一个国家生产力水平高低的标志。中山大学的王宁在我国率先提出了"休闲经济"的概念,他主张大力发展休闲产业,加强对休闲经济和休闲营销的研究。刘群红、许峰、刘海鸿、徐峰、冉斌等分别分析了我国休闲产业存在的问题及对策,认为未来我国休闲产业发展是机遇与挑战并存,并强调了政府要在休闲产业发展中发挥积极作用。陈世斌则为城市休闲产业合理规模设计了"总量适合度""内部协调度""高度化程度"三个评价模型。王少瑾、孙志毅根据Hausman检验,采用随机效应模型,验证了休闲产业对城市化建设的拉动作用明显,尤其是餐饮业、旅游业以及文化娱乐业等对于产业结构的改善均产生了显著且积极的影响。

5. 人类文化学学科中的休闲

人类文化学侧重研究休闲与文化的内在关系。文化对休闲具有基础作用,

---

① 李仲广:《休闲经济学——闲暇与经济增长》,北京:科学出版社,2010年,第19页。

体现在文化既是休闲的环境,也是休闲的材料,还是休闲体验得以诞生的地方。该研究领域主要代表人物有于光远、马惠娣、庞学铨、楼含松、潘立勇等。

马惠娣强调,休闲的价值在于文化的属性,而不在于休闲的实用性。首先,休闲是人类物质和精神文明的结晶,是衡量社会文明的标尺;其次,休闲又是人的一种崭新的生命状态和生活方式,关系到人的生存质量和精神上的自由;再次,休闲是在社会必要劳动时间之外,为不断满足人的多方面需要的一种文化创造、文化欣赏、文化建构的美的、道德的、超越的生命状态和行为方式。因此,休闲是有意义的,而非功利性的。从审美的角度看,休闲可以愉悦人的身心,建立在休闲基础之上的行为情趣,或是休息、娱乐,或是学习交往,都有获得美好的心理体验和美感的共同特点。

因此,于光远多次呼吁"闲情、闲逸是可贵的";同时,他也看到了,目前我国在将休闲作为一门学问,特别是作为社会进步的大事来研究还很欠缺,尽管我国是一个休闲文化历史非常悠久的国家。于光远说:"马克思在休闲与人的全面发展和促进社会进步方面有相当深刻的论述,已经为我们指明了大道,我希望我们在休闲学研究方面有所建树。"①

值得关注的是,2004年11月,世界休闲组织、杭州市政府、浙江大学联合组建的"浙江大学亚太休闲教育研究中心"宣告成立,这为推动中国休闲文化学到一个新的高度做了标杆。

(二) 对休闲的解读和界定

休闲作为重要的人类活动,涉及人类的生存状态和生活质量,表达的是人类更为深刻的本质和旨趣,为了更好解析其丰富内涵,需要历史学、心理学、社会学、经济学、政治学、地理学等多学科进行交叉综合研究以揭示其社会属性、心理意义、经济价值、政治关联性和产业效应,从多学科的角度呈现其多方面的性质和意义。市井文化可以从中寻求乐趣、消遣和众生百态;哲学家可以从中发现自由、美和人生真谛;社会学家可以从中发现社会建制、生活方式,察见社会变迁;经济学家可以从中提出新范畴,发展消费、就业和新产业;文化学者把它看成一种思想的高度和高尚的境界、情操;神学家把它看成灵魂寄托的场域。

---

① 于光远:《论普遍有闲的社会》,北京:中国经济出版社,2005年,第10页。

学科视野虽然增强了专业性和深度,但局限于某一学科易失之偏颇。但如果仅将休闲视为追求的理想和未来的目标,则容易使研究失去现实性;而将休闲视为休闲感和心理体验,则容易降格为唯我论而失去客观性。因而,必须查阅文献,探寻休闲解读关涉的四种语境,即时间、活动和体验、存在方式或生活方式、心理或精神状态(如表1-1)。

表1-1 休闲的语境

词性	名词	动词	形容词
语境	时间	活动或体验	方式或状态
关涉情景	自由 心态 存在方式、生活方式 感觉	行为 参与 自愿	精神、心理感受 幸福 满足 畅

1. 自由时间是休闲的基本特征(条件)

(1) 近代工业社会自由时间的出现。马克思认为:"时间是人类发展的空间。一个人如果没有一分钟的自由时间,他的人生除睡眠饮食等纯生理上的需要所引起的间断之外,都是替资本家服务,那么,他就还不如一个载重的牲口,他身体疲惫、精神麻木,不过是一架为别人生产财富的机器。"①马克思还认为:"个性得到自由发展,并不是为了获得剩余劳动而缩减必要劳动时间,而是直接把社会必要劳动时间缩减到最低限度,那时,与此相适应,由于给所有人腾出了时间和创造了手段,个人会在艺术、科学等等方面得到发展。"②恩格斯则强调生产力的高度发展对自由时间的积极意义。"正是由于这种工业革命,人的劳动生产力才达到了相当高的水平,以致在人类历史上破天荒第一次创造了这样的可能性:在所有的人实行合理分工的条件下,不仅进行大规模生产以充分满足全体社会成员丰裕的消费和造成充足的储备,而且使每个人都有充分的闲暇时间从历史上遗留下来的文化——科学、艺术、交际方式等等——中间承受一切真正有价值的东西;并且不仅是承受,而且还要把这一切从统治阶级的独占品变成全体社会的共同财富和促使它进一步发展。关键就在这里。"③

---

① 《马克思恩格斯全集》第十六卷,北京:人民出版社,1964年,第161页。
② 《马克思恩格斯选集》第二卷,北京:人民出版社,2012年,第784页。
③ 同①,第246页。

(2) 近代社会自由时间的价值。马克思指出：未来社会，衡量社会财富的重要尺度将发生改变，即"由劳动时间转变为自由时间"。他还进一步阐明：以劳动时间作为财富的尺度，表明财富还是建立在贫困的基础之上的，而未来社会，自由时间将成为财富增长的决定性因素，而自由时间就是"个人受教育的时间、发展智力的时间、履行社会职能的时间、进行社交活动的时间、自由运用体力和智力的时间"①，因此，增加自由时间，即"增加使个人得到充分发展的时间，个人的充分发展又作为最大的生产力反作用于劳动生产力。从直接生产过程的角度来看，节约劳动时间可以看作生产固定资本，这种固定资本就是人本身"②。尤其值得注意的是，马克思认为，缩短工作日、增加自由时间，是建立自由王国的根本条件，是使每个人分享人类文化成果、发展自由个性的保证③。

(3) 近代社会自由时间的界定。布赖特比尔等社会学家倾向于将休闲时间看成是可自由选择和随意支配的时间，是扣除了工作和处理生活杂务的必需时间，即尽完所有应尽的义务，如"在生存问题解决之后"剩下来的时间，是"除工作和责任之外的时间"。李仲广提出休闲首先是自由的，它包括一段自由时间，以及自由的行为和状态，正是充分的、可自由支配的时间使得休闲的实现成为可能，自由时间是休闲成为现实的最重要条件。凯普兰分析了自由时间在现实社会的四种存在形态，即"富有者持久而自愿的闲暇、失业者临时而无奈的空闲、雇员们定期而自愿的休假、伤残者长期的休养及老年人自愿的退休"。马克思把自由时间区分为两种：一种是从事较高级活动的时间，另一种是从事普通活动的闲暇时间；与之对应，也存在两种类型的休闲，即有利于丰富人的全面性和有助于人们发现生活的意义价值的积极休闲，以及以炫耀物质财富、社会地位为目的和酗酒、吸毒等害人害己的消极休闲。无论如何，休闲与时间是密不可分的，但空闲时间并不等于休闲，因为空闲时间只是时间计算的方式，而休闲涉及时间的存在状态和生存环境。

自由时间的充裕是人类社会进步的标志，而自由是人的最高价值和终极目的。因之，从时间维度定义休闲，虽然有其局限性，但强调和定位了休闲性质中的重要因素。

---

① 《马克思恩格斯选集》第二卷，北京：人民出版社，2012年，第786-787页。
② 同上，第790页。
③ 于光远、马惠娣：《关于消费在社会生活、经济运动中的地位和作用的对话》，《自然辩证法研究》2002年第9期。

2. 休闲是基于内在喜爱的自由创造性活动

马克思主义主张休闲是人的活动,是体现和实现人的全面性和丰富性、整合和提升人性的活动,是追求身体健康,人与自然、社会,人与自身精神和社会文化和谐统一的实践活动。

首先,休闲是自由无羁绊而非社会经济秩序强迫性的状态,在形式上类似比较高程度的游戏过程,体现出个人自身原动力和自我完善的特质。自由是人的基本生存价值之一,是人的本质的体现,是人类心灵的体验,是靠"我思"超越自身,是人类在进化中的一种自律性思维,是凭着自由意志进行独立思想的实践行为,是包含着人类对自己所发现的真理的责任感①。自由与真善美紧密相连,是真理的基础,具有精神价值和精神力量,是衡量一切文化文明程度的标志和尺度。

作为直接体验活动的休闲就是这种自由感活动的结果。马尔库塞认为,在物质与知识的生产中,人性中非攻击性的、爱欲的潜能与自由的意识相和谐,即努力追求人与自然的和平。凯恩斯提出人类的真正永久性问题是自由问题,即在解除了经济忧患之后如何理想地、舒适地和更好地生活,如何利用自由也就是休闲的问题。凯利则明确人类社会进步的标志是有充裕的自由,有在生活规范内做决定的自由空间,有休闲的自由。罗素在《自由之路》中强调了休闲与创作的关系,即一个美好的社会不是产生于国家的荣耀,而是产生于个人的自由发展,产生于日常生活的幸福,产生于每一个男女都有符合个人兴趣并能充分发挥个人才能的工作,产生于人与人之间自由而又充满爱的关系,更重要的是产生于生活富于乐趣并在科学与艺术的自由创作中得以表现出来②。

自由选择是休闲体验的关键因素。世界休闲组织规定了休闲与选择的关系,即个人自由与选择是休闲的中心要素,个体可以自由地选择他们的行为与体验,但自由选择不等于休闲,因为自由感或"感觉到自由"是休闲的必要条件而非充分条件。换言之,休闲包括如下没有限制、积极正面的维度:对活动的喜爱、放松、内在的动机和无需对活动加以评价,投入感觉、自我表达、持久兴趣、想要脱离或逃离程序化的日常生活的愿望。

其次,休闲还是生产和创造,对自我的创造和其他关系或物质方面的创造,

---

① 马惠娣:《休闲:人类美丽的精神家园》,北京:中国经济出版社,2004年,第14-15页。
② 伯特兰·罗素:《自由之路》,李国山等译,北京:文化艺术出版社,1998年,第89页。

是决定与行动的产物,是谋求和创造"未然"的开放空间。

所谓理性体验,正如李仲广指出的那样,在休闲中既追求过程快乐也追求结果益处,而休闲以行动体验为取向同时又创造自我,虽不是被要求的但仍有意义,是面向自我的完善且有社会价值,因之,休闲学以理性体验的原则方法研究自由体验。

在这个意义上,休闲是创造的环境,是面向未来的可能性。自由状态下的休闲是无预期生产结果的行为,人们最有可能全力投入这种没被预先设定好的行为过程中,当行动者沉醉于行动本身而不是努力为了满足生产期望时可能最有创造力——对自我、共同体,甚至物质产品的创造。所以,越是不重结果,越可能产生重要的结果。这并不是说休闲是完全没有形式和规则的散漫的无目的的行动,正相反,休闲自由是为了真正的行动自由,而不是凌驾于形式之上的自由,如果没有自由创造,休闲就丧失了必要的内在意义而变成了外在利益的另一种工具。因此休闲即创造,虽然它并不总能被实现,但总有可能。

3. 休闲是有哲学意蕴的生活方式

哲学和信仰体系的所有结果都体现在生活方式中。20世纪,哲学家们不约而同地把研究视角投向了我们的"生活世界"。现象学代表人物埃德蒙德·胡塞尔指出:"这是一场哲学的危机,是一场人自身的危机,根源在于科学世界在自己建构过程中,偷偷地取代并遗忘了生活世界,因此,要摆脱这场危机,就必须回归生活世界。"[1]西方马克思主义学派在反思和重构人类传统的日常生活的同时,把休闲定义为一种生活方式。皮珀曾说:"休闲是一种寻常的人生哲学,是一种生活的观念。"

休闲感是这样一种发自内心的冲动,不是简单地寻求快乐,而是通过特定的活动去发掘生活的意义,休闲的意义也不仅仅是我们所理解的体能恢复和心灵复原,它是一种默想的天赋以及精神能力,休闲是具有哲学思维的生活方式。哲学行动正是由对闲暇的适当利用所促成,休闲的中心主旨是追求沉静的生活,哲学思想正是由此而来,哲学思想反过来又为休闲生活提供了思想的养分,滋养人类的心灵。追求闲暇并不是为了休闲和娱乐,也不是什么都不做,而是要处在沉静状态中去观看和倾听这个世界,直至走向哲学的本质——洞见和智慧。我们需要的生活智慧就是追求并擅用休闲,并借由休闲体验生命和生活的

---

[1] 胡塞尔:《欧洲科学危机和超验现象学》,张庆熊译,上海:上海译文出版社,1988年,第58页。

真谛,同时,在休闲生活中培养哲学的思维习惯。

4. 休闲的最佳心理体验是"畅"

1980年,美国伊索-赫拉教授在《休闲与娱乐的社会心理学》中提到,休闲是人们追求高品质的精神生活、实现自我发展、获得"畅"的心理体验的过程,对人和社会的发展都有积极意义。他进而指出,人既有一种获求新奇的欲望,又有一种竭力想熟悉所参与的休闲形式的欲望。对休闲活动的满意度是随着人的生命周期的不同阶段而变化的。

曼内尔(Mannell)与布雷德利(Bradley)试图在实验室的环境中形成休闲体验。这项研究的理论根据是齐克森米哈伊的"畅"概念。他们发现:感觉到自由与否是影响休闲体验的一个重要因素。畅的体验过程是:自由的感觉—爽快—满足(幸福)—少有的体验—希望继续—得到完善—发现真正的自我。心无羁绊只是休闲的前提,而不是休闲本身。当人们在体验休闲的时候,他们所体验的并不是心无羁绊的感觉,他们反而迫切地渴望有所羁绊,这种羁绊带来的是一种愉快的冲动和爽快的体验。如同人在夏季一番劳作后大汗淋漓,饮一杯冰水带来的快感甚于平时在空调房里饮一杯冰水后的感觉。休闲是人们渴望去获得某种让人心驰神往的体验,它虽然是一种强制性的心理机制,但这种渴望或者冲动是发自内心的。所以,当人们认为一件事有意义时,从直觉上就能感觉到它的重要性,这件事就会驱使人们为它付出精力,这也是人的意志的体现。因此,休闲不一定是心无羁绊,反而需要被一些心甘情愿而又有意义的事情所羁绊,而休闲正是这种状态的一个结果。①

5. 休闲是"成为"人的过程,关涉人的幸福感和满意度

戈比认为,工业化社会以来,"消除疾病和战争、防止意外事故发生、长寿、就业率、追求'必需性'消费之后的财富积累等,都是把物质文明作为衡量人类进步的尺度"②,但这些主客观标准只代表人类进步的某些手段,不能衡量生命的意义和人类对进步的渴望程度,忽视了对人类生存目标的思考,马克思也在《资本论》中将人的能力的发展提升为"目的本身",提升和完善了"成为人"的标准,即社会化的人。"但是不管怎样,这个领域始终是一个必然王国。在这个必

---

① 莫恒全:《论中国传统休闲审美的第三境界》,《钦州学院学报》2013年第4期。
② 托马斯·古德尔、杰弗瑞·戈比:《人类思想史中的休闲》,程索梅等译,昆明:云南人民出版社,2008年,第1页。

然王国的彼岸,作为目的本身的人类能力的发展,真正的自由王国就开始了。"①马克思和恩格斯创立的科学社会主义从根本上解决人的自我实现、自我完善和发挥主体性作用的道路问题,"在共产主义社会里,任何人都没有特定的活动范围,每个人都可以在任何部门内发展,社会调节着整个生产,因而使我有可能随我自己的心愿,今天干这事,明天干那事。"②因此,只有从人类最高层次的需求和衡量人类进步标准的高度,才能彰显休闲的终极意义,"正是在休闲中,人性在潜在的转变中体现出对人的自我完善的引导作用"③。

休闲是生活中合乎人性的一部分,是以"存在"与"成为"为目标的自由,从而规避了资本主义"见物不见人"的物化和异化,它对人的整个一生都有着根本的意义④。所以,休闲学研究的兴起实质是对人类前途命运的一种思考,是对当代人类文化精神和价值体系发生断裂的现状做某些补救工作的一种努力,是对传统休闲价值理念的重新梳理,希冀唤醒人的文化自省与文化自觉,并重新找到人的存在方向。

正如马克斯·韦伯所说:"对任何一件事,我们都不可能做出完全的解释",对休闲的探讨不能局限于时间、空间、形式和结果,应该观照规范性和多样性,因之,在本书中应该从时间、活动、生存状态和精神状态认识休闲的含义,并突出其自由感、能力感和动力感。

二、休闲的动机

根据上述含义界定,休闲在外延上必然包含体现本质的众多要素,包括作为主体的价值动机取向、作为客体满足需求的主客观条件,以及包含公共政策、服务意识和管理手段等的社会制度及变迁,其中,活动主体进行休闲活动的思想动机和行为层级是其为何参与和如何参与的问题。

1. 主体的休闲动机和休闲行为层级

作为有意识、有目的的能动活动,主体对参与休闲活动的目标是首先要考虑的因素,即休闲动机的内涵、外延和类型等。

---

① 陆彦明、马惠娣:《马克思休闲思想初探》,《自然辩证法研究》2002年第1期。
② 《马克思恩格斯全集》第三卷,北京:人民出版社,1960年,第37页。
③ 托马斯·古德尔、杰弗瑞·戈比:《人类思想史中的休闲》,程素梅等译,昆明:云南人民出版社,2008年,第12页。
④ 约翰·凯利:《走向自由——休闲社会学新论》,赵冉译,昆明:云南人民出版社,2000年,第14页。

（1）休闲动机

休闲动机是指引起、引导和整合个人休闲活动,并导致该休闲活动朝向某一目标的内在心理过程,是回答"为什么""以何种方式""利用哪些资源"等一系列休闲问题的。人们开展休闲活动的原因是复杂的,但休闲动机作为休闲活动的主观原因,是休闲行为多元约束变量中的最关键因素。休闲学研究的目的就是探索在现有约束条件下,汲取古今中外的休闲智慧,在平衡好工作与休闲关系的基础上,激发休闲动机,优化休暇配置,改善休闲环境,打造休闲载体,发展休闲产业,提升休闲体验,促进休闲消费,提高休闲指数,促进自身发展。休闲动机既可能是自觉产生的,也可能是外因诱致的。

从涉及领域分析,休闲动机包括如下三大方面：①生理性动机,指与生俱来的由个体生理变化而引起的内在需求；②心理性动机,多由习得引起个体各种行为的内在心理性原因；③社会性动机,包括社会承认、家庭团结、人际交往等(如表1-2)。

表1-2 休闲动机的分类及相关表述

类型	相关词	影响因素
生理性动机	健康、放松、回归、运动、技巧、力量、身体、协调、锻炼、平衡、感官刺激、宣泄、冒险、挑战、极限、享受、宁静、沉思、回忆等	1. 社会建制、经济基础、社会家庭环境、文化氛围、活动模式、时空条件、资源和设施等 2. 个人身体状况、生活习惯、偏好、态度、能力、价值观念、伦理认知等
心理性动机	体验、自由、审美、自我形象、自信、自负、自我、能力、寻找感觉、逃离、幸福、满足、成就、学习、改变、摆脱、新奇、新鲜、刺激等	
社会性动机	声望、地位、炫耀、增进家庭关系、社会交往、群体合作、沟通、信息传达、行为反馈、交流、归属感、教育、结交、工作、志愿、利他、手段、工具、控制等	

从预期结果分析,休闲动机包括以下四种：①非功利型,人们选择休闲活动主要是因为他们喜欢,以期从中获得乐趣,如选择愉快地阅读或学习某项技艺等；②补偿恢复型,人们选择休闲活动主要是为了一些"好处",如通过看电视、电影等消解在工作上所产生的负面影响,得到放松,感到刺激或兴奋；③维系关系型,个体选择休闲是为了通过休闲活动对能建立和保持人际关系有积极的价值；④角色限定型,这也是社会关系对参加与否起核心作用的活动目的,即参加

者要迎合他人对其本人所具有的社会角色的期待。

当然，上述类型的划分是相对的，因为休闲活动都具备复杂的原因，而且各种动机的强烈程度也会伴随人生阶段的变化而变化。

(2) 休闲行为层级

作为普遍性的人类活动，休闲活动的共性是显然的，但在不同维度予以区别，会呈现为不同的行为层级。

从功能角度看，休闲活动对社会的贡献有正向和负向、大小之分。类似于马斯洛的需求层次理论，积极的休闲行为包括表1-3所示的十种类型。

表1-3　积极休闲行为的十种类型

	类型	特点
休闲行为层级	有效利用闲暇	将静态休闲时间更多运用到参与性和动态性休闲活动中去
	消费	目的在于消费某些物质，消费主义可以被视为一种休闲参与风格
	愉悦	愉悦感会使人们对休闲活动产生喜爱之情，培养起更多的兴趣和美学鉴赏力，并在这一过程中获得关于该活动的专业知识，甚至成为专业人士
	康复或宣泄	休闲活动能够帮助人们从繁重的工作或其他强制性活动所带来的危害中缓解过来
	改进/自我完善	能够对人们的许多方面进行改进或完善
	社会化	具有社会化功能的休闲活动不仅要具有参与性，还应该强调团体内部的卓有成效的情感联系
	发现自我和身份	在现代社会中，一个人选择什么、发现什么是有价值的东西及如何作出选择都是自我定义中的中心问题
	精神	休闲的精神因素是同人的存在状态联系在一起的，被人们认为是精神活动的祈祷、沉思或冥想等
	创造性	创造性休闲能提供人们深度的休闲体验，并提升生活品质
	自我实现	休闲活动是自由度较高的活动，能摆脱各类束缚，达到自我实现

从层次角度看，休闲活动有层次高低的众多类型，包括反社会行为，伤害自我的放纵行为，消磨时间摆脱单调寻求刺激的娱乐行为，作为欣赏者投入情感地参与行为，作为追随者积极地参与行为，作为作曲家、画家、发明家的创造性参与行为等。

从规范角度看，休闲活动有遵守与服从社会规范与否两大类，即规范休闲和失范休闲。在现实中,人们往往更关注工作时间的安排,而忽视休闲时间的安排,造成对闲暇时间的使用存在不合理的地方,特别是容易出现滥用休闲时间的不良倾向。滥用休闲时间指一些如沉溺于网络、手机、电视、酗酒、赌博、吸毒、嗜食等的无意义或意义不大的休闲行为。

从形式角度看,休闲活动包括严肃休闲和非严肃休闲两大类。所谓严肃休闲是指参与者坚持不懈地参加某种活动,借助于特殊知识和技能,倾向于将自身努力当作长期性职业,从而获得自我实现、自我发展、自我展示、自我形象提高、成就感、社会影响,以及归属感、整体性的体质发展等持久性益处,包括业余活动、爱好追求和职业性志愿行为三大类型。非严肃休闲则是一些随意的放纵行为等。

从休闲价值角度看,还有学者把休闲行为分为消极和积极两种形态(如表 1-4)。

表 1-4 休闲的两种形态及特征

行为分类	外在特征及其具体内容	心态	主体
积极行为	艺术追求(美学休养、文学创作、哲学思考)	自在	群体行为
	教育学习(业余研修、社团活动、终身学习)	提升	
	游憩活动(旅游、园艺、阅读、健身、体育)	放松	个体行为
消极行为	自我放纵(吸毒、赌博、游荡、色情、暴食)	叛逆	
	蓄意破坏(涂鸦、损坏公物、暴走族、虐待)	沉沦	群体行为
	犯罪危害(谋杀、抢劫、暴力、强暴、伤害)	自虐	

当然,不同的人在不同情况下的休闲需求也是不同的,所选择的休闲活动的层级也就会不一样,如在深井里工作了 10 个小时的旷工在劳动结束后,可能更需要某种宣泄,而家庭主妇有时需要社会化,有时需要自尊。

三、休闲的价值

"发达国家将在 2015 年前后进入'休闲时代',休闲将成为人类生活的重要组成部分。"①这一 20 世纪美国未来学家的预测以超过预期的速度成为现实。在改革开放特别是中国特色社会主义进入新时代以来,我国社会生产力水平不

---

① 马惠娣:《人类文化思想史中的休闲:历史·文化·哲学的视角》,《自然辩证法研究》2003 年第 1 期。

断提高,科学技术日新月异,于光远预测的由"有闲阶级的社会"走向"普遍有闲的社会"的全民休闲时代正在快速走来。在此背景下,休闲成为影响经济、政治、文化、社会、生态等现代化总体布局的重要因素,成为重要的社会、文化和经济力量,休闲是重要的社会、文化和经济力量,它对每个人的幸福、福利和生活满意度都有巨大影响,其日益增加的重要性引起了公共领域、私人空间、非营利组织和商业主体的共同关注。为了进一步规范和发展休闲事业,必须深入挖掘休闲的价值,包括对个人、团体、组织和社会,以及在个人生活、人际和谐、经济发展、社会进步等方面多维多元的价值和功用。

(一) 休闲在社会生产维度的价值

唯物史观指出:社会生产力是人类社会发展的最终决定力量。而作为人类主要活动形式和现代社会重要因素的休闲必然对社会生产的各个方面产生重大作用。

1. 休闲是促进生产力发展的重要因素

生产力是人类社会的基础,生产力的发展意味着闲暇的生产和增长。"闲"就是生产力发展的根本目的之一。于光远认为,"闲"是同"社会生产力"这个大字眼密切联系的事物,争取有闲是生产的根本目的之一。"从现在看将来,如果不属于闲的劳动时间随着社会生产力的发展能够进一步减少,闲的地位和作用还可以进一步提高。这是走向未来经济发展的社会的道路。"

所以,休闲是同生产力密切关联的,随着生产力水平的提高,人们的闲暇时间也会日益增多,休闲机会、休闲资源等也同样在改善和提升。相比原始社会生产力水平低带来的被动休闲,当前大众休闲的时间不断增多、品质明显提升。而且,越是生产力水平高的发达国家和地区,人们的休闲意识更强烈,闲暇时间相对更多,休闲资源更为丰富,人们的生活更加多彩、质量更高,进而使人们的获得感和幸福感更强。休闲有效促进了人民美好生活的实现,更好实现了生产发展的目的。

休闲既是生产力和文明发展的结果,也是促进生产力和文明发展的因素。在资本主义工业社会,为了缓解内在社会矛盾,提高工人的劳动积极性和工作效率,资本家会通过组织开展锻炼身体、照顾家庭、提升知识技能、参加学习培训等休闲活动来增加工人的休闲时间,还辅以改善工作环境、采用人性化管理、提高工作福利等工作时间内的举措以提升休闲的效果和质量。在迈向社会主义现代化强国的新征程,在高度组织化、竞争激烈的现代社会中,在兼有闲暇和忙碌感的社会生活中,休闲提升生活自由成为趋势。2018年,我国"十一"小长假共接待国内游客7.26亿人次,同比增长9.43%;实现国内旅游收入总额5 990.8亿元,同比增长9.04%①。这是劳动不只是"谋生手段"而成了"乐生要素"的鲜活证据。

2. 休闲是文明进步的标尺

人类古老的梦想就是从无休止的劳作中摆脱出来,"以欣然之态做心爱之事",享受休闲。因为与一定历史时期的政治、经济、文化、道德风尚和伦理水平紧密相连并相互作用,作为整个社会发展与变更的缩影,休闲反映了社会风貌和时代变迁。通过休闲,我们可以了解其他文化形式,体察整个人世沧桑的变化。在古希腊时期,休闲就是人们所追求的至高的社会理想,亚里士多德甚至视其为人身上的神性所在。正如阿格妮丝·赫勒在《日常生活》中对意义的阐释,社会的进步无法仅仅在宏观尺度上得以实现,人自身的改变,人的态度的改变,无论如何都将是一切变革的内在组成部分②。作为心灵态度和灵魂状态的休闲可以培养一个人与世界和谐相处的能力。休闲是人类精神的自由和解放,是滋养心灵和获得力量的方式。它能够超越工作世界的限制,进而发掘人的潜能和超人的生命力量,让人以再生的崭新姿态再次投入忙碌的工作世界之中。只有处于真正的休闲状态,人们才能摆脱"隐藏的焦虑"之桎梏,这是人类美好生活之设想。

休闲是衡量社会文明的尺度,是人类物质文明与精神文明的结晶。在人类发展的历程上,休闲始终传达着相同的信息,即"学习和教育的场所"。《休闲:一种转变的力量》一书明确提出:个人的成长和自我发展与社会实现其文明进步的能力息息相关,反过来讲,社会的文明进步又要依赖于个人的成长和自我发展③。具体说来,一方面,休闲可以为个人实现自我转变提供可能性的空间,另一方面,它同样也可以让人们保持其生活的稳定状态和恒常轨迹。这就说明,休闲自由是人的精神的产物,其具有的精神价值和精神力量决定了它是一切文化文明程度的衡量标志和尺度。正如罗素在《自由之路》中所表达的:一个

---

① 陆海涛:《基于齐鲁文化的旅游商品设计创新》,《工业设计》2018年第12期。
② 阿格妮丝·赫勒:《日常生活》,衣俊卿译,哈尔滨:黑龙江大学出版社,2010年,第2页。
③ 克里斯多夫·爱丁顿、陈彼得:《休闲:一种转变的力量》,李一译,杭州:浙江大学出版社,2009年,第1页。

美好的社会不是产生于国家的荣耀,而是产生于个人的自由发展,产生于日常生活的幸福,产生于每一个男女都有符合个人兴趣并能充分发挥个人才能的工作,产生于人与人之间自由而又充满爱的关系,更重要的是产生于生活富于乐趣并在科学与艺术的自由创作中得以表现出来。

3. 休闲是文化传承的载体之一

休闲是文化的凝结和文化的载体。休闲曾是古人最为珍视的哲学概念和生活理念,更是高雅文化的根源和基础。柏拉图认为:诸神怜悯生来就劳累的人们,因而赐予他们一系列的节日,并由酒神、诗神、太阳神相伴,由此人的身心获得滋养,他们变得高大、正直。亚里士多德甚至认为:休闲是"一切事物环绕的中心",是"科学、艺术与哲学诞生的基本条件"。① 在中国漫长的历史文化长河中,休闲就像一条轻柔的丝带将人的物质生活与精神生活紧密地维系在一起,它不仅使中华5 000多年的文化传承悠久绵长,而且由此创造的诸如"天人合一、兼爱非攻、仁者爱人、淡泊明志"等人生理念,丰硕了我们的优秀文化遗产,还指导了国人正确的人生价值观念,成为人类对文明膜拜的"祭坛"。在中国文化历史进程中,休闲扮演了一个重要的角色——她既是文化的凝结,又是文化传承的载体。但当下,仍存在着不健康、不科学、不合理,甚至是腐朽的休闲文化等。只有倡导积极先进的休闲文化才能提高人民群众的文化生活质量,才能指导公众科学合理、健康文明地规划休闲文化生活,进而通过营造良好的、多姿多彩、积极向上、文化内涵深厚的公共秩序、生活环境和社会风气来塑造和传承先进的文化传统。

休闲是文化创造创新的条件。在当代社会,大众越来越热衷于消费文化产品,休闲产业本质上就是创造文化精神食粮。只有拥有休闲自由和休闲时间,人们才能够完成更高层次的人生理想,才能创造更丰富完美的文化果实②,以满足人民群众日益增长的文化需求并推动社会文化的进步和发展。要形成中国特色的休闲生活,就必须在总结休闲实践的基础上准确把握和精准概括独特的休闲观。休闲是文化的底蕴,休闲的领域离不开一般文化的领域,在这种情况之下,休闲所代表的意义必然远超过"工具与目的"的考量。休闲形塑着文化,同时它自身又是社会文化的反映,处于文化内部并具有文化属性,它决定了休

---

① 亚里士多德:《尼各马可伦理学》,吴彭寿译,北京:商务印书馆,2009年,第306页。
② 魏小安:《发展休闲产业论纲》,《浙江大学学报(人文社会科学版)》2006年第5期。

闲研究不能脱离它发生、发展的社会文化环境和土壤。在中华文化历史进程中,休闲自然地成为文化传承的一种载体,同时也是文化的创造者,它以直接、亲切、自由、富于情趣、人性化的力量潜移默化地渗透在民众的生活方式和行为方式中。

4. 休闲是一种建制化社会资源再分配

虽然承认休闲是最不受预先规定的社会活动,属于私人事务,但是社会可以通过成文法律法规以及不成文的价值观念和传统习俗来鼓励和阻碍人们的休闲行为和休闲选择。所以,国家和各级政府都注意通过休闲手段改善民生福祉,加强休闲管理和服务,通过一定途径和方式特别是社会政策使休闲成为建制化资源和事物以回报休闲资源的分配、休闲活动创新的期待和生活品质的提高。如各国政府在基础设施、娱乐社会、公园、服务业等项目上的推动。

现实中,世界各国也都越来越重视对基础性制度框架的构建,通过对民众休闲时间的立法和对休闲观念及行为的管理和引导以将其作为满足国民需求的基本途径。在制定政策和计划时,一方面会考虑减少每周的工作时间,另一方面则考虑如何来促进各类休闲资源的发展,如公园、河道、休闲文化中心等。近些年来随着经济状况的改善,我国在休闲领域的许多方面都发生了变化,其中一个显著现象就是人们的工作时间缩短了而相应的休闲时间得以增加,大众休闲拥有的诸多活动方式,也越来越与世界接轨并形成潮流。

5. 休闲是以时间形态存在的可深度开发的资源

在不同的历史阶段和文明形态中,人类拥有不同的生活方式和休闲时间。据文献资料记载,人类在不同社会阶段的休闲时间如表1-5。

表1-5 人类在不同社会阶段的休闲时间

社会形态	劳动时间占比	休闲时间占比
原始社会	33%	16%
农业社会	28%	22.9%
工业社会	10.4%	38.6%

改革开放以来,经过近20年的努力,我国自1995年开始推行5天工作制,工人每周法定工作时间由近50小时缩短到每周40小时左右,目前我们已经大概有1/3的时间是在休闲中度过的(如表1-6)。

表 1-6　2001 年北京居民个人闲暇变动情况

年份	1982	1986	1996	2001
个人每日闲暇数量	3 小时 30 分	3 小时 59 分	5 小时 3 分	5 小时 56 分

这一变化趋势引起了研究者的关注。20 世纪初,美国、英国、德国以及日本等国家的学者在研究人的生活质量、生活方式时开始将休闲时间纳入研究视野。"二战"结束后,休闲时间正式进入学术研究领域,并逐渐发展与成熟,成为研究社会、经济和生活质量的主要视角。

休闲时间是"以时间形态存在的社会资源",是需要合理利用的资源。时间对于每个人来说是最公平的资源,从客观数量看,每人每天拥有的时间都是 24 小时,但是对于能够高效利用时间的人来说,时间就是取之不尽的宝藏。合理、科学、健康地利用休闲时间,提高休闲时间的效率和质量,对一个人的成长和成才至关重要①。

社会发展的历史表明,人类许多伟大的创造都与休闲有密切关系。充裕的休闲时间,对于人来说,就是拥有了充分发挥自己兴趣和爱好的广阔空间,有了施展自己才能和力量的平台,有了为"思想"提供自由驰骋的天地。人们在这个自由的天地里,不再为谋取生存和生活资料而操劳奔波,个人才能在艺术、科学等方面也获得长足发展。据从事科学方法论工作的学者研究发现,休闲时间与创造之间的关系十分密切。爱因斯坦在《论科学》中也指出:"至于艺术上和科学上的创造,在这里我完全同意叔本华的意见,认为摆脱日常生活的单调乏味,和在这个充满着由我们创造的形象世界中寻找避难所的愿望,才是发现它们的最强有力的动机。"他甚至认为"人的差异性在于业余时间"②。马克思也肯定了经济学家舒尔茨的观点:一个民族要想在精神方面更自由地发展,就不应该再当自己的肉体的奴仆。因此,他们首先必须有能够进行精神创造和精神享受的时间③。

杜玛泽迪耶认为,休闲时间显然是科技发明应用于生产的结果:一方面各行业工会都坚持要增加工资、缩短工时,另一方面,商业需要人们增加消费时间,以消耗掉产品。考虑到社会伦理的因素,比如青年及女权运动对家庭权威

---

① 马惠娣:《闲暇时间与"以人为本"的科学发展观》,《自然辩证法研究》2004 年第 6 期。
② 罗务恒:《现代西方文学艺术与近现代西方文化主题》,《文艺研究》1986 年第 6 期。
③ 《马克思恩格斯选集》第二卷,北京:人民出版社,2012 年,第 15 页。

和婚姻职责的挑战,宗教运动强调世俗责任,以及城市居民对集权政治的冲击等,各类社会机构对个体的控制时间逐渐减少。休闲时间在数量上的增长,既是由于技术的进步,也是由于个体从庞大复杂的社会体制中获得了更多的自由。

6. 休闲经济成为新的经济增长点

休闲会变成经济发展的重要力量,这一观点已成为不争事实。休闲消费将转变为就业机会,休闲服务将从标准化、集中化转向个性化的服务,人们对休闲与健康之间的关系倍加重视,应运而生的休闲教育将占教育产业的极大份额。

休闲产业是近代工业文明的产物。它发端于欧美,19世纪中叶初露端倪。进入20世纪后,随着科学技术的快速发展,与休闲相关的产业逐渐应运而生。该产业于20世纪70年代进入快速发展时期。21世纪初,西方国家基本进入了休闲时代,休闲产业迅猛发展①。

休闲产业,笼统地讲是指与人的休闲生活、休闲行为、休闲需求(物质上与精神上的需求)密切相关的产业领域,特别是以旅游业、娱乐业、服务业为龙头企业形成的经济形态和产业系统。一般涉及国家公园、博物馆、体育、影视、交通、旅行、餐饮、社区服务,以及由此连带的产业群等。当前,无论是按资金流、收入、产出还是按创造的就业机会来衡量,休闲产业都不仅仅是一个大产业,而是世界最大的产业之一。休闲产业不仅包括物质产品的生产,也为人的文化精神生活的追求提供保障。

休闲能够创造新的工作岗位。虽然作为一个纯粹的休闲产业的工作很难找到,但与休闲有关的工作在每一种行业里却是屡见不鲜的②。据统计,美国的旅行和旅游业雇佣的职员有900万人之多,美国的休闲产业已处于国民生产总值第一的位置,其就业人口占全部劳动力的1/4。

休闲能够提高工人的生产能力。休闲(尤其是那些需要消费的休闲)是回报体系中可以激励工人努力工作的积极因素。如果工人只需维持其基本的生活,那么他们很可能除了达到最低工作要求外不会再有什么积极性。然而休闲却提供了一个快乐王国,自由支配的收入可以在这里创造出直接且催人上进的回报,而且是一种看得见摸得着的回报。

休闲经济也打破了传统的经济模式。由于休闲在现代经济中所起的作用

---

① 马惠娣、王国政:《休闲产业将是我国新的经济增长点》,《科技日报》2000年7月14日。
② 刘捷:《现代社会的工作与休闲》,《中国城市经济》2005年第9期。

越来越重要,随着休闲产业发展和服务项目的增加,越来越多的休闲方式将会从一个国家出口到另一个国家。如大众传媒的对外扩张、文化公园的主题创意以及许多其他休闲方式。如今,有许多国家都在寻找出口他们自己的休闲工业产品的机会。传统经济学在原来的学科范围内对当代休闲消费行为的阐释已显得力不从心,经济学需要向"以人为本"的方向回归。休闲经济考察的不仅是物,更重要的是人,包括人的休闲动机、心理、模式,非物质形态、休闲资源的合理性及其合理配置等。休闲经济中的各类服务、市场、营销、企业策划、产品生产、社会组织、政府职能都应向"提升人的价值为中心"转变。人们的个体身份也越来越多地在休闲活动中得以建构和强化。休闲在人们形成其对于自我身份认同的过程中发挥着媒介手段的重要作用。

中国作为一个新崛起的经济大国,国民生产总值递增很快,人们的休闲生活——旅游、大众传媒、体育健身、文化欣赏、自然接触、艺术制作、担当志愿者、终身教育,以及与人的身心健康相关的领域将变得更为重要,与其他现代国家一样,休闲的经济生活行为在中国的经济体系中也日益扮演着一个重要的角色。联合国世界旅游组织预测,到2022年,中国旅游业总产出将占国内生产总值的8.64%,旅游消费将占总消费的6.79%,旅游投资额将占投资总额的8.16%,接近世界平均水平。中华人民共和国文化和旅游部预测2022年全国旅游业总收入33 000亿元,相当于国内总产值的8%,真正成为国民经济的支柱产业。

7. 休闲伦理日益被关注

李仲广认为休闲具有一定的道德因素,休闲个体自发行为是最基础的活动形式,分为游憩和放纵两大类,并向高低不同方向演化。如自由时间是自由的、随意的时间,也是检验道德和伦理判断的基础。

研究证明,休闲、与休闲有关的社会活动和设施是社区或国家获得自豪感和满足感的重要来源。休闲资源和机会也有助于维持社区的中心道德和正面形象。此外,只有休闲活动与场所可以维持和提高某些伦理特性,满足某一特殊社会群体的独特需求。在闲暇里,家庭结合力更强,其他类型的社会凝聚力与团结力得以发展,这些都使得生活变得更重要且更有意义。

休闲也可能被扭曲,从而成为非人性与异化的可能性。在休闲中,我们同样也能看到事情的荒谬和人类生存状况的可怜。有钱人可以在大片的绿地上打高尔夫,没钱的人也可以在游戏机前寻求心理平衡。我们的生活水平被各类消费所设计,大家所不同的只是消费能力的差异而已。社会的良知、肩担的道义、历史的责任通通可以以钱为尺度。人们在疯狂地利用时间中不断地批量生产着精神食粮,而其背后正在形成金钱的山丘。"淡泊明志,宁静致远"的人生观正坠入炼狱。人在尽情地享受物质财富的同时,也消磨掉了人的激情,遗弃了他所应担负的社会责任和历史使命,丧失了人区别于动物的、唯一的、仅仅只有人类所具有的——创造精神生活的本质,人正在向经济动物迈进,一切对于人的生存价值的思考似乎都显得多余和无奈。

消费主义的泛滥是近代工业社会迅猛发展的附带结果,它的道德准则是追求体面的消费,渴望无节制的物质享受和消遣,试图以物欲的满足和占有来构筑人们的社会、心理甚至精神的需求,把人们的生活目的和人生价值单一地定位在物质财富的享用和高消费的基础之上,并以此来解读甚至炫耀生命之存在。消费主义貌似给人提供了一种普遍的幸福,甚至允诺人们都可以同样地进入消费主义的商店,却使消费者由于过分追求提高收入而陷入即使用金钱都难以挽回的新的"精神贫困"之中。自由时间被降格为无度的消费,似乎人在消费中就完成了自我实现。人的自由被纳入了消费制度体系之中,成为必须依赖消费才能得以存在的过程,以及成为消费享受的过程。纯粹的享乐主义的道德取代了传统伦理的约束,人不再为自己的物欲膨胀而羞愧,也不再为自己对消费品的贪心而脸红,所谓"道德",由精神层面滑向了物质层面,由创造层面滑向了享受层面。这种道德取向无疑使人的一切自由都被虚幻所掩饰,人的精神乐园降低为仅飘荡着享受的时下满足,最终使人类在不经意间放弃了自由的理性和批判的能力。

8. 休闲生态也日益成为一种新业态

现代休闲业表达了我们对环境和未来的关心,表达了对生物和整个人类的关心。我们可以合乎逻辑地认为,人们在环境中的休闲活动,以及对这些环境的相关研究与评价促进了对环境的了解,培养与可持续发展一致的环境伦理甚至还有助于形成环保行为,这些环境效益促进了社会福利。休闲的环境贡献确实也被法律和公共政策制定者了解和承认,美国不仅形成了整套休闲法体系,而且森林法、国防法等许多法律也存在大量与休闲相关的条款。

(1) 日益受到重视的休闲用地的生态化。为了满足娱乐的承载力,如自然承载力、感知承载力和生态承载力等,保持未来生物的多样性,1872年,美国建立了世界上最早也是最大的国家生态公园——黄石国家公园。尽管土地能以不同的方式评估,从休闲的角度看,其价值可根据风景质量或野生动植物资源进行评价。城市不仅为它自己的居民提供休闲设施,还为旅游者提供这样的休闲设施。研究表明,世界上的主要城市都是最重要的旅游目的地,但绝大多数是靠吸引物吸引游客的,其主要的吸引物是历史遗产类资源和文化设施及其历史事件的纪念意义,这些吸引物大多靠近市中心,随着城市扩建,它们仍被保留在城市里,尤其是对于那些提供旅游业发展基础的设施更是如此,较新的商业中心有时会紧邻着历史遗迹中心周围发展。而人们越来越感兴趣的文旅融合型的旅游产品、乡村生态型的旅游特色等都有其特色。

(2) 休闲地也经常作为废弃土地二次利用的选择,如我国当前利用一些废弃的塌陷地等建立的湿地公园等。在一些地区,废弃的地方是在政府的资助和商业赞助下被休闲和旅游业开发。利用旅游业来刺激城市经济和环境再生的想法最初来自北美,现已被许多发达地区的城市所采用。休闲、体育和旅游都是规模很大的行业,对于一些大型的休闲公司来说,只要市场回报是值得的,他们便会购买大量的土地。

(3) 社会构建的休闲地也有利于生态化自然环境的保护和利用。不同的休闲设施基于不同的休闲活动被开发和建设,即便它们的特殊重要性因人而异,但它们的功能和意义毫无疑问地得到了普遍认可。如乡村和主题化的场所,近年来休闲中的田园形象对乡村的保护被重视起来。乡村地区还被赋予了更进一步的社会建构的意义,即哪些休闲活动是允许和鼓励的,哪些是不允许的。主题化场所,一个想象的、由社会构建的环境并发展到极致的例子便是主题公园,其目标主要是创造一个极乐世界,使乘客沉浸在其中。迪士尼乐园便是这一发展最形象的表达,游客们在这些地方能找到娱乐、兴奋、干净和极具吸引力的环境,还有异彩纷呈的自然环境、无数的室外娱乐游戏并具安全感。

(二) 生活方式维度的休闲价值

随着人们对生活世界的关注,作为休闲载体的日常生活几乎承载了人类世界中的全部责任和义务。"所谓日常生活是相对于科学、艺术、哲学等自觉的精神活动和政治经济、经营管理等有组织的社会活动而言的。它是日常的观念活动、交往活动和其他以个人的直接环境为基本寓所,旨在维持个体生存和再生产的总称。其中最为基本的是衣食住行及个人肉体生命延续为目的的生活资料的获取和消费活动,以及伴随上述各种活动的非创造性和复杂性的日常观念活动。因而我们把人类世界划分成日常生活世界和非日常生活世界。"①

合适的休闲活动具有"溢出效应",会对包括与他人建立人际关系在内的其他行为产生积极影响。研究表明,休闲对生活方式的积极作用是多方面的,包括健康的生活方式、更好的生活状态、较高的生活满意度、优秀的生活品质、宁静的生活心态等。正如马惠娣所提出的,休闲既可以消除人们体力的疲劳,也可以让人们获得精神上的慰藉。

1. 休闲提高人们的生活品质

休闲是改善福利、丰富生活和加强人与人之间沟通的良好途径。与动物相似,人类在很大程度上也是以快乐为动力的,但是与动物不同的是,人类能够从新的体验中感受到快乐,进而把这种体验当作休闲②。时至今日,物质财富高速积累的时代已近尾声,社会进步将越来越意味着不断提高生活质量。亚当·斯密在《道德情操论》中提到,人类能够和平、和谐地生活在一起,是因为在内心的最深处,我们彼此都知道对方的感觉。从各个方面改造人类自身,这样人类才有可能以更为健康的方式继续生存下去,才能在生活中不断锤炼与人交往和沟通的能力。休闲有助于人际交往沟通和生活和谐③。1964年,国际游憩活动协会将休闲活动的意义归纳为健康、幸福、生活能力、大众化及和平等积极的社会意义,与此同时,《休闲宪章》也明确指出:休闲通过身体放松,竞技,欣赏艺术、科学和大自然,丰富了人们的生活。

休闲成为现代社会人们提高、拓展和保持生活质量的方式。休闲已经浸润到社会和文化的各个领域,既体现在我们的社会生活中,更体现在日常生活中。它可以帮助人们"充电",改善人们的生命状态,为人的生活提供新的视野,助推人们的工作表现。休闲发端于物质文明,物质文明又为人类提供了闲暇、伴生了闲情逸致,通过人类群体共有的行为、思维、感情,创造文化氛围,传递文化信息,构筑文化意境,帮助培养人们的自我价值感,整合传播价值规范,从而达到个体身心和意志的全面、完整地发展;休闲有利于增进社区凝聚力和文化认同感,还有利于提升家庭的生活品质,化解矛盾冲突,促进社区和公民参与力度,减少社会病态现象,推动民主平等、公平正义等道德准则的建立以及

---

① 马惠娣:《文化精神之域的休闲理论初探》,《齐鲁学刊》1998年第3期。
② 赵鹏、刘捷:《休闲与人类健康发展的关系》,《旅游学刊》2006年第11期。
③ 亚当·斯密:《道德情操论》,蒋自强等译,北京:商务印书馆,1997年,第59页。

和谐的社会文化价值观念的形成,还能提升社会意义和物质环境意义上的宜居度。

休闲为人们诸多生活内容转变创造机遇和条件。戈比的"享有休闲,是人类最古老的梦想之一"和巴米尔的"休闲是一切人类行为的目标所在"的思想是异曲同工的,毋庸置疑,休闲对于人们的个人生活具有非常大的潜在性的影响,特别是人的生活质量会直接受到休闲品质的影响。因此,在分析个体的生活质量时,通常会把其休闲内容考虑在内。人们追求休闲生活的目的,在于提升、丰富和改善自己的生活。在人们从基本生活必需品及各种产品和服务的生产逐步转向文化和休闲产品的生产、提高个人和社区生活质量的其他产品和服务的生产的大背景下,休闲在帮助人们完成和适应变化过程以及在帮助人们获得那些不断前进所需的新观点、新视角、新知识、新技能和新的价值观念等方面具有至关重要的价值和意义。

休闲促进人们形成美好的生活共识。在未来,一个以休闲为中心的新社会取代以就业为基础的工作社会将成为现实,是一系列真善美的追求和体验,如快乐、幸福、满足感、自由自在、自我实现、自我反思、探究发现、求知、成长发展、冷静沉思、心灵自觉、提升鉴赏水平、缓解压力、增强体质、社会融合、文化认同、文化自觉等,而不是财富、金钱、名誉等成为人们共同的追求。"尊重自然就是尊重生命"已成世人共识。美国受过良好教育的中产阶级宁愿选择"自愿简单"的生活;被称为"工作狂"的日本人提出要断舍离,回归人的本真;韩国人提出要把工作和生活巧妙融合;法国人开始光顾"哲学咖啡馆";中国作为人口大国,也突出了家庭为主体的休闲特色。

休闲方式的选择实际上就是对生活方式的选择。能否聪明地利用闲暇时间,也关系到人们生活质量的高低。近些年来,包括参加志愿者活动、捐助活动、慈善活动、扶贫济困、社会救助、简单生活、提倡环保、素食主义、爱护动植物等新生活方式创造性地表达了人们的追求理念,从人文精神和人文关怀的角度丰富了闲暇时间的内涵与外延,鼓励人们把自己的发展和承担社会责任联系在一起,用这样的行为方式营造充满温馨的、友善的、互助的社会氛围,增强社会的凝聚力、亲和力,增强人与社会的和谐发展,增强社会有形资源和无形资源的全面利用,增强人与文化的共生共荣①。同时,各国也注意以开发闲暇时间为抓

---

① 马惠娣:《闲暇时间与"以人为本"的科学发展观》,《自然辩证法研究》2004年第6期。

手发展生产力,即把重心放在个人能力全面而充分的发展上,个人的充分发展又作为最大的生产力反作用于社会生产力,而社会生产力的进一步发展无疑又能助推人们休闲水平和质量的提升。

2. 休闲涵育人的精神生活

休闲和文化精神紧密相连。作为人的灵魂的驿站,休闲不断滋养人们的心灵,涵育人们的精神生活,同时也就承担起了建构人类文化精神的历史使命。消费主义和物质主义使人与自然、人与人、人与社会的矛盾日趋紧张,特别是"占有"过程中的异化使得个人内心世界感情关系失衡,这些因素都引起了学界的高度关注。着手从人类文化精神维度进行自省和批判,休闲成为研究的重要抓手。

面对"精神贫困"这一现代人的普遍生存状况,施魏策尔批判道:我们应该勇于正视现实,人已经变成了一位超人……他具有超人的力量,却没有相应的超人的理性。但超人随着其力量的不断增强,他也日益成为一个灵魂空虚的人。我们已经从超人变成了非人,这一点我们必须认识到,而且必须早就该认识到了。

人们在生活中的意义和价值会越来越多地从休闲活动中获得。休闲能够把个人的喜好、兴趣、需要和愿望展示出来,所以,闲暇为丰富人的精神生活提供了条件,正是基于此,约翰·凯利认为,休闲是作为意义建构的一种行为活动而存在的。

3. 休闲改善人类的生存困境

贝尔认为,科技的发达拓展了人类的生存空间,扩大了人的视界和自我意识,增强了人对自然的控制和利用;然而,根本的问题亦接踵而来,例如,现代知识全、专、精,现代人却感到空前的渺小和无助,宗教与人生分离,年轻一代与年老一代的代沟使其沟通受阻,科技思想一味膨胀而浸渍人文科学的地盘,并对人文价值置若罔闻,造成现代人有丰富的知识,却缺乏领悟人生意义的智慧和应付现代复杂情况所需的整体性思维。我们的休闲时间在日益增加,人们却愈加不懂得如何善用。经济越发达,幸福感和生命、生活的质量对多数人而言越遥不可及,"上帝的隐遁,主体(人)的终结"就是当代人类文化精神丧失的写照。

根据1995年推行的美国哈里斯民意测验结果,89%的美国人经历过沉重的心理压抑。法国卫生部的数字表明,法国年轻人的死亡原因中增长速度最快的是因为心理压力导致的自杀。德国每十人中就有一位患有心理疾病。联合国报告显示：心理压抑已成为21世纪最严重的健康问题之一。20世纪90年代以来，伴随着科技的迅猛发展，越来越多的人有时间享受休闲；国民文化水平和总体素质的提高，使国民的自主休闲意识不断增强。与此同时，生活节奏的加快，社会竞争的激烈，压力之下生存的人们也陷入了生存的困境。如何纾解人类心理困境，我们必须借助于休闲哲学的思维方式：人活着不仅要有面包，人必须还具有精神性。而休闲应该是使我们在生活中获得比"帽一顶、饭一钵"的基本生活资料更多的东西，它使我们能寻求意义、目的、美、友善、快乐、心灵的宁静及与他人的和睦相处，从而使自己更高层次的需求得到满足。弗利特曼指出，休闲时间能够医治工业生产程序统一所引起的真正的个性结构的破坏。

亚里士多德说过，在任何情况下人们都可以找到有价值的东西，即使身处逆境，也能感受到自由和逍遥的心灵体验。休闲将人的生活带入精神层面，即让人们脱离物质主义的束缚，去寻求精神上的进一步完善；也能使人的生活同自然达到一种和谐，从而克服由于人的生活方式的扩张而引起的人与自然的冲突。在这个意义上说，休闲是人类生活走向和谐的有效途径。

休闲形塑着社会生活，面对社会生活中诸多不良的现象，休闲也是有效的解决途径之一。困扰不等于不思索，人类在理性上已认识到，发展现代化本身只不过是手段罢了，它的终极目标是改善人类生活，或是提高人的生命质量。一个生命若缺少有意义与价值的生活，显然是不值得。人由于生命里的迫切需要，为自己塑造了一个狭隘的世界，把自己局限在里头，比如工作，可是人的精神本质却是"去追求认识自己屋顶之外的事物，去跨越常规所设限的可靠范围和日常生活习以为常的一般存在事物，简单地讲，去超越自身狭隘环境以进入另一个广阔的世界"。妥当地安排休闲活动，可以帮助人们减少厌倦感，缓解焦虑情绪，还可以减轻人们的生活压力。

在休闲中，人们还可以找到应对和处理日常生活压力的各种办法。人们在休闲中可以借助全新的视角来看待生活，也可以从那种心理、情感、身体的疲惫中解脱出来。有思想的休闲是治疗现代人精神疾患的最佳途径。休闲可以提升人们对生活的满意度和幸福感。

出于内在喜爱的休闲是人自省、放松、求知、学艺乃至表现个人创造性的兴趣和爱好的绝好机会。在休闲以外的其他人类活动中难以表达的方式，尽可在休闲活动中自然表达。在休闲中,人们能自由体验永不满足的兴趣爱好,并且打破阻碍人们兴趣爱好的屏障得以自由表现。

休闲给生活中的人们带来一种追求幸福快乐的强烈愿望。休闲往往是和人们追求快乐、幸福、希望、精神愉悦及生活状况的提升与改善如影随形的。所有这些都激发和反映出人们提高生活满意度的内在渴望。人们通过各式各样的休闲活动来寻求幸福和满足,从本质上讲,休闲就是要提升人们的幸福和满意度。国家、社会、休闲领域的专业人士也志在促进人们的生活条件改善,他们帮助人们营造幸福,通过休闲来提高人们对生活的满意度。

休闲也在不断帮助人们最大限度提升幸福和生活满意度的水平。人类新的价值观表明人们愈发渴望过上轻松、平静、祥和及俭朴的生活。人类真正面临的永久性问题是如何利用解除了经济忧患之后的自由问题,或者说,是如何休闲以便使自己"理智地、舒适地和更好地"生活。休闲,给人们的日常行为提供了更多的选择机会,能够增进和拓展人的活动余地和自主性空间。在我们的生活中,休闲可以称得上是一个潜能巨大的强有力的"引擎",对人们的生活发挥着改善提升、孕育养分和支撑支持的作用。

(三) 人的全面发展维度的休闲价值

民主社会,休闲已成为一项基本人权。《世界人权宣言》规定:人人享有休息和休闲的权利,这包括对工作时间的合理限定以及对带薪休假的享有。1989年制定的联合国《儿童权利公约》强调指出:各党派和团体都应确认,儿童拥有休息和休闲的权利,拥有参加与其年龄相适应的游戏和娱乐活动的权利,拥有自由地参加文化生活和艺术活动的权利。

作为人生的重要"礼物",休闲为人们生活品质的提升和生存状态的改善提供了可能,更通过自己的需要、愿望和兴趣,自主自由地做出选择和打理自己的生活,进行创造性的活动和自我价值的实现,最终完成人的自由全面的发展。

1. 休闲创造了人的全面发展的机会和条件

休闲不仅为人们提供自我实现的机会和奋斗的热情,也培育了人们自我实现所需的能力,休闲包含着对本真的东西的一种追求及对自我的认知和理解。大卫·格雷认为它是一种蕴含美学、心理、宗教和哲学意蕴的沉思和冥想,因此,休闲给人们提供了自我检验、自我尝试和自我探索的机会。具体表现如下：

休闲为人们的个人发展、接受教育和自我成长提供了一个媒介和平台，人们可以在其中寻找到各种各样的机会和条件。在休闲过程中，人们可以自由自主地做出选择，也就能够不断地获得新的知识和技能，接受新的价值观念，因为在活动中人们通常会告诉自己说，肯定还会有更好的办法，而对更好方法的期待恰恰是成功和进步的体现。要探寻更好的方法必须具备更高的才能以及意志、知识、责任感、创造力的自由发展，休闲为人们提供了这些激发才能的条件，正如皮珀概括的，"休闲的能力是人类灵魂的基本能力"。

总之，休闲的能力和沉浸在存有之中默想的天赋以及在庆典中提升自己的精神能力一样，能够超越工作世界的束缚，进而触及超人的、赋予生命的力量，让人们能够以崭新姿态重新投入忙碌的工作世界之中。

2. 休闲为自我实现提供自由时间和空间

在马克思主义看来，衡量人类社会和个人进步的根本标准，归根结底就在于每个人自由全面发展基础上的社会整体进步，就是在社会发展进步中科学衡量个人价值。作为个人价值存在的重要表现形式，马克思主义认为休闲具有本体论意义，是对人类生存目标的真正揭示。所以，从根本上说，人类社会的发展应该是人的自我实现的过程，或者说是人的自我完善的过程，这需要充分发挥人的主体作用，即通过改造人的主客观世界使人日臻完善，进而日益成为真正的"人"。

马克思认为，缩短工作日、增加自由时间是建立自由王国的根本条件。虽然他也承认人们会出于生理本能而必须占用自由时间，但他更鼓励人们积极地利用自由时间。只有这样，时间才能最大限度地发挥出"自我实现的空间"的作用，或者说，积极地休闲是人的自由全面发展的现实前提。所谓自由时间就是"个人受教育的时间、发展智力的时间、履行社会职能的时间、进行社交活动的时间、自由运用体力和智力的时间"①，在自由时间里，人们将以欣然之态做心爱之事，会在人的生理必需活动之上和之外追求身体健康、身心协调、人与自然、人与社会、人与自身精神和社会文化和谐统一等价值目标，整合提升人性活动进而体现和实现人的全面性和丰富性。

生产力标准和经济基础决定了物质生产在人类生活和社会发展的基础性

---

① 《马克思恩格斯选集》第二卷，北京：人民出版社，2012年，第787页。

地位,但物质意义上的社会进步标准对个人来讲并不完善,其并不能衡量生命意义的标准及实现程度和自我实现的维度及程度,更不能反映出人类究竟在多大程度上能超越自己并进入一个全新的领域。作为一种自我超越的状态,休闲使人性在潜在的转变中体现出对人的自我完善的引导作用。

休闲是自由选择的空间。在人生全部旅程中,作为人们进行自由选择的空间,休闲的最大价值就是提供场所、场合和空间以供人们进行自我反思、自我更新,推动个人的转变、迎接新的变化,揭示人生真正意义。正如布特·奎因所说,个人的变化反映的是我们不断成长和自身力量的壮大。想要适应和应对"知识社会"的迅速变化带来的情况,我们就必须不断地改变自己。与之同时,面对变动不居的日常生活变化时,休闲有助于人们井然有序地安排生活、保持自身的平衡状态、避免突发变化对人生的毁灭性影响和冲击。

休闲是完成个人与社会转变的共同的主要社会空间。在人的一生中,休闲都是一个持久、重要的发展舞台,儿童的游戏、青少年的探索、年轻人建立的亲密关系、中年人的能力展示及自我表达、老年人与社会的融合等都是休闲发展理论的中心命题。作为人类存在的某种"目的因",休闲中人的沉思状态是最好的境界,其容易使人达到"心智消遣",进而获得精神自由;而精神自由能增长人的德性、智性、知性、通达性,进而创造科学、哲学、艺术、宗教、文学、诗歌、音乐、体育等人类意识形态和艺术形态,并以某种平衡使之合为一体。

3. 休闲为人的转变提供主要社会空间

在人的一生中,休闲都有助于推动个人的转变过程,可以为人们的自我反思、自我更新和去迎接新的变化提供空间甚至是一个场所或场合。物质意义上的社会进步标准对个人来讲并不完善,它不能衡量人们在多大程度上觉得自己的生命有意义,也不能衡量在多大程度上能实现自我,同时,这些标准也不能反映出人类究竟在多大程度上能超越自己并进入一个全新的领域。休闲是一种自我超越的状态,正是在休闲中,人性在潜在的转变中体现出对人的自我完善的引导作用。

布特·奎因曾说,个人的变化反映的是我们不断成长和自身力量的壮大。想要适应和应对"知识社会"的迅速变化带来的情况,我们就必须不断地改变自己。另外,我们也需要保护自己从而免受因变化而引发的那种毁灭性影响的冲击。人们可以把生活安排地井然有序,从而在面对持续不断的日常生活变化时保持自身的一种平衡状态。

休闲也是一个完成个人与社会发展任务的主要社会空间。儿童的游戏、青少年的探索、年轻人建立亲密关系、中年人展示能力并表达自我、老年人与社会的融合等,它们都仅仅是休闲发展理论中的几个中心命题,休闲在人的整个一生中都是一个持久、重要的发展舞台。休闲并非与主要的角色和投资网络相割裂,相反,它常常以某种平衡与之合为一体。亚里士多德认为,人在休闲中的沉思状态是最好的境界,是人类存在的一种"目的因"。这个"目的因"使人达到"心智消遣",获得精神自由。因为自由能增长人的德性、智性、知性、通达性,从而有了科学、哲学、艺术、宗教、文学、诗歌、音乐、体育等方面的创造。

4. 人在休闲中回归本性

人作为生命的一种形式,区别于其他生命体,最根本的在于人具有社会文化属性,在于人有精神上的追求和自我实现的理念。弗洛姆指出,人性不能局限于生存层次的食欲和性欲,还要看到人类具有特有的和超越生存的功能和热情。情感是人之为人更重要的方面,这不仅是指爱情和友情,而且指欢乐、团结、羡慕、憎恨等。此外,作为人在日常生活中和工作中表现出来的较为稳定的思维和行为模式的性格也是人性的组成部分。由闲暇到有闲情,再由闲情到"人需要有意义地活着",是人类经历的一个漫长的历史阶段,是对人本性的回归。皮珀提出,唯有在休闲之中,不是别处,人性才得以被拯救并被加以保存,除此之外,我们看到"纯粹的人性"一再被忽略和置之不顾。

休闲中,人们从繁重的劳动中解放出来,按照自己的意愿在多元化的生活方式中进行选择,充实自己,发展自己。因此,在此意义上,休闲是异化劳动的扬弃,是人肯定自身、张扬自我的过程,也标志着人类生命质量和生存质量的飞跃和人的现代化程度和解放程度的大小和多少。马克思曾说:"把有报酬的生产劳动、体育和综合技长教育结合起来",而这种结合是建立在人闲暇的基础上,"休闲是指人类在可自由支出时间内自由选择之活动方式,而劳动是指人类非自由状态下因生存需要被迫采取的活动方式"。由劳动极化(原始状态)—矛盾状态(发展状态)—休闲极化(理想状态)的发展过程,本质就是人性回归的过程。

5. 休闲激发新的人的发展观的形成

随着科学技术的进步和社会生产力的发展,人的进步与发展的含义也逐渐发生了根本性变化,其中戈比提出的"发展的目的是快乐与幸福"的观念越来越被接受。尽管幸福与快乐是难以量化的概念,但是科学家们还是对此进行了积极的探索。通过对志愿者社交能力、应变能力,以及如何看待生活,在困难环境中如何采取行动,对生活、经济地位、个人保险、受教育程度和知识水平是否满意等问题的调研,心理学家发明了"幸福 = P + 5E + 3H"公式,其中P代表个性,包括对生活的看法和适应能力,E代表生存状况,包括健康、经济稳定情况和友谊,而H代表更高层次的需要,包括期望、自尊心、事业心和幽默感①。

对人的进步的含义和标准认识的发展变化必然提高人们的休闲层级,因为只有更高层级的休闲才能使人更快乐和幸福。这些层级的休闲更多的是开展社区服务、做志愿者、过简单生活、乐善好施、助人为乐等"为他人行动起来"的创造性方式。这些新方式从人文精神和人文关怀角度丰富闲暇时间的内涵与外延,从全面利用有形资产和无形资源角度营造温馨友善互助的社会氛围,从自身发展与社会责任联系角度表达自己的追求和理念。

6. 人在休闲中与自己、与世界及其意义和解

人的休闲方式能够反映出他们自身所持有的特定的价值观念,也能够反映出他们置身于更为广阔的社会文化背景下,对于自己与社会规范与习俗之间的关系给予了怎样的理解和把握。在人们界定其自我身份,以及彰显其个人价值方面,休闲正在变成一个越来越重要的关键性因素。皮珀相信"休闲是一种欣喜感",这样的人能够欣然接受这个世界和自己在这个世界的位置。休闲作为一种优雅的存在状态,被赐予那些赞美生活的人。如果你无法获得休闲,可能恰恰因为你太想拥有它。休闲之所以成为可能,其前提必须是人不仅要能和自己和谐相处,同时必须和整个世界及其所代表的意义互相一致。

综上所述,休闲既是重要的学理问题,也是重大的实践课题,既是价值理性的规范范畴,也是工具理性的操作范畴,既是人类社会的共性价值,也是国家民族的特定追求,既是共时态的平行姿态,也是历时态的发展轨迹。因此,为了更好地把握和理解休闲,必须在梳理学术史代表性成果的基础上全面勾画出整体轮廓和重要节点。

---

① 宋妍:《"大众传媒时间"与休闲理想的悖论》,《国际新闻界》2006年第7期。

第二节 休闲教育

虽然休闲是人类共同的自发行为,但如何有意义且有目的地进行科学休闲则需要引导,虽然休闲和教育具有天生的内在联系,但休闲的教育意义并不会自然实现。这就需要关注休闲教育内涵、必要性和重要性等。

一、休闲和教育

1. 目的统一的教育与休闲

由马克思、恩格斯共同撰写的《共产党宣言》中首次提出,"代替那存在着阶级和阶级对立的资产阶级旧社会的,将是这样一个联合体,在那里,每个人的自由发展是一切人的自由发展的条件"[①]"人以一种全面的方式,也就是说,作为一个完整的人,占有自己全面的本质"[②]。这就说明,关于人的本质,我们不仅要认识到"人是一切社会关系的总和",还要关注到"人的需要"和"人的自由自觉的活动"这一更接近个体的、现实的人的本质的概述。

从马克思的人学理论出发,大多数教育学家都认同教育的本质或者目的是培养自由全面发展的人,可以具体解读为如下方面的内容:教育要塑造完整的人,要塑造知识渊博、有责任心、能探寻真理并坦然面对真理的人,而且能理解自己与人类的命运紧密相连;教育能使人变得更强;教育应该让我们能追求完整而非零碎的生活;教育者的任务不是将知识塞入学生的大脑,而是帮助他们开发自己的思维潜能。所以,教育的另一目的应该是促进人类的幸福,其最伟大的目标之一就是培养人类自我实现的能力。简而言之,教育要塑造全面发展的人,这样的人有自我实现的能力,有不断探寻真理的能力和激情,有开放的心态,有为社会服务并充满智慧和理性地参与生活的意愿,有生活的目标并能发掘生活的意义,有不断实现的满足感,而这恰恰也是休闲的意义和目的。

在未来,人们将不仅从教育中,也将从休闲中去获得自我实现,甚至更多,恰如布赖特比尔所认为的,"自由加上教育与休闲能为人类提供飞翔的翅膀,让他们达到最高的境界"。

---

① 《马克思恩格斯选集》第四卷,北京:人民出版社,2012年,第647页。
② 《马克思恩格斯全集》第四十二卷,北京:人民出版社,1979年,第123页。

2. 互为动因的教育与休闲

(1) 教育使人们学会休闲

作为机遇而存在的教育,因具有使人们用特定意义和方法享受并利用休闲的特性而具备了动力价值。梳理人类文明足迹,仔细考虑人类进步的全部因素,不难发现,教育赋予人类以休闲,因而古希腊语中的休闲就具备学校的含义,惊异、闲暇、自由是哲学产生和发展的三个条件。亚里士多德觉察了休闲与文化的内在关联,休闲对人的心灵、精神和个性进行了耕耘,而文化的持久传播性和对人的美德及优秀品质的促进又是教育和学习重要性的两大体现,因之,教育保证了文化的延续。教育又将人们引向了休闲,使人们认识休闲的价值和意义,创造和传承休闲的文化,使人们学会接纳和享受休闲。如果选择以教育方式来进行休闲的话,人类在现在和未来将会拥有更多的学习机会,因为闲暇时间将被大量地用于教育,而学习本身的过程并非一成不变的,它具有范围极为宽广的特征,由此,闲暇时间可以成为学习民主式的生活和新的技能的机会,也成为实现教育包括更好地理解我们生活世界的机会等其他目的的途径。

关于培育聪明、全面的人的可能条件,苏霍姆林斯基认为按照孩子自身的意愿支配自己的空余时间,在时间上必须达到每天5~7小时的空余时间,这在一定意义上就是强调闲暇、教育与人生命价值的关系。郭元祥也持相似观点,他认为教育活动旨在生命意识的唤醒、精神世界的启迪和生活方式的建构。面对现代社会生活的巨变,项贤明指出,基于发展资源的开发、占有和消化行为持续从自发变为自觉,教育由阶段性活动演变为终身学习的活动。保罗·朗格提倡着眼于生存的重大意义来探究重视教育的实质和条件,即冲破现有学校体制的束缚、融合人类活动中的全部工作与闲暇、适应个体存在所需要的新型方式。

(2) 休闲是一种学习方式和过程

人们在具有教育与自我发展性质的休闲活动参与中能获得极大快乐。古德贝通过收集研究足够多的证据证实:如果忽视休闲的教育功能,未能习得知识、掌握技能和自我发展,那么人们在其所进行的娱乐活动中获得的快乐肯定是有限和稀少的,因为休闲时间的利用也必须包含知识学习和技能获得的机会。卡斯克·哈里也强调,相比较看电视或者吸食兴奋剂等使人暂时放松的消磨时间的方式,要想提升技能和实现自我发展,则必须进行需要集中精力的休闲活动。

作为休闲特殊形式的游戏也是教育过程,对孩子来讲,游戏是一种普遍的需要。在成长过程中,孩子对游戏极为认真和投入,因为这符合"成长是通过行动发生"的总法则。于光远认为,如果母亲是孩子的第一任教师,那么玩具就是孩子的第一部教科书。约瑟夫·李也提出,学习的媒介包括游戏和游憩,而学习的机会也包括休闲。严肃的教育模式不能带给孩子游戏般的学习体验,致使孩子逐渐失去了对学习的兴趣,观察孩童的游戏可以发现,游戏是一种生动的学习过程,在游戏中孩童们学会了生存、生活、知识、技能,塑造了品行和德性等,所以,学习应该创造良好的氛围,激起人们的兴趣,让人心胸开阔,有奉献精神,有理想和美感,而休闲中潜在地蕴含着许多学习的机会。理想的休闲必须具有发展性,必须是一个使人投入其中,不断学习,并使自己有所改变的连续的过程①。因为蕴涵着包括人们的热情、忠诚和渴望在内的许多生命中最强大的力量,在休闲活动中,人们以非语言形式进行交流,学会宽容和增进了解,保持平衡的心理,提高观察力并加深记忆,思想与体验相融合并增强了体质。休闲也向探索打开大门,而探索则是科学的起点。正如赫伊津哈概括的:休闲和游憩生活能激励人们的学习动力,在鼓励人的学习动力时,没有任何因素可以替代自我激励。休闲和游憩是自愿的,是为了自己的享受和满足,所以可以将其称为自我激励。

作为分属两大领域的独立活动,休闲教育何以可能的关键在于休闲与教育是否具有内在一致性。

二、休闲教育的必要性和内涵

(一) 休闲教育的必要性

作为休闲专家的代表人物,布赖特比尔从投资回报的角度研究休闲教育的价值。通过开发休闲时间和投资教育和教养进行休闲教育,其实质就是个人、民族和国家文化资本的积累,其回报率的高低取决于投资时间的早晚。

1. 休闲时间的延长和生活方式的转变增加了休闲教育的客观必要性

马克思曾科学地预测,因为财富的巨大源泉不再是劳动,财富的尺度不再是劳动时间。未来社会的根本条件和主要特征将是闲暇时间的增加,即非劳

---

① 廖小平、孙欢:《休闲价值论》,《湘潭大学学报(哲学社会科学版)》2011年第1期。

时间的增加。这在当今的大部分国家成为现实,劳动时间的缩短和闲暇时间的增加使得自由和幸福的家庭生活至少有了时间的保障。与此同时,如何安排闲暇时间,以及如何合理利用和深度开发时间资源成为重要课题。因为闲暇时间的增多并不等于休闲的现实,正如刘海春在《生命与休闲教育》中提出的,空闲时间作为"一种人人拥有的并可以实现的观念,休闲却并非是每个人都可以达到的人生状态"①。若仅把闲暇时间分配和应用于消遣和不必要的活动之上甚至用在犯罪上,那么,非生产性活动将会诱发新的严重的社会问题,这是大部分国家都非常担心和警惕的;因为未能正确和有价值利用闲暇时间,健康的社会将会出现严重的浪费、泛滥的懒惰心理、缺失的前进动力、退化的文明等死气沉沉的现象。当然,闲暇时间也可以成为一种有效的资源和财富,合理深度开发闲暇时间这一资源,可以促进个人的发展、社会的进步。罗素指出:"必须承认,明智地利用闲暇,是文明和教育的产物。"所以,闲暇时间愈多,愈需要理智和教育。

2. 人们对休闲的质量要求与日俱增,休闲教育的需求也在增加

20世纪初,英国教育家斯宾塞认为,"为完美生活做准备"是教育的最终目的,而身体的活动、谋生的活动、做父母的准备、公民道德的活动、休闲和娱乐活动是完美生活所包含的5种活动,分别对应于自我生存直接关系的活动、与自我生存有间接关系的活动、关于繁殖种族的活动、维持社会关系和政治活动、开展利用休闲时间和满足趣味的活动。这就是说,休闲活动是完美生活不可或缺的一环。

如何科学地、合理地安排闲暇时间属于生活方式问题。所谓生活方式特指为生活在特定社会历史条件下的人们提供价值观指导,进而满足人的生存和发展需要的稳定形式和典型特征。对人们生活方式的引导必须依赖科学合理地安排闲暇时间。如在日本这样视工作为天职的国家,在闲暇活动中,染上工作癖的工作狂群体因为失落感、愧疚感易产生心理失衡。在美国、英国等西方国家,孤独、无聊、自杀和犯罪也常常成为不健康休闲生活方式的产物。而在世界著名高等学府,牛津大学学生的平均学术交流时间就低于在互联网观看黄色视频的时间。

可见,休闲作为一种生活方式是需要教育的。近年来,面对道德教育要回

---

① 刘海春:《生命与休闲教育》,北京:人民出版社,2008年,第32页。

归生活世界的诉求和趋势,休闲教育不仅要反映人们的生活世界,而且还要引导他们的生活方式。

3. 休闲教育在未来社会的意义增加了休闲教育的主观必要性

未来世界的发展必然是信息时代的到来,必然以更为复杂和普遍的软件技术应用创造出以无人工厂为代表形式的世界文明。里夫金在《工作的终结》里描绘了产业变迁对工人和劳动的深远影响和发展趋势,即"在农业、制造业和服务业中,机器在迅速地取代人类劳动,到21世纪中叶,世界经济将接近完全自动化生产。大规模地或者完全取代工人的情况将迫使每个国家重新考虑人类在社会发展中的作用"①。

随着国民经济的快速发展、现代化进程的加快、社会文明程度的提高和生产方式的新变化,人们的生活方式由以工作为主转向以休闲生活方式为主。通过互补于快节奏、高效率、强竞争的社会步调,需求快速增长的休闲娱乐成为现代人娱乐身心、结交朋友、保持体能、平衡心态、回归自然的重要方式②。在闲暇活动中享受休闲时间,人们可以开拓视野,培养情趣爱好,充分发挥自己的个性和创造力。也就是说,通过休闲人们将周围的异己力量推到一边,更多地实现了自我,从而使我们具有更加真实的生产力、创造力和决断力③。开放、真实、创造是休闲生命的三大基本特征。作为推动个人全面发展和社会整体进步的重要手段,休闲教育的形成性、民主性和创造性确保其成为能够满足民众个性化发展需要的教育,作为集娱乐性、健身性、教育性于一体的教育活动,休闲教育是教育工作不可或缺的重要内容,符合当今时代社会经济发展的需要,也符合新时代对人全面发展的要求,它能帮助人们深化知识和深化意义。

休闲教育的功能是全面的,体现为完善个体生命、赋予生活和世界人性化色彩、在推动社会进步的同时促进人自由而全面的发展。休闲教育的最高目标是不断追求人的自身解放、回归生命的本体意义,这依赖不断超越必然限制、按照应然尺度去改变世界和个人。2 000多年前的《礼记·学记》中的"时教必有

---

① 杰里米·里夫金:《工作的终结:后市场时代的来临》,王寅通译,上海:上海译文出版社,1998年,第35页。
② 陈新蕊:《休闲体育——高校休闲教育的切入点》,《浙江体育科学》2011年第1期。
③ 李先启:《科技异化视域下人的主体性消解与重构——以休闲教育为视角》,《贵阳学院学报(社会科学版)》2019年第2期。

正业,退息必有居学"就精辟论述过休闲教育①。在休闲教育活动中,通过引导人的自我完善而实现人性的潜在转变。这就需要以现有学校体制束缚的突破为前提而占有兼具工作和闲暇相关性的人类活动的全部。休闲教育的社会中心地位也将不断凸显,未来社会既属于受教育者,更属于聪明地利用休闲时间的人。因此,在现代社会和现实生活中,人们对休闲的期望越来越高,休闲教育在人们生活中所起的作用也就越来越明显。

休闲教育对个体的引导和规范不仅体现于助推个体成为"人"的过程,还成为新时代中国经济、社会、文化、环境协同发展问题的主要解决手段。当前我国就业形势严峻,而休闲教育对促进我国就业的作用是显而易见的。首先,休闲教育能有效缓解劳动力市场供需失衡状况。普及休闲教育,必然会激发我们的休闲兴趣,促进休闲产业的发展。其次,休闲教育可以推动以人为本的发展模式,带动就业质量的提高。在经济上,休闲教育使得休闲资源得到更大范围的利用,以致休闲产业得到蓬勃发展,新的休闲教育职业将成为新型行业。在文化上,休闲教育将丰富人类的精神文化生活,使人们在物欲横流的现实中找到自己的精神家园。在环境上,休闲教育的有效进行,使得人们越来越懂得保护资源和环境的重要性,从而付诸休闲行为上。从社会整体角度看,休闲教育将促进全人类的沟通和交流,使人类生命的意义找到共同点,从而促进社会的新的进步和发展。

4. 休闲的异化使休闲教育的紧迫性凸显

(1) 休闲理念陷入追求物质休闲的怪圈。叶文等在《城市休闲旅游》中认为如下理念成为社会和个人的共识,即具备休闲资格的人必须首先具备生产和消费能力,个人成功和价值的标志是休闲的品质,而这需要占有物质。在一定程度上,这种理念是对"消费者"和"休闲者"的混同,容易导致部分人因为过于追求物质占有越来越陷入"匆忙",而另一部分闲着不匆忙的人则容易怀疑生活意义、产生消极的人生态度。问题的另外一方面则是休闲时间的"快餐化"。如休闲活动速度加快、用高效活动替代耗时活动、同时进行多项活动、精确安排各项休闲活动时间等。就其本意来说,休闲是在摆脱生存压力、在完全放松的心态下,随心所欲地利用自由时间沉浸在自己喜欢的事情中,享受生命的过程和意义,但这些休闲理念和人性大有被快节奏运转的世界所淹没的趋势。

---

① 倪敏达:《〈礼记·学记〉的教育智慧》,北京:中国华侨出版社,2016 年,第 85 页。

(2) "不文明休闲"行为冲击道德规范。近年来随着人们休闲时间的增多,休闲活动的频率呈现快速增长势头,人们在休闲活动过程中对占有设施的破坏性活动的数量也急剧上升。甚至部分群体染上酗酒、暴力、纵欲、吸毒等不良休闲行为,影响人的身心健康。这些行为不仅危害自己,还危害家庭和社会。针对我国"十五"期间的青年发展状况和"十一五"期间的发展趋势,中国青少年研究中心通过调研分析报告表明:青少年犯罪的总体数量在"十五"期间呈上升趋势,未成年人犯罪增长迅猛,比较五年间全国法院判决的青少年犯罪率12.6%的增长量,后者五年间竟上涨了68%。报告中有关数据显示,青少年更容易因为无知、缺乏生活经验和常识而接受不文明的休闲文化,如暴力文化和纵欲文化,因而引发众多的悲剧事件和社会问题。

(3) 大学的教育功能退化为单纯的职业培训中心。布鲁姆认为现在的高等教育过分注重为职业服务,无人问津许多先前公认的需要了解的重要事情,这就背弃了传统的办学宗旨,而忽视了完善的人的培养。布鲁姆指出:如果职业是重心,那么在艰深的自然科学专业之外,几乎没有什么专业需要两年以上的专业训练才能开始研究生课程。剩下的课程如果不是在浪费时间,就是在熬年头,熬到学生可以上研究生的年龄。而休闲教育的要求是多元的,既包括培养以工作作为中心的就业和适应社会的技能,也要求学生习得自由艺术知识,并超越专业性的实用领域,了解人生的意义。

综上,作为规范社会生活与个人行为的基础性教育,日益走向社会中心的休闲教育必须确立不断追求人自身的解放、回归生命本体的最高目标,教育人们超越必然的限制而依据应然尺度改造世界。在布尔迪厄看来,文化资本最精确的衡量途径包括早期家庭教育投资、能力和节约时间这三个方面,以文化资本为形式的资本,其隐形流通的效果在社会结构的再生产中具有决定性。他提出,作为最有能力转化为经济资本的最大资本,对教育与教养的投资越早越好。

(二) 休闲教育的内涵

研究和实践休闲教育在西方发达国家起步更早。美国在1918年将休闲教育规定为教育的中心原则之一,将其视为引导人自我完善和人性丰满的过程。英文中对于休闲教育的译法有三种:education for leisure、education through leisure 和 leisure education。第一种译法将休闲看作与体育、游戏、艺术、体育竞赛等传统休闲活动相类似的教育学科;第二种译法将休闲看作与非社区教育、休假、校外活动、夏令营等类似的教育情景;第三种译法将休闲作为宽泛、抽象的概念,主要出现在专业研究论文中,是上述两种休闲教育的总称,包括学校中进行的休闲教育和社会中其他类型的休闲教育①。

因为休闲教育既要使受教育者感到满足和生活得有意义,还要让其"有其自己的世界观并借此而生活",杜威认为这是"教育界持续面临着的两难困境"。

本迪纳提出:整个社会必须摆脱那种过于严肃的信念,认为工作是为了获得救赎,教育的重点要培育谋生者转向灌输亚里士多德式的观点,即"教育的目的是明智地利用闲暇"。

彼特森(Peterson)和甘(Gunn)在休闲教育的定义、重点和核心任务上存在广泛共识,都认为是广义服务、相关技能、态度和知识的培养和传授,着眼于满足社会和个人需求,并实现两者的有机融合,最终促进个人、社区和社会的生活质量和发展水平的有效提高。

将休闲教育视为全面发展的过程,并通过此过程更好认识自我、理解休闲内涵、把握休闲与生活方式和社会结构的关系,是莫迪和沃多的一致观点。未来社会,社会的中心并非工作而是休闲,并非意味着一些只能从工作中获得的满足感也将消失,也不意味着人们不再需要这样的满足了②。

作为美国知名的休闲教育家,罗蒂更愿意将休闲教育看作是促进个人生活质量的提升,提高休闲价值、态度和目的的整体活动和过程。因为通过休闲教育,个人自觉、自促的能力能够有效增进,把握闲暇在生活中的地位,促进自我认识,围绕需求、价值、技能与休闲的关系总结经验、评价行为和激发潜能。

2002年1月,"环太平洋地区休闲教育会议"正式召开。克瑞勃在会上发言的基点是休闲在教育过程中的角色,并系统阐述休闲教育的含义。他认为,从意义和机会、自我教育的科目或主题维度看,休闲应该包括运动、游戏、艺术、越野比赛等传统活动。从背景或大环境维度看,休闲教育应该在非正规的学习环境中,如课间休息、放学后、暑期夏令营等时间内,通过休闲或在非休闲的状态下进行。即作为实施教育的一个大环境,休闲包括空间和时间这两大方面③。

布赖特比尔以休闲活动的参与为基础,认为作为缓慢和循序渐进的过程,

---

① 刘海春:《休闲教育初探》,《广西社会科学》2005年第7期。
② 潘立勇、武晓玮:《休闲教育与创意思维》,《浙江大学学报(人文社会科学版)》2019年第2期。
③ 邓蕊:《休闲教育——一个值得关注的问题》,《山西高等学校社会科学学报》2004年第4期。

休闲教育需要传授一定的技巧并要练习这些技巧①。简而言之,休闲教育应该包括如下多个方面:第一,用以提高生活质量的全面运动;第二,价值观和目的明确的过程;第三,提高生活质量的方法;第四,确定休闲位置的途径;第五,认识自身的角度;第六,贯穿人生的终身教育;第七,与需求、价值趋向和能力相关的活动;第八,扩大选择范围的活动;第九,决定行为过程的机会;第十,管理机制与服务体系共同作用共担责任的运动②。

关于大学休闲教育的重点,他认为主要体现在理解和能力两个方面:前者是深刻理解休闲的价值,而后者则是将休闲运用到各种实践活动中的能力,诸如生活、社会、工作、创造和社交等;而且两者共同作用于成长个性、培养兴趣、确立自由独立意识、承担社会责任等方面。

休闲教育家曼迪和奥德姆在休闲教育中强调自我意识的扩展和价值的明晰,他们通过一系列肯定和否定的表达来界定休闲教育。总体来说,他们认为对休闲教育不能产生如下错误认识:把休闲教育等同于娱乐和娱乐服务、课堂讲解的案例、娱乐场所和公园活动计划的简化压缩、社会休闲价值对个人价值取向的代替、核心价值的娱乐化、好坏评价标准的宣讲、参与休闲人数的增多、技巧传授和互动的项目、工作伦理的消解与破坏、生活方式的趋同、体制范围的局限、休闲与其他科目关系的泛化、一门或一系列课程、一门可以教授的课程、对从业人员的忽视。相反,休闲教育是如下立体表现:通过全面运动得以提高生活质量,通过整体过程明确价值观和目的,提高生活质量和自主确定位置的方法,贯穿一生的终身教育,增加个人选择以获得满意的、高质量的休闲体验。

在戈比看来,休闲教育是"一种自我超越的状态",因为正是在休闲中,人性在潜在的转变中体现出对人的自我完善的引导作用③。我国教育现行的正规体制,尽管一直以工作和必备的生存知识为核心的内容,但随着生产活动中大量运用现代技术,人们的劳动时间和闲暇时间此消彼长,休闲与休闲作用越来越受重视。目前,从时间角度认识休闲成为流行和偏好,所以,更多学者倾向于以

---

① 孙林叶、孟宪文:《试论休闲与休闲教育》,《黑龙江高教研究》2006年第8期。
② 布赖特比尔:《休闲教育的当代价值》,陈发兵、刘耳、蒋苏婉译,北京:中国经济出版社,2009年,第25页。
③ 托马斯·古德尔、杰弗瑞·戈比:《人类思想史中的休闲》,成素梅等译,昆明:云南人民出版社,2000年,第12页。

闲暇教育来指称休闲教育,亦称"余暇教育",内涵包括如下两个方面:①闲暇时间中的教育活动;②在闲暇时间充实私人生活和发展本人志趣本领的学习活动。

云南师范大学罗明东教授指出闲暇素质涉及闲暇认知、闲暇态度、闲暇技能和闲暇习惯等要素,提高公民闲暇的素质是休闲教育的目的,包括深化认知、培养态度、提高技能和养成习惯①。马惠娣从智力、肢体、审美、心理、社会经验等维度概括休闲教育的内容,具体表现为表达观念、方法、形状、色彩、声音和活动的创造能力,参加公益活动、参与社会事务、表达友谊、归属、协作并总结经验的主动能力,积累野外生活经验,小憩、休息和松弛平衡方法的培养的经验和过程②。

通过理念和方法引导人"成为人"的过程是刘海春对休闲教育的界定。作为圆满生活和完美人生实现的生活教育,在理念上应该突出引导,科学安排休闲生活、体验生命,实现人的自由全面发展,领悟生命的真正意义则是其目的③。

郑胜华等从休闲教育的主体地位出发,认为作为社会化过程,其特点是专家或资深人员传授专业、学习掌握和实践积累的知识、技能、经验,使其转化为受教育者的精神财富。依据不同的内容、对象和目标,休闲教育包括主要培养休闲理论、休闲规划等方面研究型人才的休闲理论与研究教育类,主要培养休闲管理和从业人员的休闲产业经营管理及服务教育类,主要引导大众健康、文明的休闲生活方式和休闲体验活动,旨在提高国民的整体素质的休闲活动教育类④。

从目的出发,邓蕊认为非职业培训是休闲教育的重要内容,侧重于提升鉴赏力、培养兴趣、培育技能、创造机会,最终形成安排休闲时间的科学有益方式,从而实现"成为人的过程"⑤。

总而言之,休闲教育的根本还是在于让人们正式或非正式地学习如何自由利用和支配时间,为自我满足的获得、个人才能的极致发挥、整体生活质量的提升创造条件⑥。

---

① 罗明东、扶斌:《论闲暇、闲暇素质与闲暇教育》,《学术探索》2002年第6期。
② 马惠娣:《闲暇时间与"以人为本"的科学发展观》,《自然辩证法研究》2004年第6期。
③ 刘海春:《休闲教育初探》,《广西社会科学》2005年第7期。
④ 郑胜龙、刘嘉龙:《我国休闲教育的现状与发展构想》,《高等教育研究》2007年第2期。
⑤ 邓蕊:《休闲教育与中国高等教育的应对》,《自然辩证法研究》2002年第6期。
⑥ 潘立勇、武晓玮:《休闲教育与创意思维》,《浙江大学学报(人文社会科学版)》2019年第2期。

三、休闲教育的内容

作为国际知名休闲教育家,罗蒂将休闲教育的目标分解为能力发展和意识发展两大方面;能力发展表现为判断价值、评估活动、选择方法、确定标准、分配时间、提升技能等方面,而意识发展则表现为休闲观念和休闲伦理以及合理运用休闲时间的重要性的意识和理解的发展①。

曼迪还认为,在传统观念中,教育一直是人们"谋生"的手段而不是"生活"的目的本身。我们只有突破传统对"闲暇""教育"的理解,才能真正把握休闲教育的目标。苏霍姆林斯基曾经提出:"只有当孩子每天按照自己的愿望随意使用5~7小时的空余时间,才有可能培养出聪明、全面的人。"②闲暇时间的消磨、闲暇快乐的获得、孤独失落感的排解、知识和技能的传授绝不是休闲教育的全部目的,满足人的个体生命与生活世界的需求,加速社会文明进步发展的进程,促进人的自由全面发展才是主要目的③。这就说明休闲教育是社会发展和教育发展的共同要求,前者表现为充分利用物质财富与精神财富加速社会文明进程,而自我意识的加强和休闲情趣的系统培养则是后者的表现。

目前,虽然学术界对内涵认识的角度和成果不尽一致,但对主要目标、内容和方式的共识业已形成,即休闲教育的目标是多元的,内容是丰富的,形式是多样的。

1. 休闲教育目标的多元性

在整体目标维度,我国学者刘海春认为休闲教育的目标是"器"和"道"的统一,休闲教育不仅在于提供物质财富或实用工具与技术知识,而且给人们提供德行的支持、精神的补给和生命意义的养料,即科学休闲观、正确休闲伦理和良好技能技巧等。而曼迪则认为休闲教育的目标至少包括对休闲行为价值判断、选择和评估休闲活动、决定个体目标和休闲行为标准及对合理运用闲暇时间重要性的意识进步和能力发展④。

西方的教育理论工作者和社会学家围绕心理学、社会学和休闲教育等三个

---

① 沈金荣:《社区教育的发展和展望》,上海:上海大学出版社,2000年,第194页。
② 瓦西里·亚历山德罗维奇·苏霍姆林斯基:《给教师的建议》(上册),杜殿坤译,北京:教育科学出版社,1984年,第7页。
③ 刘海春:《休闲教育初探》,《广西社会科学》2005年第7期。
④ 马惠娣:《人类文化思想史中的休闲》,《自然辩证法研究》2003年第1期。

维度揭示目标,强调受教育者个体全方位的变化,诸如信念、情感、态度、知识、技能、行为、价值和交往等,认为必须以新课题和新认识来定位学校教育职能和地位。概而言之,对每个个体而言,休闲教育就是要培养科学的休闲观,建立正确的休闲伦理,培养娴熟的休闲技能,促进人的自由发展。除了个人能力的发展,增强人们的幸福感和满意度也成为当前很多国家休闲教育的目标。

在社会目标维度,休闲教育应该以社会的最高价值为导向,不仅要对个人有益,同时也要对全体人类有益,对社会发展有益,睿智地休闲和做好休闲准备本身是每个个体的社会责任和追求。当我们将其提高到这一层面时,休闲教育呼唤的就不仅是个人表达、创造力和成长,更是自由、美德、全体人类的尊严以及权利、正义、仁爱和人道。因为个体的渴望和能力唯有在考虑有目的地为自己和人类做了一件事时才能得到满足,要在休闲教育中建立和保持崇高的目标,必然需要个人和社会的共同努力。所以,新的休闲教育理念将创新诸如志愿者活动等方式,以表达个体的目标追求和价值理念,有机统一自我发展和社会责任。这一目标追求也是休闲教育的更高价值体现。

依据泛教育论,休闲教育主要指科学引导生活方式的理念、方法和行为,培训传授休闲知识技能,养成休闲意识习惯,促进"成人"和"成为人"的过程。第一阶段是通过自身努力维持生命过程进而对社会有所贡献;第二阶段则是认识自我、完善自我、发现生命意义,实现人与自身身心、人与他人、人与自然的和谐,实现人的自由全面发展,促进人"成为人"的核心理念①。

2. 休闲教育内容具有广泛性

内容广泛的休闲教育自然表现为全面能力,诸如玩、欣赏美、判断价值、承受压力和社会交往的能力。布赖特比尔认为特种游戏、工艺技能、休闲机会、休闲限制和休闲文化的认识是有效休闲教育的表现。关于青少年休闲教育的内容,学者都认为其包含丰富的内容,但具体划分的差别有以下三方面:

诺曼·卡辛斯的十类说:①帮助其发展强大的精神支柱;②强化其有效交流和体现社会美德的能力;③帮助身体发育、运动和机械协调;④为安全和救生做出贡献(如游泳和驾驶);⑤在形象艺术和造型艺术中发挥创造力;⑥深入研究文学,贴近自然,尤其是户外生活;⑦创作音乐,或欣赏音乐;⑧提供机会让他们可以通过不同形式的戏剧来表达自己;⑨打开走向科学世界的大门;⑩鼓励

---

① 张琮:《试论闲暇教育与人的自由全面发展》,《理论导刊》2011年第9期。

为他人服务。如果只是教会别人一种兴趣爱好,这个任务很容易。但我们必须建立一套全新的价值观,并更深切地了解如何将这些方面与加强个性和提高生活质量相联系。这些方面同时也可以运用到为工作、休闲以及完满的人生做准备。由此看来,在个人能力所需——即使他在这些方面做的事没有报酬——的意义上,我们必须拓宽上面各方面的应用范围。

作为四要素说的代表人物,迪马瑞杰在《法国的闲暇社会学》中将休闲教育的内容划分为个人价值的强化、人的社会关系的和谐、人与自然的融合紧密以及人与自身的和解。

哈佛大学教授沙哈尔则将休闲教育划分为遵从内心的热情、亲密的人际关系、学会失败、接受自己全然为人、接纳失望烦乱悲伤、简化生活、锻炼规律、睡眠、慷慨、勇敢和表达感激等11类。

在一般生活领域,人们认为休闲就是纯粹的吃喝玩乐或者其他消磨时光的行为。正是基于这种认知,有人把休闲教育理解为一种传授娱乐方法的行为、培育一种生活态度或休闲信息的传递。

"休闲知识、技能和技巧的传授,科学闲暇价值观的培育"是庞桂美的《闲暇教育论》对休闲教育内容的界定,刘海春则认为休闲教育的目标是为了实现人的自由全面的发展,其内容应包含休闲观的培养、休闲伦理的强化、休闲技能的培育、自由而全面发展的人的实现。立足我国经济社会发展的特定阶段和我国休闲生活的现状趋势,休闲教育应该涵盖休闲活动的各要素和全过程。休闲教育主要内容应包含如下内容:

(1) 休闲资源的开发和利用。人们在休闲教育上已达共识,即休闲教育使得休闲资源得到更大范围地利用,休闲产业将得到蓬勃发展,新的休闲教育职业也将成为新兴行业。有效休闲教育要素包含:对特种游戏、工艺技能的认识;对休闲机会的认识;对休闲限制的认识;对休闲文化的认识。休闲教育不仅让人们认识到休闲机会,同时也让人们认识到作为一个整体的休闲活动这一亚文化群的存在。很显然,休闲教育应使个人充分认识到休闲群体及其行为标准,使他们有能力识别并接受群体的亚文化,从而更容易参与到休闲活动中来。

(2) 时间的合理利用。今后,人类将被大量的时间包围,不管是好是坏,寻求快乐地使用时间的方式则是保持自己不被时间淹没的最佳办法,大量闲暇时间的合理利用成为个人甚至社会发展的主要影响力量,人类将更加意识到时间的存在性。

(3) 价值观的塑造。要在休闲价值观的塑造上取得大的进展，我们必须抛弃这样的观点：在某些社会接受的活动中脱颖而出是有意义的，而在另外一些同样也被社会接受的活动中的出类拔萃却没有意义。价值观的剧烈变革要求我们对自己的休闲态度严加修正，这意味着我们不要将社会的物质成就看得过重，拒绝让灵魂成为身体的奴隶，拒绝让内心的平静屈从于社会地位、财富、权力和名声要让位于个性及简单但愉悦的生活。休闲体验最能让人接受和塑造价值观，也能让人最长久地保持它。所以，尽管从体验中学习是一条更为艰辛的路，但没有什么可以代替休闲体验对我们的价值观的影响。

(4) 休闲动机的激发。仅发展欣赏能力、学习技能并有机会使用它们是不够的。所以，在休闲教育中应激发人们的休闲动机。激发休闲动机，选择自由是至关重要的。社会应该向个人敞开一系列选择之门来激发其休闲动机，比如：应该有易于理解的目标，还应该明确这些目标与行动者、与其他人以及与整个人生的联系；在分享目标的过程中，应该激励行为者多独立思考；应该清晰地向行动者展现幸福的可能性；不向行动者解释可能需要付出的牺牲及给予他在学习技能时的无约束感。不仅要诉诸行动者理智，还要诉诸其情感，以激发休闲动机；还应该靠启发和榜样的带动作用来推行休闲教育，而不是靠发指示，更不能靠施加压力来推行休闲教育。所以，如果没有动机，休闲教育将是一个幻影。

(5) 创造力的培育和审美能力的提升。关于创造力乃生活中的高峰体验已有较多共识，但对是否可以通过教育培养创造力就见仁见智了。有精神病学家认为，创造的全过程包含递进的两个阶段，先是基于一定主体意识和目标的努力奋斗，随后进入"顺其自然"状态，在游憩休闲阶段，有意识的努力被放松，逻辑思维和理性推理不再那么重要，出现高峰体验，创造灵感瞬间出现并持续精炼和改进，这也符合所有的成长过程。我们甚至能帮助造成一定的条件，让创造力在时机成熟时能迸发出来。约翰·加德纳甚至武断地认定：如果一个社会的成熟仅表现为学会更多既有的做事方法的话，那这个社会就离坟墓不远了，即使它能学会并越来越出色地做这些事。

(6) 智慧的生活态度。亚里士多德认为：智慧是闲暇活动所需的品德……闲暇越多，越需要智慧、节制和正义①。说到底生命只有一种尺度，那就是生活。智慧的生活态度影响着人的生活质量和生命的体验。"世界上唯一的英雄主义

---

① 亚里士多德:《政治学》，吴寿彭译，北京：商务印书馆，1965年，第392—394页。

就是认清生活真相之后依然能够热爱生活"是罗曼·罗兰的《米开朗琪罗传》中的脍炙人口的名言。休闲的心态不是忙于找寻休闲,而是要对任何事物都能持一种开放的心态,不要紧抓着不放,而是松松地牵着缰绳,无拘无束、轻松自在,这种状态和入睡的过程很像①。能够安然入睡的人一般都秉承"任其自然"的态度,因之,失眠和没有休闲能力的确有着某种联系,一个正在享受休闲的人和一个正在熟睡的人也不无相似之处。在未来,我们的大部分时间都将生活在休闲之中,在以休闲为中心的社会,我们必须比以往任何时候都更热爱生活。作为一种日常的生活安排,休闲与我们作为人的潜力相契合,需要我们去经历和经营。

(7) 幸福的能力和感受。包括《福音书》在内的世界上许多的宗教传统都有类似的指导,即人类能赢得世界,却不一定能感受到幸福。2010年,不丹总理吉格梅·廷里在联合国大会上提出了重要的时代问题,即当全世界所有人摆脱生存危险的时候,作为一个前进中的社会,我们集体努力的方向又将是什么呢?他自己回答说:把自觉追求幸福作为全球合作的新基石,这也是第九个"千年发展目标",如今我们走在一个新的时代,之前制定的发展目标距离既定完成日期指日可待,"明智谨慎的平衡"成为新的目标,需要重新平衡个人能量和政治力量,幸福的感受和能力也成为新时代的休闲需求。

(8) 对人生意义的追寻。在休闲及休闲教育上,人们凝聚了更多的"对人生意义的追求"这一共识。康德对教育的起点、依托、终点和过程的精辟阐述也可见一斑,即人类个体的未完成状态、人类已有的发展状态和向善倾向、人性的完善、引导人自我完善和人性丰满。尼采的《遗言录》也主张"活得使人渴望再活一次"的状态是个体生活的责任。毫无疑问,休闲教育是承载这一使命和实现这一目标的动力和抓手。

四、休闲教育的发展

休闲教育并非现代产物。古希腊就重视休闲教育,亚里士多德、柏拉图、苏格拉底等哲人已经把休闲教育作为生活教育的重要组成部分和个人受教育的基本形式。关于休闲对于个体发展的价值,亚里士多德认为休闲是自由人的基础,是人获得幸福的条件。因而,父母需要一种培育后代的良好教育手段,这是

---

① 陈静:《休闲教育与和谐人格的培养》,《黑龙江高教研究》2011年第3期。

基于内在的自由和高尚而绝非有用或必需。由此可知，亚里士多德所指的教育就是当今所指的休闲教育，并将其视为"自由人"成长的关键。我国古代就有了礼、乐、射、御、书、数的"六艺"要求。但近代中国的特定历史走向导致传统文化有一定程度的流失与断裂，中华传统文化中包含的休闲智慧及其内在的精神价值曾被消解而未能得到很好地传承和弘扬。而现代休闲中出现的贪欲、浮躁、喧嚣、奔忙、自私等现象，致使休闲内容被简化为吃喝玩乐，休闲价值狭隘、浅薄和粗鄙化，都是现代社会应该关注和需要引导的问题。

近代以来，成为西方资本主义发展主要动力的新教伦理将虚度光阴视为万恶之首，将尽可能地多挣钱宣扬为"至善"，简言之，增益上帝荣耀的唯一途径就是劳作而非享乐休闲。因此，教育开始以工作为中心，休闲从教育中被驱逐出去。

休闲教育被重新重视并提上议事日程是在20世纪，其标志是1918年美国联邦教育局发布报告提出，高中教育的"中心原则"和树立人生价值观的正确途径之一就是休闲教育。此报告指出：如果每个人都能合理使用本应该属于培养个人和社会兴趣的闲暇时间，那么将通过提升自身的力量和丰富生活来更好地履行自己的职责；反之，则会破坏公民意识，而损害健康、扰乱家庭和降低工作效率则是其现实表现。因之，作为现代社会的共同目标，通过教育合理使用休闲也就愈发重要。但由于当时美国经济萧条，这一报告并未得到及时有效地贯彻。

人们真正关注这份报告并强调休闲教育的重要性则要到20世纪40年代。这个时期，在大学中，开设专门的休闲教育课程成为潮流，进行休闲及相关专业学习的学生人数在持续增加。然而，大多数教学计划并不是为了配合休闲教育，而仅仅是为学生的职业生涯做准备而设定的。此时，大量的休闲相关学术论文和专著发表，众多学术团体、研究机构成立[1]，美国的休闲教育已渐成热潮。1966年，布赖特比尔的专著《以休闲为中心的教育》公开出版。1974年，美国成立了第一届全国闲暇教育委员会，并着手编写和发行相关资料。首次以休闲问题研究为专门对象和中心议题的世界性大会于1984年9月在法国巴黎召开，这说明全球性教育领域内的新课题已然包括了休闲教育[2]。由此，休闲教育在

---

[1] 孙林叶、董美珍：《国外休闲教育的发展及启示》，《教育理论与实践》2006年第20期。
[2] 张琮：《试论闲暇教育与人的自由全面发展》，《理论导刊》2011年第9期。

教育领域获得了更高的地位,即可以得到课程学分,还促使更多理论研究成果的产生。1993年8月,一次专门针对休闲教育的国际会议在以色列召开,审议并通过了《世界休闲教育国际宪章》,目的是提升政府、非政府组织和教育机构对休闲和休闲教育重要性的认识,在此基础上制定出相应的政策和策略①。国际21世纪教育委员会在1996年提交的专业报告中强调工作教育和休闲教育地位同等重要而不偏废才是真正完整的教育。这个时期,由于对休闲教育的关注,公园和娱乐服务业领域的发展也极为迅速。

世界上大多数国家普遍关注休闲问题,欧美大学普及专业性休闲教育则是在21世纪。休闲研究进入更为活跃时期的标志是休闲基础理论、休闲应用理论的整体发展和规模较庞大、结构较复杂的休闲科学发展,当然这离不开众多学者的理论建树。

由此可知,休闲教育有一个从"谋生休闲"到"乐生休闲"的过程,这也是休闲教育人本主义的回归。

第三节 休闲教育与思想政治教育

为了有效开展休闲教育并取得理想效果,就不能不考虑与塑造人、培育人的主渠道、主阵地思想政治教育的关联,探究其内在关系实现两者的合力。

一、休闲教育与思想政治教育的互动功能

作为人类重要的实践活动,休闲与游戏、仪式、教育等众多活动形式有着某种特定的逻辑关联。为了更好把握休闲教育和思想政治教育两者关系,应明晰几个相关范畴,从而探寻休闲活动的思想政治教育功能。

(一)休闲活动与思想政治教育若干关系范畴

1. *游戏、休闲与教育——游戏是最初的休闲和学习形态*

杜勒斯的《娱乐史:美国人学游戏》、赫伊津哈的《游戏的人》、纳什的《娱乐与休闲的哲学》等著述中形成如下共识:虽然游戏的特性是动物性的,但是人也

---

① 张琮:《试论闲暇教育与人的自由全面发展》,《理论导刊》2011年第9期。

具有假装、表演、感受幸福和快乐等这些动物性游戏的特点。游戏是人最初的休闲和学习形态,游戏比文明的历史长,其形式的学习和沿袭是社会性的。

席勒在《美育书简》中提出:当人是完全意义上的人时,他肯定是在玩,人也只有在玩的时候才是完整的人①。游戏是人的生存的本性所在,游戏也是有意义的存在。游戏在培育、丰富和改善生活方面有着巨大潜力。"如果母亲是孩子的第一个教师,那么玩具就是孩子的第一部教科书。"②

游戏不仅仅是情绪的反应和行为,更是有意义、有目标的自主活动。游戏不是"无意义的胡闹",而是有目标的,是"有所意图的"。赫伊津哈指出:"在游戏的含义中可能有种难以定义的因素,它如果不是技术性的话,至少也不仅仅是本能的,它有重要的功能,也就是说,它有一定的意义。"③

游戏塑造了所有文化中的价值规范和习俗。与其他共享体验类似,游戏可以定义为人类或动物行为的一种形式,带有竞争、探索、解决问题、模仿或角色扮演等特征,这些共性使其具有普遍性,从而把人类联结在一起。几乎每一种文化都会有意识地提供促进游戏行为的特定环境。克劳斯也通过研究发现,游戏是自我驱动且为了内在目的而进行的,游戏通常令人感到愉快和满意,当然游戏既可以是自由、随意和无组织的,也可以是有特定规则和预先设定的。

游戏是贯穿人类历史的青年社会化的重要力量。在文字出现以前的社会里,游戏程序、仪式提供了代际传递信息的主要机制,在文字出现以后,游戏活动开始被用来传承竞争、合作、输赢、为成人角色做准备,以及追求幸福、满足和欢乐等文化价值观念。因为在游戏环境中性别和其他角色常常被付诸实践而形成自我认同。所以,游戏是儿童和青少年的主要休闲活动形式。

游戏与休闲并不完全一致。游戏是休闲的一个层面,是集中于行动的体验因素。如果说休闲让人想起脱离必然后的自由自在,那么,"玩"则意味着行动时的即兴创造,而且这种创造有其自身的意义。游戏就是寻求创造意义、与他人建立联系、盼望成就,这些都是人类的本性。正如我们思考的同时也在渴望和感觉,分析的同时也在寻求和探索,因之,于光远特别强调:"西方国家受扑克游戏的启发,先后研究出'博弈论''纳什均衡论',我们却没在麻将中开发出智

---

① 席勒:《美育书简》,徐恒醇译,北京:中国文联出版公司,1984年,第111页。
② 于光远:《论普遍有闲的社会》,北京:中国经济出版社,2005年,第49页。
③ 约翰·赫伊津哈:《游戏的人》,傅存良译,北京:北京大学出版社,2014年,第10页。

慧和有价值的理论问题和思维方式。"所以,我们也要"玩得有文化,要有玩的文化,要研究玩的学术,掌握玩的技术,发展玩的艺术"①。

休闲为游戏创造了时间和整体性。休闲不仅仅是空间和时间,也是创造的可能性,是通向"未然"的开放性②。创造活动的中心是自由,即自我主宰,在游戏里,没有终极的失败,人们可以放心去冒险。不是随便任何一种表达、情感或行动都可以是"成为人"的过程,"成为人"可以说就是冒险的结果,是不断创造的结果。创造力也不是当生活中一切其他事物都完成之后的奢侈品,而是人之为人的中心内容。创造是活动的过程,休闲不是清静无为,是要去尝试各种创造的可能性。

2. 仪式与教育引导——仪式凝聚情感和意义的共识

皮珀认为,节日的庆祝活动正是闲暇的起源,也是闲暇最内在、最核心的根源③。节日庆典使人类以有别于日常生活的方式去和这个世界共同体验一种和谐,并浑然沉醉其中。从更深层次的意义看,休闲源于崇拜仪式的节日庆典活动,闲暇之根本可能性和现实可行性,的确是源于节日庆典的宗教崇拜活动,甚至可以把休闲理解为社会中的一种庆典场所,而这些庆典是社会凝聚的仪式,虽然这种庆典受制于多种社会力量,在复杂的社会系统中有些力量甚至是彼此冲突的。

作为指定的、风俗化的仪式,节庆是一种休闲,这源于文化并表达出了文化的根本意义。在社会仪式中,人们都在进行"再表现""再创造",在各种仪式中人们不仅仅是简单的模仿或者观看,而是通过与整个活动及其意义相互认同,从而成为朝圣的人、庆祝的人、演员与观众等。仪式可能有许多不同的形式,但其本质是一种庆典式的再创造,它将人们聚集到它的意义周围,从而巩固社会,因为仪式活动又代表了存在于文化内部的某种意义。就其自身而言,庆典并不是严肃的,它不是活动本身,但所有社会秩序、风俗以及对存在的普遍解释都在共同的庆典中以某种方式再现,通过展现相互联系的内在东西而吸引社会群体的成员,因而无论庆祝的是婚礼还是战争胜利,仪式都会加强所有参与者对所展现的价值体系的信奉。

---

① 于光远:《论普遍有闲的社会》,北京:中国经济出版社,2005年,第40、41页。
② 王晓琴:《审美性休闲文化与人性的生态建构》,《成都大学学报(社会科学版)》2003年第2期。
③ 蒋星梅:《西部民族地区节日游艺民俗与农民休闲》,《贵州民族研究》2012年第4期。

社会学家埃德盖尔(S. Edgell)和杰里(D. Jary)曾指出,足球和足球比赛不仅仅在于它强调一个人对于特定的团体甚至民族的认同感,还在于它还可以使人升起一种更为宽广宏大的全人类共通的情感,我们称之为"终极关怀"的那种情感。

休闲所代表的可以说是一个非功利性质,但是最符合人性的世界,其最根深蒂固的根源乃是节庆中的崇拜活动,其所赖以支撑的一切莫不是由此而来①。在某种意义上,活动仪式作为许多休闲经历的一个组成部分甚至会变得比活动本身更为重要。因此,我们要努力去重新获得真正的休闲空间,并借此建立正确的休闲态度及正确"运作"休闲的方式。但休闲的最根本源头并非存在于我们的意志行动之内,即我们能否和全世界全然和谐相处的基础并不是奠立在我们的意志决定之上。因此,和整体世界取得和谐的这种最高贵的形式,可以说正是休闲最根深蒂固的根源所在,是对仪式的膜拜。人处在休闲状态指的并不是他经由努力,克服了工作日里因工作所带来的束缚,而是他自己从工作中"引开",从每日工作的劳碌转到节日庆典活动,从狭隘的工作环境体会神驰的境界,进而走入世界的核心。

3. 休闲与社会建制——社会福利的进一步释放

作为人类活动,特别是在人类进入文明社会以后,休闲与作为指导和规范主体行为准则的社会建制有着特定联系。

休闲活动及文化的传播需要社会建制。在社会学维度,休闲总是属于并存在于某一种文化中,其形式、解释和取向是在文化中学会的,是通过社会建制、大众传媒、经济市场及渗透于整个社会制度内的基本常识等一般手段传播的。政府通过文化政策和文化供给特别是包括符号系统、社会角色结合、社会化过程和正式非正式的组织层次,在内容和形式层面赋予休闲以社会文化。在现实社会中,政府可能运用休闲政策与供给以达到政治目的,休闲甚至变成了制度本身所具有的重要因素及其奖赏,表现为与住房、交通、教育、健康、服装等基本生活福利一样的奖赏,进而使人们接受社会的制度及其要求。

虽然休闲具有相对的开放性,但并非完全没有一定形式,因为休闲是现实社会空间而非真空,是特定情况下的自由,在各种情形下或仪式(习俗、习惯)中,都会有以前的行为和意义为下次的表演铺设舞台。在具体社会环境中,我

---

① 金川江:《从游戏到休闲:对休闲体育发展历程的多重解读》,《吉林体育学院学报》2011年第2期。

们在创造的同时也被创造,这种辩证关系对自我和社会的发展是极其重要的。在社会系统中,某一部分人有权力使一切都合乎他们自己的意愿,而且有权威使这种控制合法化。这种虚假意识甚至能将休闲的相对自由变成一种控制的工具。

4. 劳动(工作)、文化与休闲——劳育与美育环境的优化

当下,关注休闲问题的同时,还要明晰劳动(工作)与休闲、文化与休闲的关系。

(1) 休闲与劳动无关的远古时代。在原始社会,劳动和休闲交织在一起,无法截然分开,去工作的唯一正当理由是为了获得休闲,因此,休闲成为古希腊人至高的社会理想。在远古文化中,休闲一般被看作体力劳动的对立面,是为人们提供思考、培育精神品质和提高体育水平的机会,是人们所渴望的一种存在状态,是通过智力、沉思和审美活动来推进人类文明的途径,加尔文教派的劳动伦理甚至树立了"崇尚劳动、鄙视懒惰"的观念。

(2) 生活分成工作和休闲两部分的工业时代。在工业社会,机器大工业的发展使得"对物的管理取代对人的统治",人们的生活截然分成了工作和休闲两部分。作为一种受外界驱使而非发自内心意愿的活动,工作成为"为达成某项目标而进行的有规范而又需要持之以恒的一项活动,在其间所做的任何具体的活动,都不过是实现最终目标的辅助性手段"[①]。新教伦理把劳动的艰辛和紧张说成是完成救赎的一种方式,是承认罪恶并试图去改变它的一种认识。休闲被驱逐出去,最为典型的观点,是法国启蒙运动之父培尔说的:"公共娱乐、游戏、郊游……没有一项是我该做的事。在这方面我从不浪费时间,在我专心从事的研究中我找到了快乐和休息,研究是我的乐事。"在现代社会,上述观点之所以大行其道,究其实质还是现代人已经把休闲当成是非人性的劳作的补偿性的替代品。阿德勒重新认识了休闲与工作的关系,他提出"我们需要具有崇高的美德去工作,同样需要具有崇高的美德去休闲"[②]。

(3) 休闲的反义词不应是工作,而应当是毫无意义的活动。工作一直极大地影响和塑造着人们的生活,影响着人们的基本价值观、习俗、规范,并且定义、造就和形成了文化。我们可以发现,即使那些最卑下劳动的方式与原则,都能够对促进文化与完善理性的每一分努力产生良好的影响。不妨说,技术性劳

---

① 赵建岭:《论休闲与工作的"对立"和统一》,《中山大学学报论丛》2004 年第 2 期。
② 余宗:《外国人休闲生活面面观》,《决策与信息》2006 年第 9 期。

动,尤其是制作方面的劳动,能够在人们心中唤起一种诚实的感觉与追求完美的兴趣。

(4)促进各种技术性劳动与休闲的合作。现代技术的惊人发展极大地促进了这种合作。作为普遍法则,一名劳动者掌握的技术越强,那么他选择进行创造活动的可能性就越大。一旦人们完全认识到在劳动中进行创造的可能性,反映现代文化的科学技术就能够促进人的技能提升和素质拓展。

(5)传承中华优秀传统休闲文化。劳动是休闲的基础,没有劳动,就没有休闲,但没有休闲,也就没有创造性的劳动。"劳作、休闲、休养生息"作为人生的三大组成部分,共同维系着自我的成长,使人的社会化得以完成。中国是一个有着五千多年休闲智慧的文化大国,并具有独特的个性和独自的理解方式、表达方式和行为方式,承载着具有中华传统和现代构造的价值和意义,挖掘中华传统休闲文化的内涵和底蕴,为新时代我国休闲学的建立和研究提供了资源和参考。

5. 大众消费文化和休闲教育——促使生态消费观的形成

如果说人类是否进入了以消费为中心的休闲社会还是一个未有定论、尚存争议的结论,那么消费在近代经济体系中的地位、消费理论对近代社会的影响是不言而喻的,特别是其中的消费文化和消费主义价值观对休闲影响甚大。

消费是典型的经济行为和物质活动,是个体性、私人性、主观性、情绪性极强的具体过程,消费必然包含、反映和孕育出一定的文化底蕴和意蕴,形成包括饮食文化、服饰文化、医药文化、建筑文化、体育文化、娱乐文化、旅游文化、表演文化等的消费文化。正如马克思指出的:"一个人要多方面享受,他就必须有享受的能力,因此他必须是具有高度文明的人。"[①]消费文化可以更好地解释消费者的行为,可以作为指导和调节消费行为的手段杠杆,可以促进消费活动的合理化、理性化。但消费文化也有性质、层次、地域和领域之分,因而必须坚持科学的消费文化观。"当人们处在经济发展水平较低阶段的社会中,人们更多的是'受生活所逼',消费者行为更多的是一种经济行为,而在经济发展水平有了提高的情况下,人们的基本生活需要得到满足之后,还可以满足一部分需要和发展需要的情况下,消费者行为会逐渐成为一种'经济—文化行为'。"[②]

---

① 《马克思恩格斯文集》第八卷,北京:人民出版社,2009年,第90页。
② 于光远:《谈谈消费文化》,《消费经济》1992年第1期。

不同的经济水平决定了一个社会居民的消费构成及方式。尽管休闲涉及的是个体的时间安排,但社会也通过规范、价值和习俗等形式筛选、塑造和影响着个体的休闲行为,发展起各种形式的休闲行为模式,也就是大众休闲。大众休闲既变化多样又充满活力,反映着社会文化潮流、趋势以及个体兴趣等。许多大众休闲活动都是在群体参与的方式下进行的,这种方式的休闲活动给人们提供了与他人建立联系和获得愉悦的社会互动体验的机会。与流行文化或大众文化类似,大众休闲大多是人们所共享的日常活动、习惯、信仰以及品位等,是介于精英和民俗文化之间的文化层级,在流行文化中,大众休闲反映着绝大多数人平凡的娱乐活动。

(二)休闲活动的思想政治教育功能

德国的著名教育学家斯普朗格曾说过:"教育的最终目的不是传授已有的东西,而是要把人的创造力量诱导出来,将其体内的生命感、价值感唤醒。"马克思也说:"教育绝非单纯的文化传递,教育之所以称为教育,正是在于它是一种人格心灵的唤醒。""培养什么人、怎样培养人、为谁培养人"是当前教育的根本问题,也是思想政治教育的重大课题。围绕这一问题,党和国家立足新时代教育肩负的使命,提出了立德树人的根本任务和培养德智体美劳全面发展的社会主义建设者和接班人的教育方针。所以,育人始终是教育的最初和最终目标。

人的全面发展,是体力和智力的充分发展,是人在德智体美劳各方面和谐的发展,是人与自然、社会、他人、自我之间的和谐状态。休闲活动以其特有的活动形式促使人与世界、自我的和谐共生。

1. 促进人与自己和世界的和谐相处

在社会复杂的有机体系中,人们必须进行自我身份确认,并通过明晰个人与社会关系进行自我价值认定,休闲正成为其中越来越重要的关键性因素。人的休闲方式能够反映出他们自身所持有的特定的价值观念,也能够反映出他们置身于更为广阔的社会文化背景下,对于自己与社会规范及习俗之间的关系给予了怎样的理解和把握,正如皮珀所说:休闲是一种欣喜感,这样的人能够欣然接受这个世界和自己在这个世界的位置。

休闲之所以成为可能的前提就是人不仅要能和自己和谐相处,同时必须和整个世界及其所代表的意义互相一致,这也从侧面说明科学的休闲观能够推动人认识、把握、实施与世界的关系。作为优雅的存在状态,休闲能够以开发人的闲暇时间的方式发展生产力,增强人与文化的共生共荣,增强社会的凝聚力、亲和力,增强人与社会的和谐发展。

2. 为人的本性回归提供条件

作为宇宙生命的一种形式,人类与其他生命体之间最根本的区别就在于人类具有社会文化属性、精神上的追求和自我实现的理念,这一点与弗洛姆关于"人性不能局限于生存层次的食欲和性欲,还要看到人类具有人所特有的超越生存的功能和热情"的论断如出一辙①。

皮珀曾提出:唯有在休闲之中,人性才得以拯救并加以保存②。也就是说,作为人类经过的漫长历史阶段,由闲暇到有闲情再到"人需要有意义地活着"的发展轨迹实质上是人的本性的回归。所谓人性在一般意义上大体包括情感、性格和思维。作为人之为人更重要的方面,情感不仅指称爱情和友情,还包括欢乐、团结、羡慕、憎恨等。此外,作为人在日常生活中和工作中表现出来的较为稳定的思维和行为模式的性格也是人性的组成部分③。

由劳动极化的原始状态到矛盾凸显的发展状态再到休闲极化的理想状态这一发展过程,本质上就是人性回归的过程。在休闲活动中,人们从繁重的劳动中解放出来,按照自己的意愿在多元化的生活方式中进行选择,充实自己,发展自己。因此,在此意义上,"休闲是异化劳动的扬弃,是人肯定自身、张扬自我的过程",这同样标志着人类生存质量和生命质量的飞跃和人的现代化程度及解放程度的大小和多少④,正如马克思主义理论中所揭示的那样:休闲是指人类在可自由支出时间内自由选择的活动方式,而劳动是指人类非自由状态下因生存需要被迫采取的活动方式⑤。

3. 改善人类的心理困境

20世纪90年代以来,伴随着科学技术的飞速发展,人们有了更多的时间享受休闲,国民文化水平和总体素质得到提高,其自主休闲意识在觉醒。与此同时,生活节奏的加快,社会竞争的激烈,压力之下生存的人们也容易陷入心理的

---

① 马惠娣:《文化精神之域的休闲理论初探》,《齐鲁学刊》1998年第3期。
② 约瑟夫·皮珀:《闲暇:文化的基础》,刘森尧译,北京:新星出版社,2005年,第52页。
③ 马惠娣:《文化精神之域的休闲理论初探》,《齐鲁学刊》1998年第3期。
④ 李磊:《是"假日经济"还是"休闲经济"?——有关"假日"和"休闲"的探讨》,《自然辩证法研究》2002年第9期。
⑤ 孙承志:《休闲利益论的发展与比较研究》,《世界经济文汇》1999年第2期。

困境。联合国报告显示:内心压抑已成为21世纪最严重的影响人们健康的问题之一。1995年,美国哈里斯民意测验结果显示,89%的美国人经历过心理上的压抑。法国卫生部的数字表明,法国年轻人的死亡原因中增长速度最快的是因为心理压力导致的自杀。德国每十人中就有一位患有心理疾病。

如何纾解人类心理困境?应该借助于休闲哲学的思维方式,即人活着不仅要有面包,还必须具有精神性。正如弗利特曼强调的那样,休闲时间能够医治工业生产程序统一所引起的真正的个性结构的破坏。因为休闲能够使人们在生活中获得比"帽一顶,饭一钵"等基本生活资料更多的东西,进而寻求意义、目的、美、友善、快乐、心灵的宁静及与他人的和睦相处以满足更高层次的需求①。

有思想的休闲是疗愈现代人精神疾患的最佳途径。困扰不等于不思索,人类在理性上已认识到,发展现代化本身只不过是手段罢了,它的终极目标是改善人类生活和提高人的生命质量。一个生命缺少意义与价值的生活显然是不值得鼓励和选择的②。如果人们只认识到了诸如工作这些狭隘的世界,只满足于眼前的迫切需要,忽视了精神上的本质需求,那么,心理压力、情绪焦虑、厌倦感将随之伴生,从而造成其心理、情感、身体的疲惫。而休闲可以帮助人们以全新的视角来看待生活,帮助人们疗愈心理疾患。

4. 为人的转变提供主要社会空间

生产力标准和经济基础决定了物质生产在人类生活和社会发展的基础性地位,但物质意义上的社会进步标准对个人来讲并不完善,其并不能衡量生命意义的标准及实现程度和自我实现的维度及程度,更不能反映出人类究竟在多大程度上能超越自己并进入一个全新的领域。作为一种自我超越的状态,休闲得以使人性在潜在的转变中体现出对人的自我完善的引导作用。

(1)休闲是自由选择的空间。在人生全部旅程中,作为人们进行自由选择的空间,休闲的最大价值就是提供场所、场合和空间以供人们进行自我反思、自我更新,推动个人的转变、迎接新的变化、揭示人生真正意义。个人的变化反映的是我们不断成长和自身力量的壮大,想要适应和应对"知识社会"的迅速变化所带来的情况,我们就必须不断地改变自己。与之同时,面对变动不居的日常生活变化时,休闲有助于人们井然有序地安排生活,保持自身的平衡状态,避免

---

① 马惠娣:《人类文化思想史中的休闲:历史・文化・哲学的视角》,《自然辩证法研究》2003年第1期。
② 马惠娣:《文化精神之域的休闲理论初探》,《齐鲁学刊》1998年第3期。

突发变化对人生的毁灭性影响和冲击。

（2）休闲是完成个人与社会转变的共同的主要社会空间。在人的一生中，休闲一直是一个持久、重要的发展舞台，儿童的游戏、青少年的探索、年轻人建立的亲密关系、中年人的能力展示及自我表达、老年人与社会的融合等都是休闲发展理论的中心命题。作为人类存在的某种"目的因"，人在休闲中的沉思状态是最好的境界，其容易使人达到"心智消遣"，获得精神自由，而精神自由能增长人的德性、智性、知性、通达性，进而创造科学、哲学、艺术、宗教、文学、诗歌、音乐、体育等人类意识形态和艺术形态，并以某种平衡使之合为一体。

5. 成为经济伦理和消费道德的判据

作为一定时代个体或群体的消费活动，休闲活动具备特定的经济伦理基础并蕴含某种消费道德因素。

高质量的休闲及与休闲有关的社会活动和设施是社区或国家获得自豪感和满足感的重要来源，休闲资源和机会也有助于维持社区的中心道德和正面形象。而且，只有特定的休闲活动与场所可以维持和提高某些伦理特性，满足某一特殊社会群体的独特需求。在闲暇里，家庭结合力更强，其他类型的社会凝聚力与团结力量得以发展，这些都使得生活变得更重要且更有意义。作为个体自发的最基础的活动形式，休闲分为游憩和放纵两大类，并向高低不同方向演化，其中涉及的具体形式自然地成了不同经济伦理和道德判断的基础和依据。

消极的休闲会扭曲人性和异化人生。纯粹的消费主义休闲和享乐主义休闲试图以物欲的满足和占有来构筑人们的社会、心理甚至精神的需求，以畸形的道德观取代传统伦理的约束，把人异化为经济动物①。

6. 对生态环境的改善

休闲活动是在特定自然环境和社会环境中的活动，可以合乎逻辑地认为休闲活动有利于人们在意识上提升环保意识，在实践上改良环保行为，并进而改善生态环境，提升环境效益，促进社会福利。

日益受到重视的休闲用地越来越生态化。尽管土地能以不同的方式评估，从休闲角度看，其价值可根据风景质量或野生动植物资源，以及是否能满足休闲娱乐的承载力（如自然承载力、感知承载力和生态承载力），能否保持未来生

---

① 王德胜：《消费文化与虚拟享乐》，《北京社会科学》1988年第2期。

物的多样性等来进行评价。例如,世界上的主要城市都是重要的旅游目的地,它们吸引游客的主要原因是靠近市中心的历史遗产和历史事件类资源等的文化设施和纪念意义,即使城市扩建它们仍然被保留在城市里。随着现代休闲业的发展,绝大多数城市也在尝试靠外围的吸引物吸引游客,较新的商业中心有时会紧邻着历史遗迹中心周围发展。人们越来越感兴趣的文旅融合型的旅游产品、乡村生态型的旅游特色莫不遵循这一特色,那些提供旅游业发展基础的设施亦是。

休闲地也经常选择二次利用被废弃的土地。利用旅游业来刺激城市经济和环境再生的想法最初来自北美,现已被许多城市所采用。如我国当前利用一些废弃的塌陷地等建立的湿地公园等。在一些地区,废弃的地方在政府的主导和商业赞助下,被休闲和旅游业所开发,目前对于一些大型的休闲公司来说,只要市场回报是值得的,他们便会购买大量的土地来开发。

社会构建的休闲地也有利于生态化自然环境的保护和利用。基于不同的休闲活动被开发和建设的不同休闲设施,即便它们的特殊重要性因人而异,但它们的功能和意义也毫无疑问地得到了普遍认可。特别是乡村场所和主题化场所,近年来在休闲中被逐步重视起来的田园形象,有利于乡村保护,更赋予乡村地区社会建构的意义。主题化场所作为由社会构建的环境发展到极致的例子就是主题公园,其目标就是要创造一个极乐世界,使游客沉浸在其中,迪士尼乐园便是这一发展最形象的表达。1872年,美国还建立了世界上最早也是最大的国家生态公园——黄石国家公园。

法律和公共政策制定者也切实承认和了解休闲的环境贡献。如美国不仅制定了整套的休闲法体系,其他法律体系如森林法、国防法等也存在大量与休闲相关的条款。

(三)日常思想政治教育的休闲育人功能

习近平总书记在 2019 年全国教育大会上强调,要把思想政治工作做在日常、做到个人。思想政治工作生活化,是日常思想政治教育发展的趋势之一。正如朱小蔓教授所说:从本质上来讲,思想道德教育是人格的、生命的、完整生活质量的教育。新时期,面对新情况和新挑战,发挥日常思想政治教育的"主阵地"作用,有利于提升思想政治教育的亲和力和针对性,并促使人们健康的休闲观和休闲习惯的养成。

1. 培育健康的休闲生活理念

日常思想政治教育以各类文化建设、组织建设、网络思想政治教育、心理健康教育等为根基和载体,从生活中取材,利用各种生活场景和时机,向人们的生活中渗透,在提高人们思想水平的同时,也培育了他们正确的休闲生活观念,提升了人们生活的境界和生活的幸福感、满意度。同时,创设日常思想政治教育的场域、活动仪式、文化基地和优秀网络文化产品、新媒体平台等浸润人们的休闲生活;宣传有价值引领的典型人物和身边的榜样强化核心价值引导,形成正向的休闲价值观。日常思想政治教育蕴含思想道德修养、人文素质、科学精神和探索精神等的教育,可以引导人们职业伦理、工匠精神、爱国情怀、综合素养、劳育精神、美育精神的形成。

2. 增强心理育人的生态建构

心理育人是高校思想政治工作之一,是立德树人工作的重要组成部分。日常思想政治教育把握人与日常生活环境的相互依存关系以及人的整体性,能构建起一个自助、互助、专业帮助、社会支持相配合的全员心理育人机制。这个机制既倡导自我教育的理念,也强化了心理健康专业人员的育心育德融合能力,更凸显了全体教职员工的协同联动,形成了共同促进大学生身心健康发展的生态环境,并促使心理育人工作可持续发展。

3. 提升休闲教育的亲和力和休闲价值认知

日常思想政治教育蕴于日常教育管理过程中,以情感和价值认同内化思想引领,以榜样示范引导行为规范,最终达到育人目的。日常思想政治教育的亲和力和针对性,既是构建和谐师生关系的重要条件,也是思想政治教育工作取得实效的重要方式。日常思想政治教育的内化功能和工作隐喻化,也是进行休闲教育行之有效的方法,日常思想政治教育在培养品德修养、理论素养,创新教育模式,优化教育环境,形成育人"合力"等方面的作用促使休闲教育质量的全面提升。

休闲价值认知是人们对于休闲的内涵、作用及影响的理解、吸收、运用和升华的能力,对于提高休闲教育质量和提升休闲技能具有重要作用。当前,在实践中,人们对休闲重视度不够、对休闲价值挖掘深度不够、休闲实践水平不高等问题仍普遍存在,以日常思想政治教育的政治引领、理念引领、实践引领为突破口可以有效提升人们对休闲价值的认知水平。

4. 塑造良好休闲生活习惯

满足人们的现实关切和美好生活期待,不仅是休闲教育的要求,同时也是加强日常思想政治教育的要求,二者需要同向同行,协同发力。日常思想政治教育立足于人们的日常生活和社会实践中的特点,关切人们的实际需求,紧贴时代特征,在教育方式、模式、方法等方面更有亲和力和针对性,更易于被人们接受。生活化的思想政治教育在潜移默化中促使人们把教育内容外化于行、内化于心,从而塑造良好的行为规范和生活习惯。

5. 引导正确的消费观和生态文明观

从生态伦理视角切入当代消费活动,就是追求人与自然的和谐。其内涵应包括:传统消费观念与生态伦理理念相融合形成新的消费观,消费实践与生态生活的联系促成消费方式的生态化、文明化。由此,要推进生态消费文明建设,从消费主体来说,应树立正确的消费观;从消费对象来说,应优化消费结构;从消费方式看,应引导生态化的消费方式。日常思想政治教育的对象同时也是消费主体,进行正确的消费观和生态文明观的引导,也是其教育内容。

党的二十大报告指出,"中国式现代化是人与自然和谐共生的现代化",明确了我国新时代生态文明建设的战略任务,总基调是推动绿色发展,促进人与自然和谐共生。日常思想政治教育也需要从生态文明教育的价值意蕴、现实困境,以及生态文明教育应遵循的基本原则与新时代加强生态文明教育的实践路径等方面进行探索,贯彻落实好生态文明教育,担负起生态文明教育新使命和新作为。

6. 深化休闲实践育人

日常思想政治教育以专业教育、社会实践、志愿服务、实习实训等活动进一步深化了休闲实践育人主题。日常思想政治教育还有利于推动构建学校、家庭和社会教育的协同育人机制,形成"实践育人共同体",挖掘和编制休闲实践育人"资源图谱",形成全员、全程、全方位育人环境。

二、休闲教育与思想政治教育的融合发展

(一)休闲教育与思想政治教育的多维统一

1. 主要理论基础的契合

(1)社会有机体理论

唯物史观认为社会有机体由经济基础和上层建筑两大部类构成,其中"经济的前提和条件归根到底是决定性的"[①],它是全部社会生活的基础,决定了社

---

① 《马克思恩格斯选集》第四卷,北京:人民出版社,1995年,第696页。

会意识的存在和发展。作为社会经济状况的产物,社会意识又具有相对独立性和能动反作用。

作为人类社会对"历史之谜"的第一次科学回答,唯物史观中基础性的社会存在与社会意识的辩证关系原理为观察人类社会提供了"显微镜"和"放大镜",也为我们认识其他问题提供了方法论启示。无论是休闲教育,还是思想政治教育,都是社会意识的重要组成部分,都要立根于一定的社会存在,并且自觉为社会进步和人的发展服务。

同时,还要认识到两者中意识形态的地位和作用,能动地发挥其反作用。马克思和恩格斯曾经明确提出:"分工也以精神劳动和物质劳动的分工形式在统治阶级中间表现出来,因为在这个阶级内部,一部分人是作为该阶级的思想家出现的。"①"如果从观念上来考察,那么一定的意识形态的解体足以使整个时代覆灭。"这一论断说明了意识形态的重要性,即作为政治资源的最核心内容,意识形态的安全与否会直接影响国家安全。所以,传播主流意识形态、践行社会主义核心价值观、弘扬社会主旋律、凝聚社会共识成为思想政治教育和休闲教育的任务。

(2) 人的全面发展学说

每个人自由而全面地发展是未来美好社会的最根本特征。进入19世纪后,资本主义社会的矛盾逐渐尖锐化,马克思敏锐地觉察到人的"异化",特别是无产阶级的悲惨命运和痛苦境遇,形成了全新的人的全面发展学说,他认为只有共产主义社会才能实现人的自由全面发展的目标,因为"在那里,每个人的自由发展是一切人的自由发展的条件"②。因之,思想政治教育和休闲教育要实现教育价值和科学化发展就必须着眼于人和人的全面发展。

2. 教育目标的内在统一

(1) 具体目标的多元性

休闲教育与思想政治教育的目标都是一个体系,不是单一的,是不同层次的多元集合。针对不同对象、不同时期等,会有不同的具体的目标层次和要求。

(2) 根本目标的一致性

在某种程度上,休闲教育和思想政治教育的价值从根本上是一致的,都是为了促进人的自由全面发展。人是特定社会的产物,社会也是人创造的,因此,

---

① 《马克思恩格斯选集》第一卷,北京:人民出版社,1995年,第99页。
② 《马克思恩格斯选集》第四卷,北京:人民出版社,2012年,第647页。

实现人的全面自由发展既是共产主义和社会主义的目标要求也是人自身发展的方向。而根本目标的实现是建立在一个个现实的具体目标基础之上的。

(二) 休闲教育与思想政治教育的多元互鉴

1. 休闲教育的目标任务需要思想政治教育的规范引导

作为主流意识形态的宣传普及工作,思想政治教育有鲜明的人民性和政治性,必须保证其性质和方向的准确性,这就离不开特定的目标和任务。作为一种理性认识和整体思维,思想政治教育活动必须对受教育者的政治思想和道德品质有明确的规定和更高的期待,当然这不能脱离现存的主客观条件。虽然最终目标是一致的,即最终实现每个人自由与全面的发展,但共产主义的实现也需要很长的历史过程,在不同的历史阶段必然要制定相应的具体目标,以每一次的量变最终积累成伟大目标的实现。在习近平新时代中国特色社会主义思想指引下,以人民为中心的发展理念要求思想政治教育更加关注人,突出人民的各项素养,实现人的自我发展。因而,必然与实现共产主义的社会制度这一奋斗目标相一致和衔接。休闲教育也要以此为依据,在当前也要为实现这一根本目标而服务。

思想政治教育在新时代的具体要求和层级任务,必须规定和约束休闲教育。坚持马克思主义的主流地位,反对多元社会思潮的冲击,高举社会主义旗帜,突出爱国主义,反对各种形式的分裂活动,施行集体主义原则,反对极端个人主义,弘扬中华民族优秀传统文化,反对虚无主义和复古主义。

2. 思想政治教育的内容和方法需要休闲教育的充实和发展

休闲教育主要是在休闲活动中,教育和引导人的休闲观、休闲方式和休闲能力,从根本上是提升人的意识和能力,这必然深度涉及世界观、人生观和价值观等宏观内容,而这是思想政治教育的应有之义和重要领域,当然后者的范围更为广泛,还涉及法制观、政治观和道德观。作为休闲教育的重要内容,美育和劳育等可以强化思想政治教育的德育目标,拓宽思想政治教育的价值并优化教育手段和教育环境。

同时,休闲教育方法的生活化和艺术化能够改变思想政治教育工作的理路和形象,有效提升工作的实效性和亲和力,促进教育目标的实现。在实践中,思想政治教育积累了丰富经验,形成了许多行之有效的方法,诸如灌输法、榜样法和活动法等,这些思想政治教育的方法和载体自然也可以应用于休闲教育。当然在管理、文化、活动、传媒等承载形式下,创新性的方法和载体也在不断出现,特别是随着互联网技术的日新月异,不但要充分挖掘和变革传统载体的优势和传承力,更要挖掘新的方法和载体,并有效利用。

3. 休闲教育与思想政治教育的良性互动和创新发展

一致的育人目标和育人环境为休闲教育和思想政治教育的良性互动提供了基础和条件。新时代下,两者都不断地在回应时代要求、关切教育对象的实际需求、探索教育对象的思想特点上深入探索。在利用优秀传统文化资源、增强文化自信、提升教育实效上,两者齐头并进。从教育的角度来看,休闲教育的开展,对教育对象形成正确的时间观、生活观、消费观、生态观、职业观等方面有重要影响,是思想政治教育不可缺的有益充实和具体延伸;思想政治教育在人的世界观、人生观、价值观、道德素养、职业伦理的培育中起着主导和核心的作用,是休闲教育的导向和灵魂;二者虽有所区别,但有良性互动功能。

休闲教育和思想政治教育在教育内容、教育过程与环境等方面又是辩证统一的,通过不断创新休闲中的自我式教育、家长引导式教育,和思想政治教育的规范式、导向式、感染式教育形式,促进两者的新突破。

(三)休闲教育和思想政治教育基于协同育人的融合发展

实现人的自由全面发展,需要一个不断完善自我的过程。自我的完善是包含多种素养的全面的培育和发展,除了身体素质、知识素养、思想道德素养、职业素养等外,还应包含休闲素养。这包括自由时间的支配能力、爱好兴趣的培养能力、服务他人奉献社会的责任能力以及脱离低级趣味的休闲方式的选择能力等。所以,在现有的博雅教育、德育、体育、思想政治教育、职业教育和专业教育等形式之外,已经有不少教育或培训机构在考虑开展非职业教育或休闲教育,以达到协同育人的良性发展态势。

目前思想政治教育基本已经普及各类大中小学,而休闲教育的发展尚在起步。从家庭、学校和社区发展的角度来看,未来休闲教育的普及将形成以下格局:重视家庭休闲教育(培养孩子的个性才能和健全人格);加强学校休闲教育(增强学生综合素质);推行社区休闲教育(引导居民健康休闲);关注特殊群体的休闲教育;构建终身休闲教育体系,使大众享受休闲人生。而要实现更高水平的人才培养体系,构建"德智体美劳"全面发展的教育体系,必须实现两者的全面、深度融合发展。

在融合中实现道德素养和品德修养的普遍提升。培育和践行社会主义核心价值观,引导道德素养和品德修养的整体提升,需要融合休闲教育和思想政治教育的目标和内容,实现两者在育人功能上的统一。

在融合中锤炼体质,发展个性,提升综合技能。充分发挥休闲教育和思想政治教育各自的优势,寻求两者在教育路径、形式上的互补,增强两者在育人功能上的实效和高效。

在融合中以劳增智、以美育人、以文化人。根据人才全面发展战略要求,全面加强和改进学校美育,提高学生审美和人文素养。弘扬劳动精神,教育引导学生树立辛勤劳动、诚实劳动、创造性劳动的理念,形成崇尚劳动、尊重劳动的社会氛围,休闲教育和思想政治教育的课程开发和研究可以为实现人的全面发展提供丰厚资源。

在融合中提升教育的获得感和幸福感。通过融合多种形式的教育可以提升教育质量和教育的高度和宽度,提升教育育人温度,打造综合教育高地。具体形式如下:

(1) 方向协同。休闲教育和思想政治教育作为两条教育路径,各具特点。思想政治教育着力于通过理论灌输、思想引导等塑造人的思想品德;休闲教育着力于解决人们在日常生活实践中遇到的现实问题,促进人自身的全面发展。两者方向上必须一致,必须坚持马克思主义理论指导地位,以立德树人作为教育目标,在育人实践中同向同行。

只有当目标建立在社会发展和人的发展的客观现实基础上,才能真正成为人们从事教育活动的指导。休闲教育和思想政治教育都要立足于党的"两个一百年"奋斗目标,依据新时代的历史定位和国内外环境,把培养"德智体美劳"全面发展的社会主义建设者和接班人作为共同的努力方向。

(2) 内容协同。内容是目标的具体化。思想政治教育和休闲教育在育人内容上各有侧重:思想政治教育注重正确的思想观念、政治观点和道德品质的塑造;休闲教育则注重人们生活观念(如生活观、消费观、劳动观、文化观、文明观等)的培育和生活实践的引导。两者在内容上要注意相互衔接和有效延伸,既要各有侧重,又要形成整体。

从根本上看,人们的生活观、消费观等也是世界观、人生观、价值观等的延伸和细化,在一定程度上,人们的三观、思想品德和境界、道德素养等规范和指导着人们的其他观念和行为,而在生活实践中形成的消费观、劳动观、生活观等也会影响人的世界观、人生观和价值观的形成和走向。所以,休闲教育和思想政治教育内容上应协同发展。

(3) 方式协同。休闲教育和思想政治教育都要遵循教育的普遍原则和一般规律,采用合适的方式方法开展教育。思想上的说理引导和熏陶感染,行为上的榜样示范和实践锻炼,都是其教育的基本方法。同时,根据两种教育模式,还需要在各自的教育形式上有所侧重和不断创新,以形成在教育目标一致方向上的有效形式。休闲教育可以借力更多的实践形式、生活场景、业余时间等教育方式和教育环境,思想政治教育在课程学习、考评、重大庆典仪式、制度机制、规范引导和示范等形式上多有倚重。

休闲教育和思想政治教育的实效性都有赖于知行合一的行动导向。因此,两者都需要在理论和实践上提升人们的理念信仰和行为习惯养成,力求做到内外一致,知行合一。

(四) 构建休闲教育与思想政治教育协同育人的路径

思想政治教育和休闲教育的协同育人,需要找准路径、科学施策,发挥各自的学科、制度、活动优势,帮助二者在共同的目标方向中实现高效融合。

(1) 聚焦教育发展中的重难点问题。目前教育领域也不断面临新的挑战,如何应对当前复杂的国内外环境和百年未有之大变局,在多元思想交汇和文化交融中发挥休闲教育和思想政治教育的育人功能和教育引领的力量,都是目前教育领域的重要研究课题。这需要有共同的育人方向和目标,需要有问题意识,要围绕教育过程中出现的重难点问题,协同两条教育路径、实现优势互补,同向发力,把树立高远目标和解决现实具体问题统筹起来。

(2) 完善协同育人的制度机制。在社会实践、各类培训、志愿服务、专业学习和竞赛等育人方式上相互补充、相互借鉴、互为支撑,构建大中小一体化的整体育人运行机制。运行过程中根据对象特点科学配置资源,从理论和实践角度,各环节、多层面构建一体化育人工作体系。从完善协同育人制度、促进部门协作配合,搭建协同育人平台、实现资源优势互补,培育协同育人环境、增强内外双向联动等方面,构建新时代休闲教育与思想政治教育协同育人的有效路径。

(3) 加强学科研究的相互支撑。科学理论是实践创新发展的重要指引,加强思想政治教育与休闲教育的协同育人,需要不断深化两者的学科研究,为实现二者的协同育人提供必要的理论支撑。根据休闲教育的跨学科、宽领域的特色,加强休闲教育与其他专业、学科的融合研究。在艺术鉴赏活动和课程的培训中培育审美能力,在职业理论和岗位竞赛中宣扬工匠精神,在实践实习、志愿服务中开展劳动教育、倡导奉献精神,从而把思想政治教育的目标蕴含于休闲教育中。

(4)推进系统化和常态化日常教育体系的构建。打造兼具思想引领和生活指导的系列课程和精品活动。在教学、管理、服务、科研、文化、实践、组织等长效机制中构建体系化课程引导和主题活动的品牌化,逐步形成教育大格局,实现全程、全员、全方位育人。

(5)全面统筹学校、家庭、社会协同育人共同体的构建。根据休闲教育和思政育人目标、教学体系和教学内容,充分发挥学校育人主渠道,开发社会、家庭等育人阵地,优化育人环境,广泛利用社会资源,积极创建家校、社区参与合作的机制,构建学校、社会和家庭三位一体综合立德树人体系。

(6)创新新媒体视域下协同育人的新途径。整合网络资源,创新协同育人平台;培养打造善于运用新媒体开展协同育人的社团和技能人才;开展丰富多彩、内涵丰厚的线上线下的育人活动;创新协同育人典型案例和精品实践活动,推广先锋模范的示范和带头作用,提高教育的针对性。

第二章

当前大学生休闲生活和休闲教育状况及特点

中国特色社会主义进入新时代,美好生活取代物质文化成为人民日益增长的需求,而以人工智能为标志的数字技术革命又使人们从繁重的生产任务和生活压力中解脱出来,具有了更多的闲暇时间和休闲可能。面对社会对人才需求和评价的多元化,高校教育理念的变化和实践教学的施行,作为最具活力的社会群体,青年大学生不仅有休闲的意愿,也有休闲的条件和能力,而且其休闲生活也呈现出时代性和群体性。

日益增长的休闲需求、不断扩大的休闲市场、持续成长的休闲生活、频出乱象的休闲活动,均凸显了休闲教育的必要性和重要性。大学生的可塑性、大学教育的系统性、大学教学的开放性、大学课程的严肃性,都反映了大学休闲教育的科学性和独特性。

大学生的休闲生活及大学的休闲教育不仅是理论问题,更是现实课题,既要进行学理分析,更要探寻操作方法;既要定性分析,更要定量分析;既要进行面上的分析,更要以点带面。尤其是以典型地区为调研对象,通过案例剖析和数据分析获取第一手资料,以之为凭证,真实了解当代大学生休闲生活和大学休闲教育的全貌,包括取得的进展和存在的问题,进而分析原因并探寻方法。

第一节　大学生休闲生活状况及特点
——基于×大学城的调研分析

为了更好地了解大学生的休闲行为现状,笔者在所工作和生活的且在全国有较大影响的×大学城进行了实地调研(见图2-1)。以六所高校大学生的休闲情况为对象,选取了两所本科第一批次院校、两所民办本科院校、两所高职类院校;调研对象涵盖大专、本科、硕士、博士四个学历层次的在读学生(大专生占比28.5%,本科生占比49.8%,硕士生占比15.6%,博士生占比6.1%);男女生占比相对均衡(男生占比39.9%,女生占比60.1%);本科生的选取在各个年级都有分布(大一学生占比41.1%,大二学生占比9%,大三学生占比33%,大四学生占比16.9%);社会科学类专业学生占比68.6%,理工类专业学生占比31.4%;来自农村的学生占比27.5%,来自中小城镇的学生占比43.1%,来自省会及以上大城市的学生占比29.4%。本次调研共发送调研问卷600份,回收有效问卷572份。

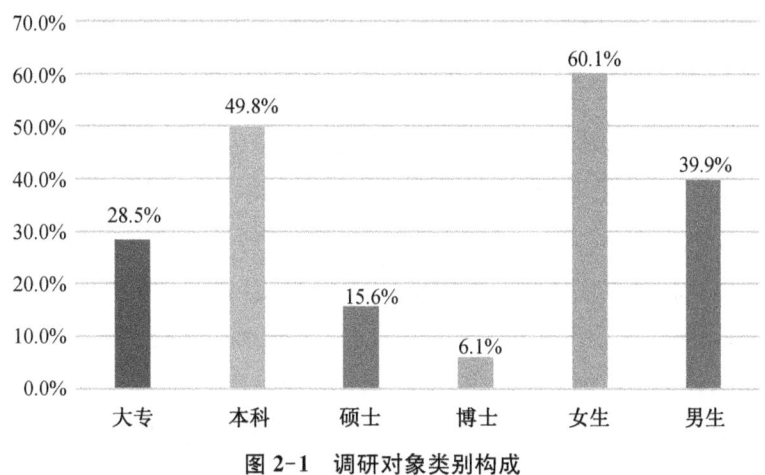

图 2-1 调研对象类别构成

调研主要围绕五类问题展开:①大学生对休闲的一般认识;②大学生休闲时空的分布特点;③大学生主要的休闲形式及满意程度;④大学生休闲满意度的影响及制约因素;⑤大学生的休闲期待。通过回收、整理、分析有效问卷,总结如下:

一、大学生休闲生活状况调查

(一) 大学生的休闲认知

总体来看,当前大学生比较重视休闲,普遍认同休闲对人身自由和精神放松的价值,对休闲的认知也较理性,但因为职业倾向的不确定和工作伦理的非定型导致其休闲动机的不明确。

当代大学生普遍认为休闲对个人生活及发展极为重要,特别是有助于生活质量的提高。在调查中,有88.2%的大学生认为休闲对个人非常重要,2.9%的大学生认为休闲可有可无,5.8%的大学生认为需要休闲但是太浪费时间(如表2-1);关于大学生周围人群对休闲的重视程度,57%的大学生认为越来越重视,也有17.6%的大学生认为很少有人重视;在对"休闲内涵的理解上",大学生主要从心理放松、自由心态、闲暇时间、消遣活动四个层次来认知休闲,其中有66.7%的大学生和56.9%的大学生分别选择的是自由心态和心理放松,占比最多,而理科类学生相对来讲更注重休闲时间的宽裕度。

表2-1 大学生对休闲的重视程度

重视程度	非常重要	可有可无	需要,是浪费时间行为	不需要休闲
占比	88.2%	2.9%	5.8%	3.1%

当代大学生普遍能够明确认知休闲的缓释作用和资源价值。基于普遍加重的学习和就业压力,休闲作为补偿方式的心理在一定程度上是存在的。关于休闲的价值和作用,91.7%的大学生认为休闲是缓解压力的方式和工具,56.8%的大学生认为休闲可以作为人际交往、个人转变、自我恢复的资源,35.2%的大学生认可玩得好、有技术和有文化是提升能力和改善生活的重要手段,64.7%的大学生认为休闲是紧张学习压力后的补偿性放松,13.6%的学生认为休闲与学习无关,纯粹是一种生活方式,21.7%的大学生认为在休闲中也应抱着学习心态。

当代大学生普遍能够科学处理休闲和学习的主次位置和辩证关系,休闲不仅不是不务正业和玩物丧志,相反更是学习的推动力。64.7%的大学生认为学习优先于休闲,比例上占绝对优势,学习也在不断向休闲渗透,这种渗透甚至可以达到这样一种程度,即休闲不过是学习心境和学习心态的延续①。29.6%的学生认为学习重要,3.9%的学生认为休闲重要,1.8%的学生认为学习和休闲对自己无所谓。

休闲活动水平和质量相对滞后。大学生休闲活动类别和时间有很大提升,内容和形式也相对丰富。但文化精神生活不高雅,非物质消费不被重视等问题依然存在。这也与当前文化精神产品缺乏、格调和品位不高、"三少三多"现象

---

① 赵建岭:《论休闲与工作的"对立"和统一》,《中山大学学报论丛》2004年第2期。

("精品少、文化少和引导少"和"媚俗多、商味多和诱惑多")比较普遍有关,这更助长了"三俗"(低俗、庸俗和恶俗)占相当比例的流行文化占据着社会的文化领域和很多人的生活空间。

综上,大学生究竟是更看重学习还是学习以外的其他事务,在很大程度上取决于他们是否从学习中获得自我价值的实现,因为那些认为学习是当前最重要或者最有趣的事情的人,并不见得会说他们在生活中全无休闲式的体验,只不过他们可以从学习中得到一定程度的满足,而其他人却是从休闲生活中获得这种满足感的①。

(二) 大学生休闲的时间分布

较之社会其他群体,大学生没有直接的生活、工作、升学和生存压力,他们拥有更多的自由支配时间,能够参加更多的活动,更科学处理自己的闲暇时间。总体上属于对休闲时间满意度较高的那部分人。调查结果反映出当代大学生在休闲时间上的三大特征:拥有的自由时间的数量不如预期理想,希望增加更多休闲时间的呼声较高;在闲暇时间的分配上,呈现多样性和感受度差异大的特点;学习和闲暇时间的利用率都不高。

2018年7月,《休闲绿皮书:2017—2018年中国休闲发展报告》正式发布。中国社会科学院财经战略研究院和中国社会科学院旅游研究中心两大机构聚焦休闲实现美好生活,着力破解当下中国发展的不平衡不充分难题,认为休闲发展是机遇与挑战并存,不充分主要表现在公共产品和公共政策的供给不足,而不平衡则表现为不同群体、区域和城乡、特殊群体之间拥有的休闲时间的不均衡。据"中国美好生活大调查",2017年人均每天的休闲时间与三年前相比不增反减,从2小时55分降为2小时27分,而四大"一线城市"(北京、上海、广州、深圳)的时间数据则更低。相比较而言,美国、德国、英国等国家国民每天平均的休闲时间约为5小时,为中国人每天平均休闲时间的两倍②。

在整个社会的闲暇时间减少的情况下,大学生自由时间的数量也不尽如人意。自由发展空间狭小是当代中国大学生群体普遍的自我感觉。之所以用"自由时间"这一概念,是试图从主观感受层面计算大学生的闲暇时间。一方面,生

---

① 刘海春:《休闲教育的伦理限度》,《学术研究》2006年第5期。
② 刘昶荣:《我国居民收入逐步提高 休闲却变得越来越"奢侈"》,《中国青年报》2018年7月19日。

活节奏的加快,人们在闲暇时间里未必能够感受到自由轻松,因而影响了对休闲时间的判断;另一方面,在闲暇时间里,大学生更倾向于主动去学习或者参加其他考证、辅导培训类课程,这也挤占了其休闲时间。客观而言,大学生的闲暇时间有明显增加,但其他事务也较之以前增加更多,就业压力、学业压力、人际关系等反而使其自由感受限。33.3%的大学生希望再多些休闲时间,29.4%的大学生满意当前的休闲时间数量,15.7%的大学生认为休闲时间太多,10%的大学生认为休闲时间都被其他事务占用,不满意现状。在具体闲暇时间计量上,除去上课以及其他生理、生存需要的时间,41.2%的大学生认为他们所拥有的闲暇时间为1~4小时,27.5%的大学生有5~8小时的闲暇时间,2%的大学生认为他们几乎没有闲暇时间,1.9%的大学生认为除了上课,基本上都是闲暇时间(如表2-2)。

表2-2 大学生每天闲暇时间计量

人数占比	41.2%	27.5%	2%	1.9%
闲暇时间(小时)	1~4	5~8	几乎没有	除了上课,基本都是闲暇时间

　　闲暇时间的分配呈现多样性特点,感受度差异大。除了学习的延伸,当代大学生在周末闲暇时间几乎都有更为丰富性和多样性的休闲体验活动,如运动健身、看电影、听音乐、打游戏、旅游、逛街、聚会、美食、约会、参加公益志愿活动、参加社团活动、摄影、陪伴家人等。在针对学习时间和休闲时间的对比上,37.3%的大学生认为二者占比正合适,25.5%的大学生认为学习时间太少(特别是在大专生中,学习投入的时间较少),8%的大学生认为除了上课其他时间基本没事可干,约37%的大学生感觉睡眠不足,而在硕士、博士研究生中这一比例更高,35.3%的学生认为正合适。

　　学习和闲暇时间的利用率都不高。由于未能正确认识闲暇时间的价值,大学生课余的闲暇时间往往以闲置形态出现。调研显示,周一到周五的课余时间的分配依次是睡觉休息、上网玩手机、自习看书、锻炼等主要活动方式,特别是在大二、大三的学生中,契合度最高。除了前几项活动,大一年级学生中有近1/3的学生选择在其闲暇时间忙于各类社团、学校事务以及交友。看手机是最耗时间的一项闲暇活动,57%的大学生每日平均玩手机的时间在4小时左右,几乎占闲暇时间的全部,甚至挤掉了睡眠时间,造成了部分大学生对休息时间的主动放弃,极大损害了身体和精神健康。在主题是"健康睡眠 益智护脑"的 2019 年 3 月 21 日世界睡眠日,南京财经大学发布的报告显示大学生普遍有熬夜习惯,占比近九成,达到 88.12%(如图 2-2)。

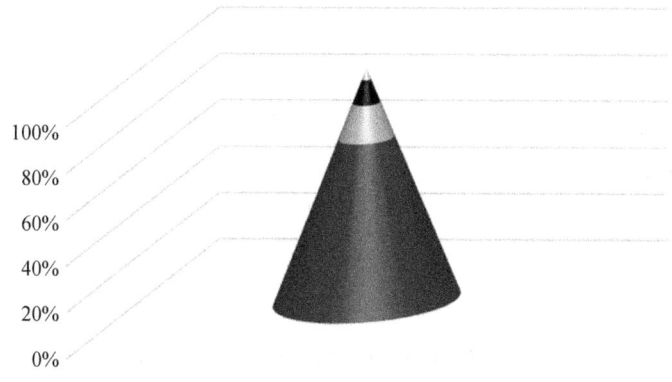

图 2-2　周一至周五主要闲暇活动分布

"报复性熬夜"成了青年的亚文化。知识型、提高型以及社会公益活动所花费的时间仍很有限,甚至在阅读、学习方面所投入的时间还在减少,而玩游戏的时间却在增长,闲聊、闲待、闲逛的时间较多[①]。闲暇时间内的抽烟问题也是当前大学生特别是男性大学生需要关注的一个问题。2018 年《柳叶刀-呼吸病学》上的一组数据显示,2003—2013 年,中国 15～24 岁青少年吸烟率由 8.3% 上升到 12.5%;2018 年中国 15～24 岁人群吸烟率已经上升到 18.6%,其中男性青少年吸烟率达到 34%。

(三) 大学生休闲的空间分布

随着生产力水平的提高和对人民美好生活向往的关注,社会整体的休闲环境和休闲场所都有很大改善,休闲娱乐设施和场所都有明显增加。由于其特殊的氛围和场地,现代大学校园环境也不断优化。但大学生非完全的"社会人"角色和经济收入消费水平的有限使得其休闲空间分布存在理想与现实的反差,现状大体如下:休闲场所和设施日益增多,但与大学生的期待还有差距;休闲场所相对集中,在休闲环境和场所选择上更关注文化氛围和私密性,对安静优雅的

---

① 胡志坚等:《我国公众闲暇时间文化生活研究》,《清华大学学报(哲学社会科学版)》2003 年第 6 期。

休闲场所和大型便捷的商业购物场所的需求增加,休闲环境的视觉美感和舒适度是其首选。

在所调研的大学城内,校园自然环境满意率高达76.3%,人文环境满意率为67.4%,对宿舍环境的满意度则相对低些,仅有37.2%,学生们普遍认为宿舍环境的私密性差(如图2-3)。对于学校周围环境,51%的大学生选择了基本满意,25.5%的人选择了不满意。与对环境的高满意度相比,对休闲场所和设施方面的认可度却低了许多,66.7%的大学生认为休闲场所和设施数量太少,认为数量正好的只有10%左右(如图2-4)。通过走访所调研的学校发现,除了食堂和体育馆,基本配备的是小型超市、三大手机运营商、书店、手机电脑维修店、快递点、眼镜店、零食水果店、理发店等休闲场所,个别高校内的游泳馆和健身房作为商业场所对外开放(如图2-5)。大学生平时活动场所相对集中。在周一到周五的闲暇时间中,55%的大学生待在宿舍(如图2-6);在周末的去处选择上,43.1%的学生选择了图书馆、自习教室等学习场所,29.4%的学生选择去KTV、电影院等娱乐场所,19.5%的学生选择去购物场所,8%的大学生选择去健身房。在信息时代,网络购物也成为当前大学生主要的休闲方式,方便、价格便宜、节约时间成为他们选择该方式的主要动机,有46.8%的大学生手机上有"淘宝"App,支付宝和微信支付则是普遍的支付手段。

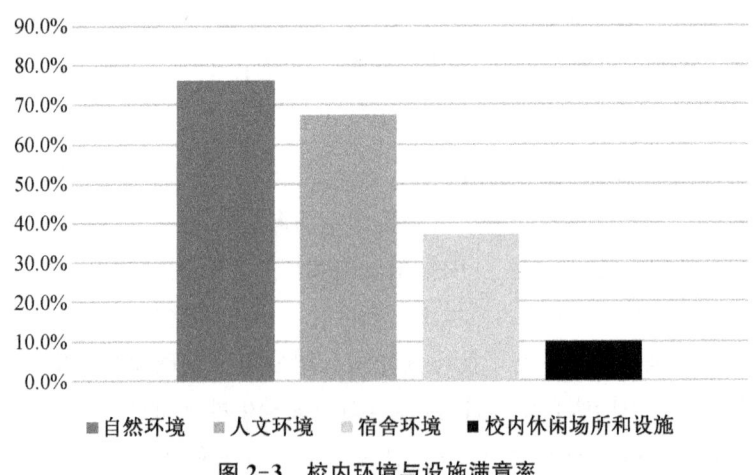

图2-3 校内环境与设施满意率

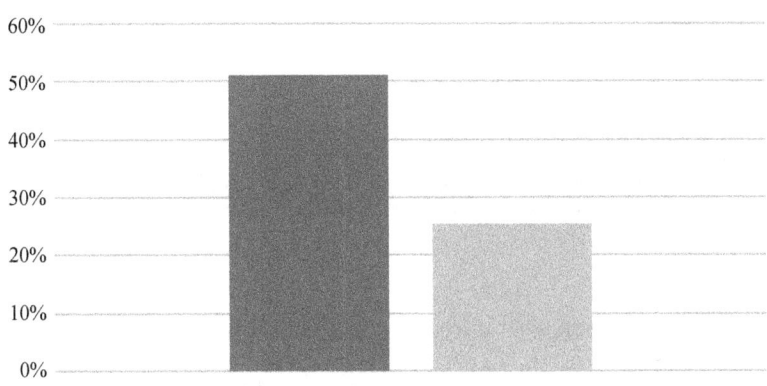

图 2-4　校外环境满意率

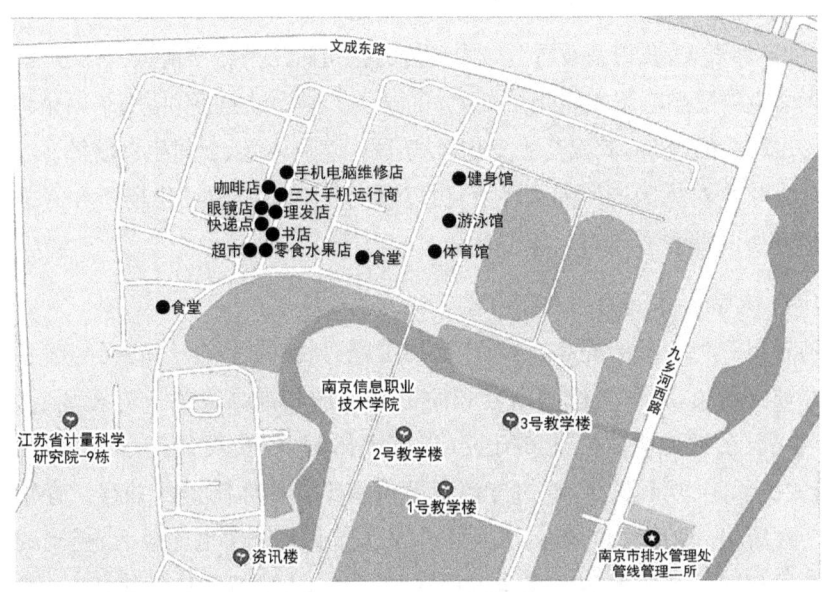

图 2-5　校园内部休闲商业图景(以南京信息职业技术学院为示例)

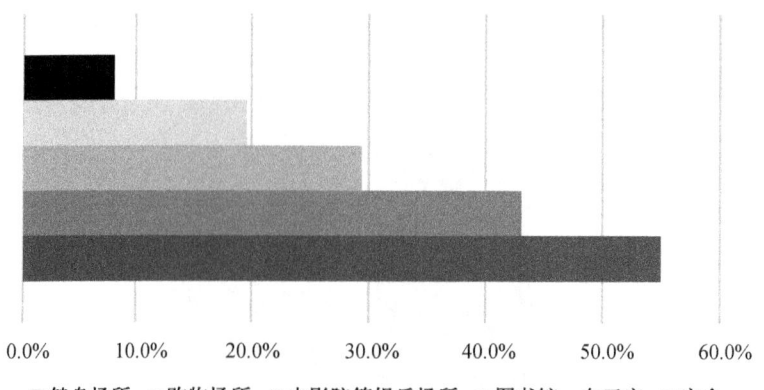

图 2-6　周一至周五主要休闲空间分布

　　文化氛围和私密性是大学生对休闲场所和环境的关注焦点。近一半学生选择的是文化氛围浓厚的、适宜个人安静独处的、方便交友聚会聊天的休闲场所和环境。在希望增加的休闲场所和设施上，对增设咖啡厅、游泳馆、健身房的意愿最强，增加更多体育设施和交友场所也是重要诉求。

　　"世界那么大，我想去看看"，广为流传的这句话几乎是当前国人的普遍心态。当前大学生的游憩心态亦如此。66.7%的学生非常喜欢旅游，特别是期望到境外旅游的占总数的55%，其次是去文化名城、国内名胜古迹、乡村生态游等。

　　从大学生对休闲场所的选择上，可以看到其对安静的文化场所和舒适的消费购物场所的偏爱要比对人际交往强。

（四）大学生休闲的形式和内容

　　随着生产力水平的提高，物质产品的丰富，科技水平的日新月异，信息和知识的爆炸式增长，大学生休闲内容和质量的增加和提高成为不容置疑的事实，休闲形式也在不断地被创造和开发，消遣类休闲、消费类休闲、运动健身类休闲、形式类休闲、功利性休闲、过度消费类休闲等各种休闲形式并存。青年大学生是个性突出、多元的群体，在休闲形式的选择上差异性也比较大，受制约的因素也不尽相同。有的大学生完全沉浸在学习里，从学习中体验休闲；有的则认为两者截然分开；有的则陶醉在纯粹的玩乐中不思学习。

　　根据调查问卷，除了睡觉、发呆等，当前大学生比较热衷的休闲活动形式包括运动健身（如跑步、打球、散步、健美操、瑜伽等）、打游戏、旅游、看电影听音乐、聚会交友、阅读、逛街购物、美食、恋爱、摄影、手工、做SPA、唱歌等，其中消遣类休闲、消费类休闲、运动健身类休闲占主导。

认为艺术活动越来越重要,更会创造出青年独特的休闲文化,但审美情趣不算高;对知识技术创新兴趣颇高、自我创新期待高但缺乏脚踏实地的钻研精神和专业技能。为了更好满足人们的艺术休闲追求,各地不断增建博物馆、艺术馆、美术馆等艺术类场所,但场所和氛围的提升不代表自身审美能力和情趣的提升。美育在当前大学生的培育中还比较欠缺。青年大学生群体会自发形成一定的休闲文化,并在网络上形成主流,如"青年佛系文化""丧文化""自黑体文化""微文化""亚文化"等,对自己的生活和感受形成独特的表达。大学生普遍希望生活得更闲适些,生活节奏也再慢一些,所以较多学生选择娱乐消遣类休闲活动,而较少学生选择科学技能类、创新实践项目类休闲活动;大学生们更愿意参加刺激性的网络游戏,而参加竞赛、知识技能培训和带来自我发展和自我实现活动的倾向较弱。这说明在大学生的消遣娱乐活动中,主要是无需花费或对技能要求不高的活动种类。对科学知识专业技能的疏离,除了储备知识的限制,还与学生本身的钻研精神缺乏和实际的专业知识不扎实有一定关系,这限制了学生进一步去提升专业技能和科学知识的兴趣。当然,这也与当前缺少人文性和亲和力的科技观念和传播形式有关。更要警惕的是,目前存在的以创新和创造为噱头的浪费时间、资源等形式主义的行为。除了激发学生整体的创新创造兴趣、热情,专业的创新、创造力提升还是要基于对基础知识的扎实掌握和专业技能的水平提升。

旅游和健身是当前大学生热情度较高的休闲活动形式。"身体和灵魂,总有一个要在路上"成为时代口号和对追求生活意义的表达。旅行是一种能带来满足感的休闲表达形式,与传统社会人类被迫的迁徙和背井离乡相比,现代人显然更能适应新的环境,对不同于自己熟悉的事物、风景、习俗和文化都颇感兴趣[1]。对陌生环境的向往和新奇感让人激动、愉快和满足。旅游代表一种走向世界的新的趋向,是对努力理解整个世界的意义的追求,是回归自然的一种努力。我们不难发现,那些最能去做和最感兴趣去做这种事情的人已经开始把自己更多地看作世界公民,而不是某一个国家的公民。他们开始对国家与国家之间的不同有了更多的理解。据此,帕斯卡曾认为:人类的一切麻烦都是由于人们不甘心永远停留在出生地的心理造成的,定期旅行已经司空见惯。

---

[1] 陈立旭:《论城市历史文化遗产的价值》,《中共浙江省委党校学报》2001年第6期。

由于对自身健康和外在形象的重视，越来越多的大学生喜欢体育锻炼和健身活动，对身材塑造和养生的兴趣在增加，甚至有的大学生会选择整容整形来改善自身形象和增加外在魅力。网络上曾出现针对年轻人的"可乐泡枸杞"的热门话题。特别是女生，对自身外在形象更在意，因而她们在美容和穿着打扮上的花销和时间会更多。但是，"宅"也是当前大学生的一种普遍现象。由于玩手机、电脑、看电视电影、听音乐和其他室内休闲活动的增多，部分大学生在室内活动的时间远远多于在室外活动的时间，甚至在没课的时候整日不出宿舍。虽然，大学生们重视锻炼和养生，但劳动教育并不是所有大学生的必修课，基于劳育课程的职业伦理和道德观教育缺少实践上的操作，传统意义上的职业伦理和道德观念也被部分摒弃。

当前在取向和定位方面，大学生体育运动项目呼唤更多的研究与关注。乔丹认为：青年体育项目应该定位在促进其情感、身体、社交和教育等方面的健康成长。对于青年来说，青年体育项目还可以让他们生活在积极向上的偶像崇拜和健康的成长环境中。针对青年开展的体育活动对于他们的性格培养、成长发展有着巨大影响。增加适合身体素质的运动，增加适合女性的体育休闲项目也是大学应该重视的问题。

大学生把休闲作为发展异性交往与展现自我吸引力的好时机，作为展示自我和个性的方式。有些大学生在参与休闲活动（尤其是迷恋音乐和服饰）中常常带着叛逆和迷恋被禁止的事情的冲动，尤其在探索两性与亲密关系时更是如此。在同龄群体中存在着占主导地位的价值体系，大学生休闲群体采取特殊的符号与场景以突出其特殊的社会个性，如近些年出现的圈层——"饭圈""后援团"等。他们更喜欢参与那种可能使人出名的活动（如体育赛事、选秀、直播类）和那种单纯表达自我、只具备瞬时意义的活动。

休闲的性别差异明显。女生的休闲形式普遍比男生的更单一。为自身的安全考虑，以及社会道德标准的影响，女性在休闲制约上明显多于男性，甚至有的要从属于男性朋友的休闲需求。女大学生越来越关注自己的外在形象和消费品位，部分人在内涵修养和文化素养甚至道德情感上缺少价值认同。

形式休闲、功利性休闲和过度消费类休闲是当代大学生休闲的三大乱象。许多大学生为逃避学习或者其他压力，消磨时间，遁入形式休闲。越来越多的时间去玩手机和电脑、逛街购物，较少的时间去读书和思考，周末通常不是出去健身或参加其他活动，而是进行所谓的被动的休闲活动，如刷信息、刷流量、刷朋友圈、刷网页、上网抒发情感、聊天、发帖、点赞、评论、围观、打游戏、购物、追剧、看八卦等。他们选择参加社团活动是为了加测评分数,进行公益志愿服务是为了获得荣誉或者入党机会。校园越来越浓厚的官本位思想,甚至学生组织中都要进行官职高低的区分,这种功利性休闲彻底背离了休闲的本义和价值,造成了休闲的异化、个性的扭曲和文化氛围的畸形发展。

过度消费类休闲损害大学生身心健康。消费活动是当代大学生校园生活的有机组成部分,是其消费观念、生活理念和价值信念的直观体现。当代大学生通过消费展示个性的努力取得了较好效果、有较强的现实基础,因为品牌是高品质商品和有个性生活的重要载体,但不能将其等同于流行、不能将其夸张成唯一手段。当代大学生通过学习性、形象性和社交性的竞争消费彰显了其渴望被尊重和期待成功的时代特质,但必须避免陷入过分依赖物质消费才能缓解压力和以自我为中心的排他型贪欲性消费的旋涡。网络购物和网络金融的流行是当代大学生主动拥抱"互联网+"的时代弄潮,在一定意义上也是对人类未来消费新形态的塑造,但也必须注意网络是虚拟与现实、资本与技术的统一体。

(五) 大学生休闲的幸福感和满意度

调研显示,大学生的休闲时间是在不断增加的,休闲内容也在不断丰富,但对于学生的休闲期待还有一定距离。大学生的休闲满意度偏低,休闲体验的幸福感不强,对自由心境、自由时间的需求强烈。此外,大学生们的就业压力和学习压力并存,越是学历层次高的学生,就业压力越大。

医学信息显示:压力对人的健康影响是非常大而且长期的,其影响可以从免疫系统的抑制导致的荷尔蒙失调到异常细胞的增长。据此,希蒙顿认为,生病其实是解决问题的一种方式。也就是说,当人们发现不能用一种健康的方式解决问题时,生病便是对压力的一种反映,个体通过心理的或生理的疾病来回避无法解决的问题,这也是为什么人们会通过"社会疾病",即暴力和攻击性行为、犯罪或吸毒等病态行为来逃避问题的缘由。而积极合理的休闲行为和生活则是缓解现实压力的有效手段。现实生活中,大学生面临着各类学习压力、就业压力和升学压力,而自主开展的休闲活动又未能有效缓解这些压力,现实的休闲教育从理念、内容、形式和方法上又不能有效地给予释疑解惑并指导休闲实践。所以,整体的休闲体验质量不高,或者说是日益凸显的各种压力消弭了大学生在休闲中的幸福感和满意度。

(六) 中美大学生休闲生活对比分析

作为当今世界前两大经济体,作为中西方文化的代表,作为两种不同制度的典型,作为有着丰富多彩的休闲活动的主体,作为在校大学生规模前两位的国家,中美两国大学生的休闲较具代表性。分析研究中美两国大学生的休闲生活,有利于更加清晰掌握中美两国大学生休闲的全貌,把握大学生休闲生活的演变规律,探究当代大学生休闲生活的发展趋势。作为所处共同时代的反映,中美两国大学生的休闲首先有相当多的共同表现。

1. 当前中美大学生休闲的基本共性

(1) 休闲意识和休闲的参与度、满意度都在逐步提高和增强

随着生产力水平的提高,人们物质资料的逐步丰富,科技创新日新月异,社会福利持续改善,人们的休闲时间随之不断增加,休闲资源不断被开发,休闲服务更为精专,休闲的价值认可度越来越高。基于此背景,各国大学生的休闲意识和休闲能力都在提高。据粗略统计,我国大学生的周末时间加上假期时间一年能有 177 天的自由时间,比我国平均的 144 天的休假时间多出一个多月,这就说明大学生群体的休闲时间更为充裕。为教育、引导和规范大学生休闲的方向,各国政府、地区、社区、学校、家庭也都积极鼓励大学生参与各类诸如竞赛、培训、旅游、健身、阅读、志愿服务等休闲活动,并为此提供物质资助、服务和机会、环境等。这些因素共同提升了大学生休闲的参与度和满意度。与之同时,随着社会的快速发展、信息技术的飞速更新,大学生面临越来越大的学习压力,他们更加需要也愿意通过休闲来缓解压力,放松心情,发展友谊,提高技能和知识水平,适应环境和积累资源。

(2) 休闲技能不断提高

随着现代科学技术的发展,人们的工作条件与方式都发生了很大变化,休闲的方式也在变革。人们愿意尝试跨专业的甚至是需要更高技能水平的休闲类型,以品味不同的休闲体验,了解更多的休闲知识。大学生群体是知识水平和学习能力相对高的群体,他们接受新的休闲信息、资源、技术、品类、服务更为迅速,愿意不断尝试和创新,其休闲技能水平也必然在变革中不断提高。

(3) 多样化、个性化、游戏性、专业性的休闲需求相对突出

当下大学生性格中比较突出的就是猎奇、冒险、钻研、创新,这也促使他们必然通过参加追求个性化和专业性的休闲活动,以满足自己的兴趣需要、求知需求、个性特点和自我价值。在名著《审美教育书简》中,席勒认为游戏是人性

的中心之一。所以，追求多样化的、个性化的、游戏性、专业性的休闲体验是中美大学生共同的休闲需求。购物、旅游、竞赛、打游戏、培训、健身、交友、野外生存体验、阅读、志愿服务等成为当前中美大学生的主要休闲方式。

（4）休闲消费支出占比日益增多

随着家庭整体经济水平的提高和社会对休闲活动重视度的提高，大学生在休闲上的开销在持续增加。相比以前，当代大学生的休闲价值认可度的提高也促使其在休闲上花费的时间和金钱更多。

（5）大学生休闲文化呈现多元融合趋势

不知道是历史的巧合还是生活的相近，代表东西方两大文明的古代中国和古希腊的思想家几乎同时培育出了各自的休闲文化，虽然在各方面有很大差异，但结果却殊途同归。这些共性代表了不同地区不同时代的人们对休闲的相同理解与共同追求。随着国际交流的广泛开展和多元文化的传播，大学生对多元文化、多元价值的接受度更高，在休闲文化中也相应地体现为更为宽容的态度，也能以更为理性和欣赏的态度接纳和宣传跨国文化的优秀成果。每个文化都不断地对休闲进行构建与重组，各国大学生在休闲活动中也体现了审美和创新的统一，并推动着世界文化的多样性发展和人类命运共同体意识的形成。

（6）运动成为当前很多中美大学生共同的生活方式与表达方式

运动，不仅是锻炼身体的方式，甚至成为大学生的日常生活方式，成为平常交友、信念表达的方式。运动带来的不仅是身体的改变，也是精神面貌的改变。在一项对慢跑者的调查中，有半数以上的人说在慢跑中体验到心灵的升华，正如戈比概括的那样——再次进行慢跑活动的人和再次受洗的人有些相似。慢跑成为年轻人实践宗教信仰的一种形式，对他们来说，跑步对人的灵魂净化作用一点也不亚于祈祷或是忏悔。足球比赛也表现出很多与宗教活动相类似的特征，足球可以作为一种宗教表达形式，使人升起一种全人类共通的情感，也是亚当·斯密所说的"我们彼此都知道对方内心最深处的感觉"。球迷和球员等在比赛中投入其中，不停呐喊，足球场笼罩在在教堂里才会出现的氛围里，球迷们以欢呼和助威共同造就了一个仪式、一个典礼，这也是一种敬畏感。

热爱运动、关注世界体育竞赛是当代各国大学生普遍热衷的休闲项目。据统计，美国每年都要举行针对大学生的各类运动赛项，如赛马、男子大学篮球赛、大学美式足球赛、职业篮球赛、职业曲棍球赛、回力球赛、女子大学篮球赛、跑狗赛等。在一项针对美国大学生热衷的运动项目的调研中，排名靠前的运动形式分别是徒步(69.5%)、游泳(66.1%)、骑自行车(53.9%)、打篮球(26.1%)、健美操(25.9%)和打高尔夫球(24.7%)。

(7) 通信技术的发展促使中美大学生的休闲都更具时代性

自20世纪末开始,人类的发明创造比以前任何时候都多,人类社会从工业时代向信息时代转变。在科学知识大爆炸的推动下,各行各业都在进行相应的调整,休闲也发生了巨变。现代的通信设备缩小了人与人之间的距离,先进的科学技术将全球的每一个角落都联系在一起,也为休闲发展提供了基础。人们变得更加繁忙,忙于应对科技信息的变化并逐步适应和接受变化,传播和更新知识信息,表达自我。大学生的领受力和创新力相对更高,他们对信息的接受力、对新技术的掌握力及应用力也更为快速。在通信技术的轮番轰炸下,大学生休闲除了反馈出积极的创新变革的一面,即促使社会开发更多新的休闲项目;同时,也带来了一系列对传统有益休闲项目的冲击和挑战,引起新的社会问题。

(8) 大学生休闲存在的问题和异化现象

作为隶属于青年群体的大学生,有青春期的热情和勃发的力量,也有青春期的困惑、迷茫、愤懑,甚至有青春期的戾气和犯罪。这些现象体现在休闲上,就出现了不少大学生畸形的休闲观和不健康的甚至犯罪的休闲行为,例如吸毒、性犯罪、狂热的拜物主义、畸形的消费观等。另一个普遍存在的现象就是时间的浪费,电脑、智能手机的普及使得很多大学生每天刷手机、玩网络游戏、聊天购物的时间甚至占到其闲暇时间的一半以上,有的大学生几乎把闲暇时间都消耗在电子产品上,还有部分学生甚至为其大量挤压学习时间。对低俗文化、偶像文化的过度狂热和崇拜,导致某些大学生丧失奋斗热情,造成畸形的价值观和休闲观。多元文化因其五颜六色、缤纷绚烂而给大学生带来多棱镜般的享受,多元和多变给人的不仅有痛快淋漓的体会,也容易解构主流价值,恰如尼采观察到的,"我们拿来赋予世界价值的范畴,如目的、统一性、存在等,现在又通过我们之手抛弃"。这对处于价值观形成和定型期的大学生的冲击和负面影响是更加显见的。面对可能的困境,多国共同的选择是"破局",而回归理性休闲是其理念和方法都必须倚重的。毫无疑问,休闲教育成为当前中美国家及其大学都应重视的问题。

2. 当前中美大学生休闲的主要差异

(1) 休闲动机有差异

国家体制、文化传统、社会建制、教育背景、休闲背景和价值观的不同等造成了中美两国大学生在休闲动机上的差异。关于休闲活动的选择,美国大学生以游戏性和体验感的心态和个人兴趣倾向于"玩"的休闲,而中国大学生比较多的倾向于选择消遣性、简单实用性、时间精力和金钱花费更少、内部动机要求相对不高的活动,因为中国大部分大学生仍然习惯把休闲视为学习之余的某种补偿,或者是学习的延伸,很少能够从真正意义上认识休闲对于个人心灵滋养、自我完善的价值和意义。更有甚者,一部分大学生出于学业压力和就业压力认为休闲是浪费时间和金钱的行为,把休闲等同于游手好闲而不屑为之。在日本、韩国这样的亚洲工业化国家,基本情况亦如此。所有日本学生受到的伦理教育都是"奋斗第一,享受第二"。所以,相对于美国大学生丰富的休闲活动和多样化的休闲选择,中国大学生则在休闲上相对谨慎和消极。

虽然中美大学生都有放松休息、完善自我、增长知识技能的共同休闲目的,但是在休闲项目上还存在层次、体验感和满意度上的差别。中国大学生在休闲活动选择上尚停留在比较低的层次和水平上,主要以电子游戏类、学习类、消费类、交友类等休闲活动为主。当然,伴随社会主义现代化建设的巨大成就,社会生产力的快速增长和国民整体消费水平持续走高,追求高品质、品牌化的消费品也成为很多大学生的风尚,甚至出现了部分大学生为了追求炫耀式的消费而不惜超出个人承受能力的借贷和其他不当行为。

(2) 休闲方式和层次有差异

传统生活习惯、文化背景、身体条件的差异,使中美大学生在休闲方式选择上也不尽相同。中国古代休闲史中出现的一些休闲方式,包括琴棋书画、诗词歌赋、游山玩水、花鸟鱼虫、美酒佳肴、赛马斗鸡、宠物茶道等共同构成了我国独具特色的休闲传统和休闲习惯。相对于中国人的闲情逸致,登山攀岩、滑水冲浪和高空跳伞等危险性更大和刺激性更强的方式更容易成为美国人的选择。上述中西方各具特色的休闲习惯和文化背景自然也造成了当代中美大学生的休闲方式的差异。

美国大学生可选择的休闲方式相对充裕。原因是现实和多元的:在经济层面,美国拥有雄厚的经济基础、发达的生产力,休闲产业和休闲经济很发达;在社会文化层面,社会福利完善,休闲观念深入人心,休闲传统源远流长,休闲活动丰富多彩;另外,美国高等院校比较重视对学生的咨询指导和生活指导,建立了由国家、政府、社会和家庭组成的巨大支持系统,一般会集中一批受过专门训练的指导专家,这些指导专家分布在就业创业、卫生健康、心理保健和课内外学习中。

中共十二届三中全会于1984年10月在北京正式召开,会议的重要成果是通过了《中共中央关于经济体制改革的决定》,标志着新时期的改革开放进入操作阶段。该文件明确提出了在摒弃那些落后的、愚昧的、腐朽的东西的基础上加快形成"适应现代生产力发展和社会进步要求的、文明的、健康的、科学的生活方式"。这也为现代大学的教学改革指明了方向、明确了取向,但该规划并没有完全转化为现实。现在的大学教育中,生活教育仍然只是零散和碎片化的,缺乏集中性和系统性。这些缺陷和不足必然导致大学生休闲生活的单调和方式的简单。他们主要参与学校里各种集体、社团层面组织的文体活动,业余时间进行社会兼职和参加流行项目,其休闲生活呈现出"知识型""娱乐性"等多重特征。

美国的文化基础注重对个人的承认,开放性、个性化休闲更是受到青年大学生的欢迎。基于审慎内敛的性格特点,在强调集体利益和价值的文化熏陶下,我国青年大学生更热衷于家庭、学校等组织的集体休闲方式。

上述差别,必然影响中美大学生所接受的休闲教育和引导。美国休闲理论的研究已有百年历史,已形成休闲研究的主流文化,400余所大学开设的相关专业,众多活跃的社团机构、大量出版的学术成果,都有助于学生更好地了解休闲这一社会现象、学习休闲知识、掌握技能,并强调休闲活动的经营管理与组织。面对曾经出现的众多消极休闲对青少年的负面影响而产生的很多危害社会的行为,美国政府扩大职责范围,主动将休闲服务纳入各项工作,包括通过各种形式提供基础设施、拓展活动项目、发展休闲产业、强调全面和全民健康、利用名人宣传休闲文化,对此,克兰多尔概括如下:"休闲活动正是最佳解决方式之一。徒步、划水、爬山、骑车等所有的休闲活动都起重要作用,这与美国外科医学期刊建议身体活动是相符的。"从以上信息我们可以看到美国大学生接受的休闲教育和引导、政策法规的支持相对中国来说更多。

在我国,虽然华南师范大学、中山大学、厦门大学等都开设了与休闲相关的课程。但是,整体没形成普遍铺开的势头。而且,在西方多元社会思潮的渗透和干预下,忽视甚至逆反思想政治教育的心理和行为在大学生中还有一定市场。另外,教育内容不够全面、系列教材缺乏、课程形式单一和授课方式单调等问题也严重影响了教育效果。因此,马惠娣老师倡议必须开设符合我国国情、回应人们休闲诉求、具有当代特色、全面的专业性的休闲教育课程。

二、大学生休闲生活的基本特点

就成熟程度而言,虽然已经形成一定的数量规模,但当代大学生的休闲生活还处于盲目自发状态,综合分析调研数据和结果,其呈现出鲜明的时代性和变动性。

1. 对休闲价值的认知:由传统和趋同转向理性和多元

从调研结果呈现出的数据看,较之同时代的其他群体和以往时代的大学生,当代大学生对休闲价值的认知趋于理性和多元,他们将其视为生活必需品而不是可有可无的点缀和偶然而至的火花,高度重视、充分认可而非歧视、轻视、忽视和漠视,并积极开展休闲生活和深入发掘休闲价值。

一方面,随着社会信息化的推进,"互联网+"教育形式导致在线教学迅速发展,在提供更为丰富的教学内容的同时,学生的学习选择更加多元,学习时间和进度的安排也更为自由,这就导致当前大学生面临更多的空余时间来利用和安排,有了更多自由选择的机会,休闲自然成为大学生要面临的重要课题。

另一方面,学习与休闲之间界限的日益模糊和相互融合,使当前大学生对休闲资源价值的认识更加明确,现代家庭、学校等对大学生业余时间和业余生活也有了更多关注。整体来看,当前大学生对休闲所持态度都比较理性,对休闲价值认同也趋于多元化。不仅能从身心放松,还能从个人发展、社会进步等多角度来认知休闲价值。

2. 休闲观念:由盲目转向主流归属基础上的个性规划

休闲能作为研究对象并进而发展出休闲理论,也是人们在客观环境和现实条件的促进下不断变化休闲观念的结果。虽然整体休闲生活还处于盲目自发状态,但是不管是对休闲时间和休闲活动,还是休闲观念,当前大学生也有进行自我规划的意识和参与主流休闲活动的积极意愿。

初入大学的新生都喜欢寻找各类兴趣社,以实现自己业余时间如结交朋友、发展兴趣爱好、锻炼技能等目的。因为他们对大学生活和各种社团缺乏应有的了解,对自己的人生缺乏完全准确的规划,对大学学习的目标和任务还停留在感性阶段,而且因为刚刚摆脱高中枯燥单调紧张的学习生活,在选择休闲项目时不可避免地存在某些程度的盲目,容易被流行和朋辈左右。但随着休闲活动的不断丰富,大学生也规划出更多符合自己个性需求的休闲方案和设想,在融合主流的同时,力争避免千篇一律而追求适合自身特征和发展需求的休闲活动。

3. 休闲时间发展趋势：由消遣打发时间转向深度开发式利用

对于大学生，当前休闲时间的有效利用是应该引起高度重视的问题。调研结果显示，当前大学生休闲时间利用按照条块可以分为参加学校组织的休闲活动、自发选择的其他校园社团或校外组织的休闲活动、其他自我休闲类活动。

在这三大条块中，第一和第二条块，越是年级低的大学生参与的积极性越高，这与学校的休闲教育规划基本一致。而且由于有组织、有活动的规划和目标，往往质量更高，基本此类休闲条块的时间利用率也高，此类休闲活动时间也在不断地被开发和形成资源图谱。但学生自我休闲类活动还基本处于对时间的私人打发或消遣阶段，特别是对未参加任何社团或者组织活动的学生来讲（还有不容忽视的毕业班这个群体），浪费时间现象比较突出。

玩手机基本是很多大学生主要的自我消遣方式。也有毕业班学生虽有就业压力，但是学习压力已释放，连夜在网上鏖战成为一些大学生群体的常态化休闲方式。目前高校已关注到这一问题，并在大学生休闲时间的安排上不断改进和完善。

4. 休闲空间和活动趋势：由物质、现实、单一转向人文、虚拟、多样

当前大学生休闲空间和活动的变化明显。科技、经济、社会等变革带来的也是各类休闲环境、条件等的改善和活动的丰富。人们对休闲生活的重视也带动了休闲产业的开发和休闲服务的提升。

相当长一段时间以来，国人的休闲方式很大一部分就是逛街逛商城，购买衣物、饮食等物质性消费，花钱购买商品和服务成为主流，但现在大学生在进行适当物质消费的同时，将更多的精力和经费投入旅游观光、艺术欣赏、阅读沙龙等更具人文气息的活动。

在互联网普遍流行之前，大学生的休闲活动主要是实地实景实物和实际经历亲身体验。在当下，线上旅游、虚拟现实技术（VR）体验、网络购物、网络游戏、网络社交等休闲活动越来越成为当代大学生的优先选项，呈现出虚实结合、虚拟更为突出的特点。

5. 休闲状态：从闲忙两分转向忙"闲"、乐"闲"、智"闲"、美"闲"

在传统的休闲认知里，闲暇是相对于忙碌而言的，是在完成所谓正事之后的无所事事，与之对应，休闲则是在工作学习之余的放松活动。一旦忙起来，休闲就成为第二选项而不是必需品，这种闲忙两分一定程度上降低了休闲的价值。

第二章 当前大学生休闲生活和休闲教育状况及特点

在现代大学生的休闲生活中,休闲和忙碌的界限开始模糊,在学习中也能休闲,在学中闲,在闲中学,不是无聊才休闲而是因为快乐才休闲,休闲不是不用头脑的低级活动,而是需要高智商并在休闲中提升脑力的智力活动,休闲不是放松下来的随意状态,而是以美的眼光引领休闲并在休闲中提高审美趣味。

6. **休闲满意度和幸福感:从感官生理放松、愉悦转向人事相趣**

传统的休闲生活,其目的就是缓解工作学习压力过大而引发的身心压力,通过放下手头的学习和工作任务,采取一系列与学习工作毫无关系的活动,放松身体、愉悦身心,特别是通过购物、旅游、游戏等暂时放下压力和烦恼,等恢复精力后重新投入工作和学习。

在当代大学生的休闲生活中,既通过休闲活动缓解现实压力,放松身体、愉悦心情,更将某种社会理想和生活旨趣融入休闲方式的选择上和活动开展上。在休闲活动中发现自我、探寻可能,实现个人与休闲的相得益彰、相映成趣。

第二节　大学生休闲教育状况及特点

除了以上对大学休闲生活的调研,笔者还开展了对当前高校休闲教育状况的调研。调研主题包括:(1)目前大学生、高校、社会对休闲教育的重视程度;(2)目前高校开展休闲教育的状况;(3)大学生接受休闲教育的主要内容;(4)当前大学生接受休闲教育的路径及有效性;(5)大学生对休闲教育的期待。通过回收、整理、分析有效问卷,整体情况显示:目前大学的专业性或者专门的休闲教育几乎还没开始,但是有相关的休闲类活动、极少的可选择的休闲锻炼类课程和生活指导类规范存在,所以,休闲教育还处在起步或者即将起步阶段。

一、大学生休闲教育状况调查

1. **大学生对休闲教育及实施情况的关注**

目前无论是个人,还是高校都对休闲教育的关注度有所提升;大家普遍认同需要对大学生开展休闲教育,引导其休闲价值观和休闲生活的健康发展;休闲教育的关注点主要是围绕专业或者与之相关的活动;对休闲教育价值认识充分;休闲教育研究基本未大幅起步。

所以,目前对休闲教育的关注还停留在认知上重视,实践上还未倚重的阶段。90%以上的高校师生、社会人士和机构都认为,开展大学生休闲教育有必要,尤其是理工类院校学生更愿意接受休闲教育。但调研中,大学生在接受休闲教育、技能等学习培训、兼职赚钱等花费上(包括时间和金钱的花费),反而是休闲教育的占比最少。

在所调研的各类高校中,偶尔开展休闲指导和休闲教育的占比47.3%;50%以上的表示从没开展过;无人选经常开展。这一方面可能是师生对休闲教育的理解有偏差,但也很明显可以看出师生对高校休闲教育开展状况的认可度较低。

2. 大学生休闲教育内容

高职类院校更关注学生的专业实践技能的培养和引导,但职业伦理和人文素养类活动和课程缺少精品;项目式教学方式基本是围绕专业教学开展,面向学生的全景式、过程式和项目式教学较少;休闲教育类活动主要以社团活动和技能比赛为主导。本科类院校除了社团活动和各类比赛,社会实践和志愿服务类休闲活动居多(如图2-7)。

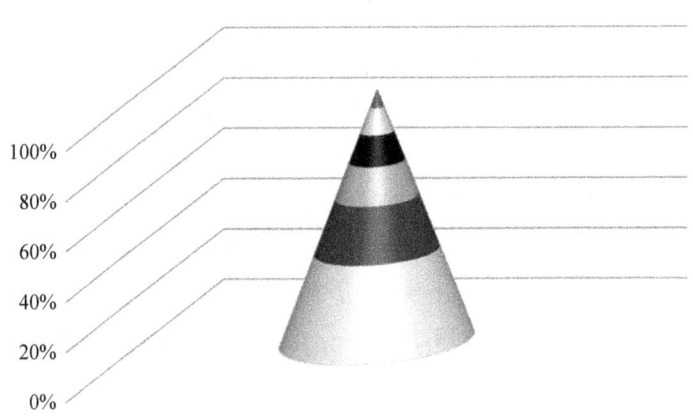

从下至上:■主题活动 ■社会实践类活动 ■志愿服务 ■各类比赛 ■休闲类课程 ■其他

图 2-7　主要休闲教育类活动

在休闲教育中,大学生更喜欢参与公益类的社会活动,如对外公益性服务项目、专业服务类实践活动成为近来休闲教育比较热衷的领域。对于自己兴趣较浓的技能培训课程、休闲实践活动,学生的参与度较高,教育效果明显。更有部分学生喜欢身心休养类的休闲活动和课程,以寻求身心的完全放松。但当前的大学公益服务和志愿服务等还缺少国际接轨的渠道,缺少更为专业性的服务培训和指导,从而影响服务的水平和社会评价(如图2-8)。

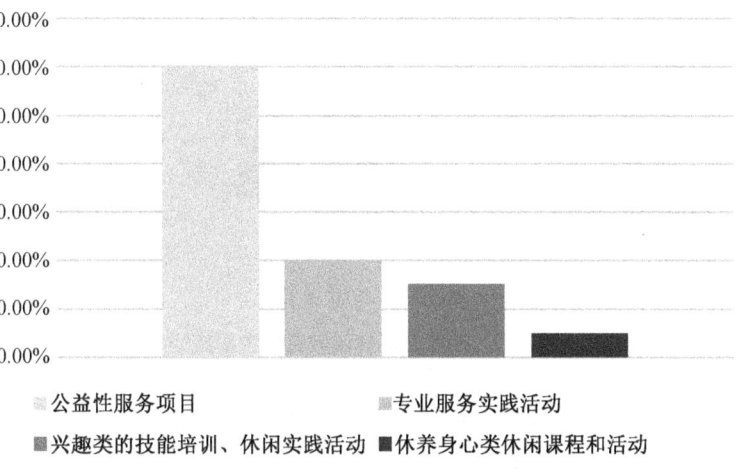

图2-8 比较受欢迎的休闲教育类活动

除了对休闲教育内容的需求多样化外,对个人自由时间的充分占有也是当前大学生的需求之一。调研显示,在业余时间,大学生网游问题仍未明显解决,因此,对自由时间的有效占有成为问题。如规律作息的习惯几乎成为各大高校都在努力引导的方向。对自由时间的有效利用,应成为休闲教育的应有之义。

专业技能、考证培训、升学辅导和培训、锻炼健身、交友聚会、游憩闲逛等功能性休闲活动占据学生的较多时间,人文素养类、艺术类、审美类休闲活动还没得到足够的重视。

塑造良好的校园文化生态、生活方式的引导、休闲价值观的指导,是休闲教育中大学生认为应该重视的内容。其次,对校园休闲设施、休闲空间等的期待更具现代性和较强的休闲感受度。除了可以愉悦身心,大学生对休闲教育的心理疏导、生活技能等作用日益关注。

3. 大学生休闲教育的实施和路径

目前,高校一般依托学生组织、社团和课程等方式开展休闲教育(如图2-9)。学生希望通过文化氛围熏陶、各类活动引导、融媒体的宣传和引导、系统课程指导、政策引导等方式开展休闲教育。对于当前的休闲教育方式,大学师生认为比较单一的占42.7%,虽然,师生们都普遍认为当前休闲类活动无论从形式和内容都日益丰富,但对休闲教育的效果仍存疑。

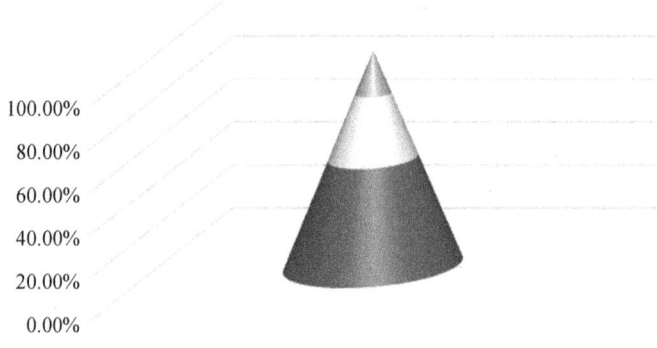

图 2-9　高校开展休闲教育的主要路径

休闲教育实施的主体参与度不多。高校主要是学生工作者、组织和社团负责人、学生自己开展休闲类活动较多,专业教师的参与度在提高。家庭、社会,以及其他社会团体、高校其他人员和机构的休闲教育合力有待开发。全面开展休闲教育的氛围和实施路径还有很大提升空间(如图 2-10)。

在对自身休闲生活和休闲教育影响力的选择上,大学生的选择依次为:朋友或同学、家庭、学校、社会。认为最有效的休闲教育方式为:自由轻松的、获得感强的、有益身心健康的。其中融合专业和生活的休闲类课程广受欢迎。

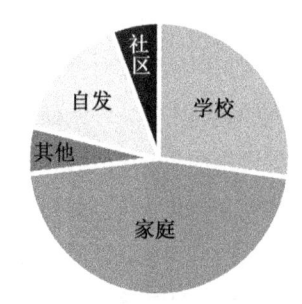

图 2-10　当前各方力量对大学生休闲教育的参与度

二、大学生休闲教育特点分析

调研显示,目前大学生休闲教育基本处在起步阶段,尚未完全铺设开来,从教育理念、方法、课程设置、教学主体、教育环境、教学效果来看,还有很大提升空间。主要特点如下:

1. 休闲教育认知:外在提供到内在需要

在相当长一段时间内,休闲更多地被视为自发行为,只要有合适的空闲时间,个体自然会开展休闲活动、享受休闲生活。在学校容易形成这样的固定思维,即学习是学生的本职工作,学习任务这么繁重,休闲是业余活动,没必要进行专门的教育;在学生中,"休闲活动是个人行为和自然能力"是较为普遍的认识。

随着闲暇时间的增加,休闲经济的发展,休闲文化的普及,包括休闲市场的某些乱象和休闲形式的复杂多样,特别是某些大学生休闲负面案例产生的恶劣影响,各方面纷纷认识到在当代大学生中开展必要的休闲教育不仅必要而且可能,休闲教育不仅为学生提供休闲知识还能规范学生休闲行为,不仅能够指引学生的休闲活动还能发展休闲经济。

特别是当代大学生,更加重视休闲教育。他们认为休闲教育不仅是学校开设的课程、主流社会的要求、书本上传授的知识,也是对大学生成长成才、提升办学质量和人才培养质量有推动作用的重要举措,更是丰富大学生学习生活和未来美好生活的基础性教育工程。因此,他们不仅有必要接受教育,而且要主动学习、持续学习并学以致用。

2. 休闲教育环境:消费主义倾向到生态文化

改革开放以来,人民日益增长的物质文化需要和落后的社会生产之间的矛盾要求我国要以经济建设为中心,大力发展生产力。以满足需要为直接目的的生产和生活成为社会的普遍行为,而短缺的社会现实更使人们通过消费购买商品和服务满足生理和心理需要成为他们休闲的直接动因。商城和餐馆如雨后春笋,购物餐饮成为休闲的主要形式,购买商品、拥有商品、享用商品的消费主义成为休闲的主流,甚至旅游的重要作用也是购买特产和纪念品,甚至炫耀式消费也偶有市场。这样的倾向不可避免地影响处于成长期的大学生,生日会、班级活动、谈恋爱、获奖、老乡会等均采用聚餐和赠送礼物等消费主义开展休闲活动。

随着改革开放的深入,中国经济发展取得了历史性成就,中国社会面貌发生了历史性变化,人民生活整体达到小康水平。在解决了生存和温饱问题之后,发展型和享受型需求成为美好生活的主要方面,而休闲的地位也更为突出。在追求商品和服务数量的满足的同时人们更加注重质量和品位,休闲和消费中的文化因素更加突出,显现出实用性和艺术性日益交融的特点,特别是饮食文化、网红食品、文创产品、私人订制、个性消费、主题餐厅等日益深入人心,成为休闲消费中的新宠。这在大学休闲生活中表现得淋漓尽致,认同品牌,通过文学作品、影视剧、漫画、电游、歌曲、游乐场、卡通等选择休闲目的地、休闲方式、休闲商品,其中蕴含的文化成为休闲的重要因素。

因此,当下的大学生休闲教育应该更加切合大学生具有较高知识素养和文化基础的特点,充分挖掘休闲的文化意义,提升休闲的文化品位,推动文化与休闲的融合,引导学生将所学专业知识与休闲活动结合,在提高整体休闲生态文化的同时推动休闲生活转型升级。

3. 休闲教育内容:专注单一走向五育融合

对大学生进行有效的休闲教育,其内容是抓手和关键。与传统学校教育相似,既往的休闲教育更侧重于知识教育,传播休闲知识,开展休闲活动需要的各种概念、理论、技能,从概念到概念、从理论到理论、从课程到课程,在强调知识逻辑和课程体系的同时忽视了休闲在其他维度的价值和对其他维度教育的依赖。

从根本上说,休闲教育关乎人的生存价值和全面发展,休闲教育的内容涉及德智体美劳各个方面,是五育的抓手,是认知、情感、意志和行动的统一;休闲教育涉及经济学、社会学、文化学、体育学、心理学、美学、政治学、管理学等诸多学科领域,是知识习得、心理形成、能力培养、行动养成的全过程。

在当下的大学休闲教育的内容中,既需要独立的课程设计和内容选择,更需要采取润物细无声的原则,在不同专业的各门课程中关注其中渗透的休闲内容和元素,提供长时间的隐性教育以合力提升教育实效,拓宽当代大学生的人生视野和境界,思考人生的价值和意义,了解个人与他人、社会的定位和关系,明确劳动、休闲对自身、社会的价值和影响,理解休闲教育是五育长期综合作用的结果,是反映个人综合素养的重要指标。

4. 休闲教育实施:主体、方法、效果整体走向系统和规范

作为五育的统一,当今大学的休闲教育必然是需要全力合作的系统过程,需要全过程、全方位、全主体育人,特别是发挥大学所有相关主体的积极性、主动性和创造性。在大学领导层面,必须进行科学顶层设计,解决本校休闲教育的理念、目标和任务等导向问题。在学校教务层面,必须进行科学规划,解决教学计划、课程开发、大纲制定和管理协调等基础问题。在学校职能部门层面,必须合理规划,明确各自在校风、学风、校园环境、校园设施等方面的职责。作为学生管理部门的学工、团委等,必须开发适合休闲教育的平台和组织相关活动。作为高校思想政治教育的主渠道,高校思想政治理论课教师必须在进行政治通识教育的同时,在意识、理念、认识和知识等各方面提升大学生的休闲素养,并

在可能的情况下开发出更多休闲课程资源。作为专业课程教师,必须在传授专业知识的同时,充分结合学生实际休闲生活,挖掘更多的课程资源,在课堂教学中对学生进行休闲观念、休闲态度和休闲能力的培养和引导。作为大学生成长的直接引路人,辅导员群体必须更加关注学生的休闲认知、开展学生喜闻乐见的休闲活动,通过活动提升素养规范行动孕育方向。

在方法上,也要改变过去片面依靠一时一地的教育的不足,以课堂为基础、以活动为抓手、以氛围为引力形成合力。主要包括课堂教学、课后思考和课外实践的统一,具体包括灌输法、讲授法、讨论法、实践法、案例分析、模拟、虚拟游戏等各种教学手段,还包括自身体验、自我修养、教师引导、朋辈影响等各种途径,以及正面教育和负面批判等方式。在效果的测评和考核上,也要改变单一的知识掌握层面的笔试,强调多方面、多手段和多形式,可以实现休闲道德观念、休闲文化知识、休闲执行能力、休闲方案策划和活动组织等。

第三章

当前大学生休闲生活和休闲教育的问题及成因

要改善大学生的休闲生活、提升休闲质量,进行针对性的休闲教育,就必须在全面细致辩证地分析当前大学生的休闲生活状况及特点的基础上,进行问题的归纳和追因。特别是大学生休闲生活中存在的问题,不仅会影响个人健康成长,也会带来系列社会问题。休闲教育存在的问题则是产生休闲生活问题的重要原因,进一步挖掘导致问题的缘由,才能对症施策、破解难题。

在哲学上,原因和结果的联系是事物或现象之间引起和被引起的联系。引起一定现象的现象是原因,由原因所引起的现象是结果。它们相互依赖,相互转化,又相互作用。在对大学生的休闲生活和休闲教育的问题和原因的逻辑推演中,我们确实发现了这两者间复杂的辩证关系。一方面是因为休闲生活的自由度高、主观随意性强、个体差异性大,休闲教育的范畴宽泛、领域宽广、层次区别大;另一方面,这也契合了哲学上对原因和结果的辩证分析。因之,在本章节中,问题和原因在有的地方只能在形式上作有限的区分,而更多的是在逻辑层面探讨两者的关联。

第一节 大学生休闲生活存在的问题及成因

一、休闲价值认知不足和学习功利性思想的存在及成因

大学生休闲生活存在的问题主要表现在如下两个方面:休闲价值认知不足,缺乏明确的休闲动机和认真休闲的态度;学习的功利性思想存在,缺少真正的求知精神。

休闲动机不明确。因为整体休闲氛围的不浓厚和传统的工作伦理的影响，大部分学生并不十分认同休闲与学习的同等价值，或者休闲对于学习和自我发展完善的作用。大学生本身对休闲的价值就认知不足，缺乏足够的休闲动机，也缺少认真的休闲规划和目的的明确。调研中，关于休闲目的，41.2%的学生选择休闲是为了消磨时间，25.5%的学生选择休闲是为了刺激和好玩，21.6%的大学生是为了宣泄情绪而休闲，只有17.6%的学生选择了为锻炼大脑和获得成就感而休闲。在睡眠情况的调研中，有37.3%的大学生感觉睡眠不充足，占调研人数的绝大部分。对休闲的结果感受性，约42%的人选择的是没考虑过这个问题。

大学生的兼职意向和目的却很清晰，35.3%的大学生很想兼职，37.3%的大学生想尝试但缺少机会。其兼职的目的主要包括增加收入、锻炼能力、扩大交往和获得生活经验，其中45%的学生在兼职挣钱和公益服务中选择了兼职挣钱，认为钱对自己更重要。

"你在生活中到底想要什么"这一看似简单的问题，却意义深远，理查德·巴赫在《幻觉》中已经揭示，即最简单的问题最深刻。休闲动机一定程度上反映了大学生对生活意义的重视，对自身需求的思考。如果说随着市场经济发展以来，人们物质生活上的极大丰富和金钱财富的积累带来了人们在金钱价值观及生活观念上的变革，这对大学生群体的影响也是显而易见的。炫富、对贫穷的嘲讽、物欲的无节制、追求金钱的无底线……也同样影响了当前大学生的生活和价值判断。甚至学习的功利化也在显扬，也许将来会有更多的精致利己主义者存在。

学习至上观念曾经影响过好几代人，就跟劳动伦理观宣扬的一样，学习是辛苦的过程，但勤奋学习却是人的美德，懒惰闲散是可耻的。新时代"万般皆下品，唯有读书高"的陈旧的休闲观念已经失去了市场。随着经济的发展和人们生活方式的总体变革，大学生对学习的态度则出现了分化。除了对学习与休闲的同样重视，还出现了学习至上论和读书无用论两种截然不同的分化思想，而这两种思想都影响着大学生的价值观。

一种基于功利主义的思想仍在鼓吹学习至上。其实，求知是人的本性，对知识的渴望和信仰亦是社会和文明不断进步、人自身不断完善的力量。学习是一种求知过程，从学习中体验快乐与愉悦，体验休闲中"畅"的感受，是学习的最佳状态。但基于功利思想的学习至上论秉持"学习好能找到一份好工作""学习优良是评价一个人的整体能力和素质的主要标准"的理念,当今许多大学生的学习目的就是想在学校里得到越来越高的学历,或者是为了谋求一份好的工作。这些人着眼于实际,确信学校里的学习是"物有所值的"。这种基于功利主义的学习至上的伦理观并不能引导人的自我完善和发展,也无法培养人终身学习的兴趣和习惯。

与学习至上观念影响力式微形成鲜明对比的则是"读书无用论"的流行和日盛,其直观表达就是"网红"成为榜样、"整容"成为出路。持这种观点的人不相信知识改变命运和科技改造世界,不努力学习却想着名利双收、一夜致富,其实质是以谎言掩盖自己的懒惰和无能。面对高收入、高消费、奢侈炫富的那些网红和主播,一些大学生难免心理失衡或者幻想连连,被催生出对金钱名利的极度渴望。有大学生甚至直接感叹:在最虚荣的年纪,我却一无所有。但深入分析,我们不难发现,即使做主播、网红,知识也是一种优势,且不说做这些行业需要付出的努力也非我们想得那么简单。曾有调研以4 500余名主播的问卷分析为例,本科和高于本科学历的头部主播占比41%,而博士学历的主播占比竟高达18%。

未来社会,正如罗伯特·斯特宾斯所说:只有学会学习,一个人才可以在认真而美好的休闲活动中有道德地、充满智慧地、高尚地成长。这就是生命的价值。

二、休闲伦理和职业伦理出现的诸多偏差及原因

在人类社会发展的全过程中,人类对休闲伦理的认识呈现出否定之否定的轨迹,即在古希腊罗马时期的备受推崇,到中世纪的让位,再到工业化的日渐式微,最后到当今的重新重视。

休闲伦理是与职业伦理、休闲哲学美学密切相关和相互作用的论域。通过研究人类社会发展历程,马克思认为休闲是现代人走向自由之境的"物质"保障,约翰·凯利也认为"休闲和哲学的本质是相同的"。这都说明,作为与经济伦理和环境伦理密切联系的内容,休闲伦理也与哲学、美学等不可分割。但当前大学生缺乏一种基于休闲哲学与休闲美学上的伦理认知。很多人把休闲简单地理解为休息、美食、逛街、购物、交友、旅游……或者以无节制的饮食、不健康的作息、网游、过度消费、破坏生态环境等陋习来消磨闲暇时间。

现阶段大学生在职业倾向和工作伦理上存在较多问题,特别是择业观上需要教育和引导;而职业伦理也影响了休闲伦理的形成。

首先,由普通劳动获得的财富在社会总财富中占比在下降。相对于传统的勤劳致富,大学生更热衷于靠继承、靠房产、靠股票、靠机会等快速积累财富的手段。特别是网红、富二代、娱乐明星、拥有众多粉丝的微博用户等近些年来的言论和价值导向对青年的影响较大。

其次,高房价、教育投入、高医疗花费等也会造成奋斗的挫败感,挫伤大学生就业的积极性以及为职业做好准备的积极心态,进而出现了宁愿投机取巧而不愿诚实劳动的心理,以及宁愿整天坐打游戏而不愿为生存奋斗的心态。

再次,学历与职业的相关性也出现淡化倾向,特别是一些专业能力要求不高的职业和低端服务行业,导致了大学生的学习压力小,就业压力大的普遍现象。特别是很多刚刚进入劳动力行列的年轻人发现,实际的工作机会与他们所期待的相去甚远。这导致大学生降低了提升学历或者丰富知识的积极性,而重视锻炼现实职业需要的能力。造成这一问题的还有一个重要的原因就是学校的知识和技能学习脱离现实需要,对学生的职业规划缺少专业指导。

这就说明在工业社会得以成功的工业伦理、劳动价值观和意识形态遭到现实的严重质疑,特别是以辛勤劳动换取生存资格、更好的生活质量、休闲的资格和补偿的核心观念。取而代之的有"我要开直播赚钱""我要做网红""别人轻松躺着挣钱,我何必起早贪黑上班"等畸形职业伦理观。

关于兼职的职业选择,有31.4%的职业院校学生选择的是家教和培训类,21.7%的学生选择的服务类,几乎没有人选择生产线类工作岗位。时间和空间相对比较狭窄的枯燥的技术类职业已很难留住年轻人。职业认知偏差也造成许多大学生的消极学习态度,他们宁愿抛弃所学专业而从事重复性的不需要太多职业能力的低薪工作,并且不愿选择一些对入职有更多专业要求的生产性行业。而一直是我国农业基础的农垦和农耕类职业几乎无人选择,或者作为冷门专业即使有人学习但无人从事,因而乡村振兴战略中的农垦、农耕文化缺少其传承和传播的平台和继任者。甚至,目前仍有大学生被灌输了一种观念,即认为只有屈指可数的少数"体面"工作能够给人带来幸福和成功,这种观念会形成一种先入为主的自我形象设计。比如,一个大学生可能会更愿意做一名首席法律顾问而不是一个面包师,可是律师和面包师究竟哪一个更有益于社会呢?这是不好回答的。如同大多数工作一样,这两种工作都是社会所需要的,都有造福社会的可能性。

传统择业观改变,满意度职业排行呈现出新趋势,人才需求出现新变化。2019年某机构发布的大学生就业幸福感的报告,以15.6万名本科生和15万名高职院校学生为样本,得出如下结论:随着收入水平和生活质量的提高,健康、美容、教育成为人们更加重视的需求,相关行业不断成熟,工作压力小、相对轻松而且待遇也不低,这成为很多大学生选择相关行业且就业满意度比较高的原因。以职业为类别,2017届毕业的全国本科生中,满意度最高的是"美容/健身"与"律师/律政调查员",达到了76%,"互联网的开发、应用"和"经营管理"紧随其后。高职学生满意度职业排在前两位的是"交通运输/邮电"(78%)和"美容/健身"(77%)。据国家相关部委的权威数据:目前家政行业的需求量为4500万人,但大学生对这一行业的认可度不高,在职人数只有2800万人,缺口较大,而且市场需求还在不断增加,因此家政行业"扩容提质"前景可期。

三、休闲实践缺乏知识信仰和当代青年精神及缘由

大学生休闲实践整体质量需要提升,需要重拾大学生对知识、技能、文化的信仰,规范和塑造新时代青年精神。

休闲时间资源利用不足,需要有效开发和利用。大学生滥用休闲时间的现象存在,即学习时间日益减少、休闲时间放任自流、自由时间的投入与产出无效率,包括休闲行为与心灵诉求相背离的伪休闲、生产力水平与闲暇时间背离的逆休闲、休闲广度与休闲深度背离的浅休闲、闲暇时间分配与休闲本质背离的忙休闲。根据调查,40%以上的年轻人喜欢在网络、游戏上"挥汗如雨",80%的女生都喜欢在周末闲逛。

休闲活动种类和质量都需要提质增量。休闲活动的无意义影响大学生休闲的满意度和幸福感,也影响整体大学生休闲素养和文化水平的提高。休闲活动种类单调贫乏,在笔者所调研的高校,大学生的休闲方式基本都是睡觉休息、看电影听音乐、玩手机电脑、逛街购物、聚会美食、跑步健身等。同时,我们还要警惕相对缺少物质基础的大学生陷入过度消费主义休闲的潮流中,正如瑞思曼观察发现,很多青少年和成年人不会利用休闲时间,除了逛超市、商场和商业街等消费活动外,在空闲时间他们基本无所事事。2017年,共青团陕西省委课题组的调研结果显示:6.1%的学生表示因急需资金已经使用或正在使用"校园贷",而且这一调查结果并没有排除还有部分学生隐瞒了自己正在使用"校园

贷"的实际情况,其中女生是使用"校园贷"的重点群体①。更为紧要的是,很多学生并不是因为一时急需迫不得已而选择"校园贷",却是为了满足虚荣心和进行攀比,进行与自身实际需要无关和超过现实承受能力的高消费和提前消费行为。

大学生休闲环境的文化氛围和现代感要凸显。有消息称,中国药科大学的"霍格沃茨"式自修室成为"网红",吸引众多学子前去"打卡",因其有着浓厚英国古典文化氛围的殿堂级的装修风格,配备优良的软硬件设备,和安静优雅的露天小花园呼应成趣。正如学生评价的那样:"学习空间与休闲空间相结合,严肃端庄而不失新意的欧式古典风扑面而来。"而且为解决排队占座的现象,提高资源的利用率,自修室还采用了先进现代的信息化座位预约系统,增加秩序化和有序管理。

大学生群体中对手机上瘾及沉迷游戏的行为危害仍不容小觑。有研究表明,沉迷网络游戏的危害是全面和深远的,包括耗费物力财力精力、泄露个人隐私、引发恶性事件、损害身心健康,当下的大学校园,智能手机、个人计算机、平板电脑、电视成为大学生的主要消遣方式,除了作为逃避现实和用于消遣的手段,现代信息技术和媒体的电子化,丰富的网上生活,基本无法让他们对此断舍离。特别是游戏上瘾行为危害较大。国内对大学生上网成瘾的调查显示,网瘾与"卡特尔十六种人格因素测验"中推理能力和支配性有关,大学生网瘾智力水平相对较低,对于独处并沉溺在替代性休闲生活中的学生,网瘾如同毒品一样,使他们的大脑回避令他们烦恼的思考,从而造成严重的身心疾患。为减少电子产品对学生成长的干扰,不少国家采取了限制学生对电子产品使用的措施,但禁止行为如果没有持续性的执行力度和普遍性的管理,以及清晰的规章制度要求的话,这种做法和效果是十分有限的。

重拾大学生对知识和技能的信仰,对真善美的追求。中华人民共和国人力资源和社会保障部(简称"人社部")统计数据显示,截至 2015 年年底,全国技能劳动者人数达 1.65 亿人,其中高技能人才数量为 4 501 万人,分别比 2004 年提高了 89% 和 142%。但也应看到,与世界制造强国相比,我国制造业大而不强、科技含量总体不高的问题依然突出,技能人才队伍仍然存在总量不足、结构有

---

① 共青团陕西省委课题组:《"校园贷"问题产生的原因及防范建议——陕西大学生"校园贷"调查报告》,《预防青少年犯罪研究》2018 年第 4 期。

待优化、供需矛盾突出等问题。实践证明,只有培养大批技能人才,改变技能人才的发展渠道偏窄、待遇偏低的现状,才能有力支撑制造强国建设①;才能从根本上扭转重学历、轻技能的不良社会观念。《2017年国务院政府工作报告》提出,要大力弘扬工匠精神,厚植工匠文化,恪尽职业操守,崇尚精益求精,完善激励机制,培育众多"中国工匠",打造更多享誉世界的"中国品牌",推动中国经济发展进入高质量发展时代。而高质量的休闲实践正是培养大学生的匠人素养、匠心精神和匠技的平台②。

塑造现代青年休闲文化和新时代青年的责任和担当。青年时期是人生中的一个特殊阶段,是个体向成人过渡的时期,开始离开家庭、脱离父母、涉足社会、日趋独立。这既是一个独立的阶段,也是一个不稳定的时期。青年有自己的独有的社会系统,相对独立的人生观、价值观、偶像标准和音乐观念,有专属于自己的青年文化,电影院、街头酒吧、网吧、歌厅等娱乐场所是他们经常出没的地方。随着身体的发育和认知的发展,他们对社会上的很多东西会产生好奇心理,包括对异性的好奇。这些都增加了他们选择如何支配自己闲暇时间的余地。但与此同时,这个时期的他们个体还未完全成熟,情绪易波动,情感上敏感而脆弱,控制自我能力差,易被诱惑,辨析问题能力弱……这都影响他们对社会复杂程度的认识,也使他们容易轻信别人。因此,如果离开父母和学校的约束,他们极易走上不健康的休闲道路,甚至走向犯罪道路。

2015年7月,习近平总书记在向中华全国青年联合会第十二届委员会全体会议发的贺信中提道:"'士不可以不弘毅,任重而道远。'国家的前途,民族的命运,人民的幸福,是当代中国青年必须和必将承担的重任。"所以,必须认识到建立现代青年休闲文化的紧迫性,以氛围引领青年的休闲行为,培育青年正确的核心价值观,同时,当代青年还要承担起民族复兴大任,必须引导他们塑造敢于担当和勇于担当的责任意识和时代精神。

四、尚待全面提升质量的休闲实效

(一)休闲成效需要反思和完善

大学生并未因闲暇时间的增加而摆脱匆忙感和压力感,手机休闲方式造成

---

① 杨安娣:《大力弘扬工匠精神》,《人民日报》2018年11月14日。
② 同上。

了时间的碎片化。闲暇时间在增长,生活却更匆忙。在关于休闲心态的描述中,一位大学在读博士描述道:总感觉忙完一件事还会有下面的事等着去做,那种任由事情自然发展的近乎奢侈的闲适心态已经一去不复返了。客观来看,社会的确在进步,国家已经把更多的时间释放出来供人们自由享用,让人们拥有更多的自由时间,不必再为生计而操劳的梦想已经成为现实。"休闲潜力"的确也在增长。需要挣更多钱、需要消费、需要永久地保持忙碌状态、总是有事要做的心理表明休闲文化的延迟,因为这诸多需要并非现实生活中必须要做的事情,而是我们对时间的畸形态度造成的①。调查显示,大学生花在学习上的时间越来越少,但他们却越发觉得身心疲惫。手机成为大学生目前最为重要的消遣方式,甚至成为课堂消磨时间的工具。有学生表示:如果上课规定上交手机,可能会造成大学课堂出勤率更低。通过观察,我们在大学校园可以看到这样的场景和心理纠葛:一边在"选择"和"时间"上纠结,一边却还在不停地玩着手机游戏,看着短视频,刷着微博。文字的东西不想看,社团的活动敷衍了事,学习的事情得过且过,沉迷于低俗文化、快餐阅读,追求短期利益,认为思考太难,坚持太累,认为游戏如此刺激且简单,刷题、考证却如此之难。不知不觉中,时间因未能够有效利用而匆匆逝去。

大学生休闲活动和休闲环境需要迎来高质量的发展。质量不高是当前大学生休闲中的主要问题,人们所选择的休闲方式将对其智力发展起着非常重要的作用。工作当然是智力发展的一个重要方式,然而,人们越来越需要认识到,休闲同样是塑造人类智力发展的一个重要领域②。休闲活动在智力方面的要求和活动中的种种体验会潜移默化地改变我们的头脑,提高或降低群体的智力水平,因为人的经历和行为将在某种程度上影响着大脑的生理发育。在休闲过程中,如果环境能比较"丰富"的话,有机会接触到充满各种技能挑战性活动的人,就能更充分地发挥智力潜能,就会得到更好的发展。喜欢参与挑战性休闲活动的那些人所能得到的智力发展,是那些只把休闲当作休息的人所得不到的。

休闲福利的释放和改善还未达到大学生对美好生活的期待。应该更加明确休闲的价值和作用,明晰闲暇时间的合理开发是个人素养提高、社会发展进步的现实路径,充分利用休闲是人生的大智慧。《小康》杂志于 2017 年开展了

---

① 刘海春:《休闲教育的失位、错位与归位》,《自然辩证法研究》2007 年第 4 期。
② 高德胜:《生命·休闲·教育——兼论教育对休闲的排斥》,《高等教育研究》2006 年第 5 期。

休闲指数的调研,围绕观念、方式、费用支出和时间支配等四个方面发布了报告。在上述四个指标中,支出指标比上个年度多了3.1分,高达80.5分,继续领先;休闲观念指数进步最快,从上个年度的74.3分上升到了79.2分,提高了4.9分,同时创下了这一细分指标自2005年首次公布以来的最高涨幅;休闲方式的指标是77.9分,比上个年度提高了3.0分;休闲时间指标的得分比去年提高了2.8分,达到了71.0①。客观上,上述分数都有很大的进步空间,虽然现在基数已经不低。与之对应,大学生的休闲小康指数却不如预期。因之,对于休闲福利的释放和改善,还需要不断调研和深入了解大学生的休闲诉求,以期不断实现大学生对美好生活的向往。同时,针对大学生休闲中的问题,更需要增强教育和引导。

(二) 休闲满意度自我评价不高,尚有很大提升空间

调研问卷显示,大学生对整个社会和学校内部的休闲环境基本满意,但对自身的休闲生活评价不高;压力感和睡眠不足情况普遍存在;认为针对大学生的休闲设施和场所不足,学校社团活动形式化;传统文化和仪式教育在增加,但公益志愿类活动、交友类活动不能满足需求。

休闲怎样才能使人满意,哪些休闲方式是有价值的,这类问题的答案因文化背景的不同呈现出较大差异,不同回答能反映出特定的文化价值取向和基本状况②。53%的大学生对当前社会和学校的休闲环境基本满意,13.7%的大学生不满意当前社会和学校的休闲环境,14.2%的大学生提出需要改善当前社会和学校的休闲环境。39%的大学生对自己的休闲生活感受一般,21.4%的大学生认为自己的休闲生活比较丰富,9.8%的大学生认为自己的休闲生活很单调。文科生普遍认为休闲生活丰富的比例相对高些,理科生表达了对增加交友类休闲活动的诉求。受教育水平较高的人对休闲服务的要求也较多,会对感兴趣的活动或设施提出很多的问题,希望索取更多的信息,并且愿意去尝试新事物,将学习融入旅游等多种休闲活动中去。57%的博士生认为当前休闲存在很多问题,对当前休闲设施和场所、休闲环境不满意率最高。

当代大学生的压力感普遍存在。原国家教委对全国12.6万名大学生的抽

---

① 刘彦华:《2017中国休闲小康指数:77.2 休闲方式大变化 手机休闲成主流》,《小康》2017年第28期。
② 罗春潮、莫碧珍:《休闲:一个备受关注的研究领域》,《经济与社会发展》2005年第9期。

样调查表明,大学生因心理压力而患心理疾病的比率高达 20.23%①。戈比和帕克也曾分析过这一现象,即为何多数人都感到自己没有休闲,因为即使在休闲时间里,人们仍感到压力,以至于无从实现自己的休闲潜能。在 X 大学城调研的结果显示:37.3%的大学生认为自己睡眠不足,特别是博士生和硕士生;24%的学生认为自己压力很大,57%的学生表示有一些压力,5.9%的大学生没有压力。大学生压力源一部分来自毕业、升学、就业以及对未来的不确定感。对于毕业,学历越高的博士生显示压力最大,睡眠不足情况最严重,除了无休闲时间,他们在学习上也需要更加专注和努力。专科生中出现部分学生纠结在学习态度不认真而不能毕业和缺少努力的自制力的矛盾之中。职业学校的学生更因为毕业后很多人无法从事所谓"社会公认的更为体面"的工作而消极,缺乏参加学校职业训练的积极性。专升本、考研成为很多学生入学以来的目标,在专科和本科阶段的他们,往往背负着家里的更高期待和学习的压力,在笔者生活小区,曾遇到过家长甚至为了孩子考研,辞职在附近租房子陪读的情况。"考上大学就不要学习了"的观念对大学生的学习理念影响是负向的,这种大学前的教育观念需要修正。对于个体成长而言,高等教育从二十多年前的奢侈品变成了必需品,仅凭一张大学文凭就能保证获得体面且高收入职业的时代一去不复返了。进一步说,即使侥幸入职,如果能力不足或者不能保持学习热情进行终身学习,也会丧失优势失去竞争力。所以,虽然现代大学生是历史上最富足的一代,但并不是所有人都能享受生活的舒适和奢侈。少数人因为职业认知偏差或者个人原因在离开学校后甚至连工作都找不到,在一个人口红利不再重要、社会对一般人力资本的需要不断降低的时代,逼仄的生存空间、城市化的风险、对未来的不确定感,都增加了大学生的各方面压力。大学生的压力源还来自社会角色和地位的"转折"期,一方面个人的生理发育和文化成长不断加速,另一方面社会不断地拒绝赋予他们与成年人相同的权利和机会。这些情形使得他们自己互相亲近,结成帮派或社会群体,开发一些不被社会或其他成人接受的休闲活动模式,如大学生中的犯罪、吸毒、乱性行为正是上述情形一定程度的极端反应。

大学生社团对大学生休闲的供给有待提高。低效、单一、形式化是 51.2%的大学生对大学各类学校社团活动的评价,31.3%的大学生不想参加任何社团活动,年级越高的学生对参加社团活动的兴趣越少。有 33.3%的大学生想参加

---

① 马惠娣:《文化精神之域的休闲理论初探》,《齐鲁学刊》1998 年第 3 期。

生态环保类和社会公共服务类志愿活动,但表示缺少机会,15.7%的大学生想进行专业技能服务类培训,13.7%的学生想去边远地区做公益。虽然主流舆论对当代大学生是否缺乏同理心和冒险精神、缺少公德心的社会讨论屡见不鲜,但我们也应该看到现实的另一面,青年想展示个性,有在弥漫着误解的世界寻找理解的渴望,有寻求真实、自然和冒险的冲动,当大量的娱乐活动向他们涌来时,其创造力和勃勃雄心自然会受到影响而停顿。

面对不甚满意的大学休闲生活,大学生有如下三大期待:增加休闲时间,减少压力感,满足心理和精神放松;增加休闲设施和场所,构建文化氛围浓厚的休闲环境;多开展有意义的休闲指导活动。具体说来,当前大学生希望多些公益志愿服务机会、交友平台和休闲生活指导。今天的年轻人可能比过去任何一代人都更愿意拥有一个服务社会的人生,他们中的大多数还希望自己在课堂内外的发现包括在休闲时的发现能得到回应,希望有能充分表达和表现自己休闲愿望的平台和方式。

对意义的珍视是大学生非常宝贵的休闲目标。但对意义的追寻需要信念、技能并付出努力。虽然"人的差异性在于休闲时间"的观点被普遍点赞,但在现实中,还是缺乏把休闲作为一种对生活意义的追求和对自身的完善的理念。如果休闲只是简单地停留在休息、消遣、空闲、玩乐的层次,那就低估了休闲的价值,并丢弃了休闲之于生命、生活及整个世界的意义。安托夫斯基认为,是否有能力克服交流的阻力以及获得一种整体意义上的幸福的关键,在于对社会一致性的信念。令人感到满意的娱乐或休闲活动,就像令人满意的工作一样,都具有某种创造性,都需要接受挑战①。正是这种创造性和挑战性使人们觉得这样的事情有意义,一定程度的激励、挑战、复杂性、压力和刺激使我们能以促进健康发展的方式做出反应,迎接挑战。有意义的休闲(并非替代性休闲,被手机、游戏等麻醉的休闲)需要更多的主动行为,需要不懈的长期坚持,需要特殊的知识、技能、手段和可获得的持久性益处,需要参与者具有特殊的精神气质、强烈的兴趣。

(三)休闲制约因素有待突破,休闲质量亟须提高

通过调研,可以清晰地看到,经济因素、个人性格、闲暇时间、休闲技能是影

---

① 包庆德:《生态休闲:构建人类健康的精神家园——生态休闲方式与人的全面发展》,《内蒙古师范大学学报(哲学社会科学版)》2010年第2期。

响休闲选择的主要因素;朋友、父母、恋人、师长(明星)是影响个人休闲的主要人物;费用高、时间不够、形式单一、设施场所少、缺少指导是当前制约大学生休闲服务和活动的主要问题。

　　经济因素、个人性格、闲暇时间、休闲技能是影响休闲选择的主要因素。特别是来自经济收入低的家庭或者有特殊家庭情况的大学生,他们生活的重心仍是谋生计。经济条件、家庭的休闲理念制约了大学生休闲质量的提升,休闲技能的缺乏制约了较高专业水平的休闲活动的开展。在学校各类活动中,大学生最反感的就是各种形式化活动和硬性规定,控制的休闲行为加剧其对行为本身的逆反和厌恶心理,特别是不符合自己性格特点的休闲活动更让其勉为其难。另外,社会文化环境、现实需要、国家政策、学校教育等也是制约大学生休闲生活的因素。当前,仍处于发展中的休闲服务和休闲产业对于大学生休闲生活的制约也是客观存在的事实,因此,必须多开发文化休闲产品和项目,开展针对性的休闲服务。

　　朋友在大学生的休闲生活中起着至关重要的作用。对自己的休闲方式和态度影响力从大到小依次是朋友、家人、恋人、师长(与明星影响力相近)。调研显示,39.2%的大学生休闲时间喜欢与朋友待在一起,其次是自己独处;22%的大学生选择与家人一起度过休闲时间。休闲是大学生有效融入他们周围环境的一种方式,其最主要的作用是获得社群感。曾有大学生坦言:"玩游戏的乐趣并不完全是因为游戏本身有多刺激,或自己多厉害,而是至少在游戏世界里的网友懂得他,有默契、有交流、有相同的乐趣。"

　　休闲花销是掣肘大学生休闲的主要问题。作为无固定收入的群体,虽经济条件有限,但消费欲望却在日益膨胀,特别是消费成为符号识别和圈层划分标识的趋势,使大学生更注重金钱价值,导致很多大学生愿意花更多休闲时间去兼职赚钱。

第二节　大学生休闲教育存在的问题及成因

　　在许多发达国家,休闲教育是人们生活的一门必修课①。一些取得了休闲教育成功经验的国家纷纷将休闲教育纳入国民教育体系,推进休闲教育向纵深

---

① 刘彦华:《2017中国休闲小康指数:77.2 休闲方式大变化 手机休闲成主流》,《小康》2017年第28期。

发展。相对来说,我国的休闲教育整体起步晚,力量小,视域窄,共识少。基于未能重点关注和系统思考休闲教育的内容、方式和实践,刘海春教授特别指出:"因为青少年的闲暇时间更为充裕,更需要引导,因而应该从政策支持、技能培养、社会环境等方面共同努力做好大学生休闲教育。"

一、休闲教育理念时代特色尚不鲜明

当前大学生的休闲教育理念需要突破传统认知,有待深入研究、突出特色和建立规范。

大学生的休闲教育大多还停留在"一切以学习为主"的传统理念里,没有得到应有的重视和发挥,特别是大部分教育工作者也认为只有"学习"这样的大事才值得人们去全力以赴,至于娱乐或者休闲这类区区小事,只能靠边站[1]。所以,对大学生休闲活动和课程的开发兴趣不浓,对其休闲时间和环境的引导和改造积极性也不高。所以,大学对休闲的重视度离期待还有差距。

究其实质,是没有发现和不会利用休闲的学习意义。所有的学习,最终还是为了人的真正成长,学会思考"我是什么样的人?""我想成为什么样的人?""我能够成为什么样的人?"等系列问题。在休闲活动中,与各种角色打交道、参与许多活动、担当众多角色、获得不同体验,更容易沉浸其中,在体验中强化内心情感,产生学习的动力和意识,进而会产生意想不到的学习成效。

同时,我们还缺乏对不良休闲行为的危害性的深刻认知。认为"休息(休闲)是小事"。其实,随着休闲时间的增多,休闲行为也日益多样,如果不加以引导地任由大学生自我放纵和消遣,势必产生不良休闲嗜好,这不仅会伤害到他们的身体,甚至有可能会损害他们的个体成长和发展的潜力。因此,人们应当为休闲活动做各方面的准备,就像人们需要为工作做准备一样[2]。在工作中,"有技术的"人要比"没技术的"人有更好的前景;同样,在休闲活动中,"有技术的"人更有希望感受到快乐,并获得成长[3]。

大学生的休闲绝不仅仅是对其闲暇时间的消磨和对紧张学习之余的补偿,更是促进学习和有意义生活的积极因素。只有学会了既享受学习又不浪费自

---

[1] 胡小明:《竞技运动文化属性的皈依——从工具到玩具》,《体育文化导刊》2002年第4期。
[2] 陈宁:《发展成都市休闲文化的对策思考》,《中华文化论坛》2012年第4期。
[3] 高德胜:《生命·休闲·教育——兼论教育对休闲的排斥》,《高等教育研究》2006年第5期。

由时间,人们才会感受到生活是一个整体,才会感受到生活的价值。

增强大学生休闲教育的意识,塑造新时代休闲教育理念,并不仅仅是解决大学生休闲中的问题,而是把他们看成有待开发的资源。在防范和解决问题的同时,必须把促进个性发展和社会化发展放在同等重要的位置。

二、休闲教育的实施途径比较单一

大学生接受休闲教育的途径较单一,由于高质量实效的休闲类教育活动组织、实施、可控性的难度较大,休闲实践教育类活动相对欠缺。

我国目前对休闲教育方面的关注才刚起步,休闲教育还没得到应有的重视向纵深发展。调研结果显示,42%的学生表示没接受过学校或者来自其他渠道的休闲指导和教育;调研结果还显示,大学生最愿意接受的休闲教育渠道有:文化氛围的熏陶,休闲活动的引导,新媒体等宣传手段的宣传和引导,生活方式的政策规范,系统的课程教育等。但反观现实,目前,我国大学生接受休闲教育的渠道还是相对有限的。虽然,国家发布过相关政策规定(如 2007 年发布的《中共中央 国务院关于加强青少年体育增强青少年体质的意见》),学校也有日常生活规范和学习习惯的引导,少部分高校还开始开设一些生活指导课程,一些休闲研究团体陆续出现,休闲教育培训研究中心和学校中某些社团组织了相关活动等,但专业的休闲教育类课程和专门活动还没有特别规划和受到足够重视,来自家庭的休闲教育除了平时生活方式的被动影响外,家长主动的休闲教育也比较欠缺,这在一些整体教育水平比较低的家庭中更为明显,而商业机构的休闲服务一般是从消费取向、旅游品类上给予有偿性的引导,参与大学生休闲教育的其他机构更少。

新媒体在大学生休闲教育中的作用还没有被充分发挥。随着大学生对媒体信息的关注度越来越高、对新媒体技术的依赖性和信任度增强,信息的获得更加便捷,新媒体在大学生休闲教育上还可以发挥更大的作用,释放更多的正向资源。当然,这些并不代表休闲教育要牺牲个人的自主权和自然天性,相反,休闲教育会使它们得到加强。

休闲实践教育类活动欠缺。课本、教师、学校固然重要,但经历和生活同样也能教育孩子,活动引导是相对比较受欢迎的教育方式,正如马克·吐温所说,别让孩子受到过多的课堂教育的干预。所以,多开发休闲实践教育类活动,创设更多经典活动案例,将更有利于对大学生开展有效的休闲教育。

三、休闲教育内容的系统性和规范性相对欠缺

由于还未形成独立的学科体系和得到足够的专业上的重视,目前的休闲教育内容相对还比较零散,缺少系统性和规范性。

价值观深刻影响人的行为选择,是行动的依据。应该将学生休闲价值观的教育列入日常教育的内容以培育大学生健康积极向上的休闲价值观,但现实中,当前大学生休闲教育的内容只是融入和贯穿于思想政治教育和日常学习、行为规范管理中,并没有太多系统规划和专门规范。

专业性的休闲技能培训比较贫乏。大学里的休闲资源和各种专业技能知识应该是最为充分的,但被引用到大学生休闲培训中的并不多,理论上的休闲指导和实践中的活动引导还没有更多成果可借鉴或成功案例的共享。大学是多方面培养学生社会化生存能力的训练场,是由基础通识知识转向专业学科素养培育的阶段。学生通过中学学习,初步掌握了语文、数学、化学、物理、生物、地理等基础知识,这为大学专业学习和完善、建构自己的知识体系、掌握与未来社会具体领域对接的能力铺设了理论基底。所以,大学阶段的休闲教育应更多地倾向于专业休闲技能的培训和兴趣的引导,如可以通过参加各种社团活动模拟职场要求进行人际沟通训练等。

心理健康教育还未辐射到所有大学生。面对休闲生活,特别是不当休闲方式产生的心理问题,除了心理咨询等服务,高校休闲教育亟待重点关注和有效解决的问题是:引进有专业精神疾患治疗知识和经验的医生等参与校园的心理健康知识的宣传和传授,进而引导大学生形成健康向上的人格。

显然,大学休闲教育的全面铺设,距离我们还比较遥远。本次调研中,在希望从学校获得休闲指导的指标维度上,有50%以上的大学生希望能有更好的校园文化生态并希望自己能参与校园文化的建设与维护,22%的大学生希望获得休闲价值观方面的引导,46%的大学生希望能得到自由心境的引导,16%的大学生希望能有合理规划生活方式的建议,而14%的大学生希望有系统性的课程教育。

大学生休闲中的环保意识和责任意识未得到强化。在内容上,休闲教育可开发的领域和方向还有很多可探索和研究的内容。我们必须合理规范和系统化这些内容,以形成休闲教育从理论到实践的全面提升。

四、休闲教育环境的合力作用还未显现

大学生休闲教育的合力尚未形成,休闲教育氛围不浓。父母、朋友、恋人、师长等都是大学生休闲理念形成和休闲生活方式的主要影响力量,但由于我们目前还未形成比较统一的休闲教育理念和系统有效的教育方式方法,这些影响力量作用的发挥基本是自发的,也是参差不齐的。特别是这些主导力量如果无法给予学生切实有效的和符合其心理需求的休闲指导,或者在教育的方式方法不被接受时,大学生就会转向从偶像明星、媒介机构、网络各类商业平台等寻求指导和帮助。

国家政策、学校教育、家庭理念、社会参与是引导大学生形成积极向上的休闲观和规范大学生个性发展、自我完善休闲方式的主要因素。但调研显示,这些因素发挥的作用还不够充分,有42%的大学生表示从没接受过学校的休闲指导或教育,但有58%的大学生表示学校应该重视对大学生休闲生活的指导。习近平总书记在2019年全国教育大会上的讲话强调:办好教育事业,家庭、学校、政府、社会都有责任。家庭是人生的第一所学校,家长是孩子的第一任老师,要给孩子讲好"人生第一课",帮助扣好人生第一粒扣子。作为负有不可推卸的教育责任和掌握更为有利的教育平台的学校,不仅要发挥自身拥有丰富休闲共享资源、引入专业的休闲规划和开发创造性休闲活动的优势,通过履行大学教育职能、举办研讨会、推广高雅文化等以满足学生多种形式的娱乐需求并辐射到更多公众,更要充分发挥大学师资中各领域专家的人格魅力和学识经验吸引、影响和教育学生形成正向价值观,还要成为政策实施、家庭介入、社会共同参与的休闲教育合力形成的研究和实践的主体,最终推动整个休闲教育合力的形成并发挥他们的最大公约数作用。目前,有些大学也在积极探索这一休闲教育的路径,如打造集学习、休闲于一体的校园环境,改造能够迎合学生和游客需要的基础设施,共享各类资源,联系家校合作,进行社会共建等活动,但尚处于起步探索阶段。

五、休闲教育方法缺乏全面创新

因为休闲生活的引导又有别于高校传统专业教育,不能理所当然地沿袭和不加创新地走老旧的教育模式,大学生休闲教育的方法必须不断变革和创新。

休闲教育宜"疏堵结合"。电子游戏目前被世界公认对学生危害最大,对学

习时间特别是课堂时间的占用最多，对休闲时间的消耗最强。部分高校曾一度在课堂设置了上交手机的规定。但最后很多不了了之或者沦为形式。这说明没收手机禁止游戏等"堵"的方法效果并不明显，"疏堵结合"才应该是治理之原则。应该以形成正确的对待电子游戏的态度和观点为抓手，挖掘网络休闲中蕴含的人文精神，遵循网络伦理和道德规范，协调平衡传统休闲与网络休闲的关系，在网络休闲中提升主体意识，促使其正确看待国际体育界推广专业电竞和自身进行网络休闲的联系和区别。

大学生休闲生活存在问题的解决需要与时俱进开拓创新。一方面，面对严重危害校园的突出问题，必须依法严惩的同时还应考虑提供更为合理的服务。以"校园贷"为例：2017年5月，中国银行业监督管理委员会、教育部、人力资源和社会保障部等三部委联合发布通知，强调一律暂停"校园贷"机构开展在校大学生网贷业务。与之同时，为满足大学生在消费、创业、培训等方面合理的信贷资金和金融服务需求，国家允许商业银行和政策性银行在风险可控的前提下，可以有针对性地开发高校助学、培训、消费、创业等金融产品，向大学生提供定制化、规范化的金融服务，并合理设置信贷额度和利率①。另一方面，面对学生正当休闲活动中出现的偏差，应以科学生活方式和文明行为习惯培养为教育的着力点，加强纠偏纠错，注重预防。比如有大学生将休闲生活视为具有消费能力的优越感的体现，针对此，高校既要教育其形成量入为出的理性消费习惯，还可以开发更多符合大学生定位的文化产品，提升其在大学生消费生活中的价值。同样，针对大学生热衷旅游等的生活方式，可以把生态环境保护和旅游相结合，开发出针对大学生的旅游产品和项目，引导其正确休闲。

理念教育和实践活动相契合。休闲涉及的领域是实践性的，我们应该保持这种实践性，如果不坚持实践性，那么也就失去了休闲自身的意义。休闲实践不仅涉及技术层面，而且更是文化发现的过程。与之对应，休闲教育最终目的必然是在建构休闲理论、树立休闲理念、提高休闲认识的基础上提升休闲能力，开展休闲活动，收获休闲成果。所以，在进行课堂教育的同时，有计划地安排健身、养宠物、游览等实践活动也是必要、重要和必然的。

综上，高校应以提升休闲教育的满意度，给大学生真正的休闲体验，提高大学生生活的幸福感作为符合时代需求、积极回应大学生诉求的重要目标。

---

① 管媛媛：《校园"裸贷"法律规制研究》，《洛阳理工学院学报（社会科学版）》2019年第1期。

第四章
新时代大学生休闲教育的趋势与实施

随着生产力发展、科学技术进步、社会福利完善,闲暇时间越来越充裕,科学合理有效地利用闲暇时间成为衡量个人生活质量和经济社会发展的重要指标,这也凸显了休闲教育的价值及其必要性。

从时代要求来看,新时代中国特色社会主义无论是内部条件还是外部环境都发生了翻天覆地的变化,要实现中华民族伟大复兴的中国梦,广大青年应肩负时代使命和复兴重任。所以,对青年大学生开展的休闲教育必须立足于时代特征,着眼于时代要求。从教育的根本任务出发,要培养合格的社会主义建设者和接班人,培育"德智体美劳"全面发展的人才,既要强调大学生思想政治教育的重要性,也要关注大学生休闲教育的开展,并实现两者的有效深度融合。从现实条件来看,大学生具有更为充裕的休闲时间、更为充足的休闲自由,所以,对其闲暇时间资源的开发和利用,引导其正确休闲观和健康休闲生活的形成可以解决其现实存在的诸多问题;而且充裕的休闲时间也是开发大学生休闲课程、进行大学生休闲兴趣技能培养等的有利条件。从大学生个性特征来看,作为跨世纪出生的一代,时代特色明显,个性鲜明,所以开展大学生休闲教育既要遵循教育的一般规律和方式方法,也要不断进行创新。从人生阶段来看,大学生处在正要跨入未来独立生活和工作的重要阶段,休闲生活必将是其未来生活重要的组成部分,对大学生开展休闲理念、知识、方法等的引导和教育将对其一生产生重要的影响和作用。因此,基于以上不同于一般社会其他阶层群体的特性,开展大学生休闲教育既要体现时代的背景和要求等基本共性,还要突出大学生休闲教育在内容、方式方法等具体实施上的个性。

第一节　新时代大学生休闲教育的趋势

通过对学术观点的梳理和实践调研的整理,新时代大学生休闲生活的概况和休闲教育的现状已然明确,为了更好地开展教育、有效提升大学生休闲生活的水平和质量,就必须在总结经验教训的基础上,分析大学生目前休闲生活的趋势,明确理论基础和探寻路径。

作为既年轻时尚又古老悠久的人类活动,新时代的大学生休闲教育必须立足于中共十八大以来我国发展历史方位和主要矛盾的变化,在回顾历史演进的基础上吸取成功经验,这是新时代大学生休闲教育的客观历史条件。新时代中国特色社会主义特别是"人民对美好生活的向往"呼唤更高质量的休闲教育,也给新时代的休闲教育提供了物质基础、技术条件和社会氛围。

一、休闲活动和文化的历史演进

作为久已有之的人类存在形式和活动方式,休闲与人共生、伴人成长,且其历史悠久,贯穿人类社会全过程,成为人类社会独具代表性的实践活动。作为遍布全球、分布广泛的人类活动,休闲存在于全球各地的不同族群、团体和单位中,成为人类社会独具普遍性的实践活动,当然也是各地最具独特性的生活方式。作为特定时代经济、政治、文化、社会、生态等客观因素的全面反映,休闲在不同背景和条件下有其独特的性质和形态,成为人类社会独具现实性的实践活动。也就是说,研究休闲必须关注历程、特征和条件,而历史演进的历程是基础。

休闲有着极为漫长的演变过程,可以运用不同的标准划分成不同阶段,形成各自的发展史。但大体上,可以分为按照社会形态和历史阶段的休闲史和按照研究视角和范式方法的学术史,而前者是客观基础,后者是逻辑抽象。

(一)休闲活动的时代变迁

1. 原始社会的休闲

在原始社会中,生存是人们最关心的主题,虽然没有现代意义上的休闲。但是,根据艾伦和约翰逊对秘鲁共和国的印第安人长达18个月的考察后发现:在原始文化中,不仅人们从事经济活动的时候已经具有了消遣娱乐的性质,在某些特定社会里,专门被用于休闲的时间也并不少于现代社会中的休闲时间,有时甚至更多于现代社会①。那时劳动与休闲之间还没有绝对的界限,因为原始人更喜欢把日常事务处理得跟玩耍一样②。生活节奏对于秘鲁共和国的印第安人来说是惬意的,日常事务也不会把人压得喘不过气来。在关于毛利人的文化报告中也有过类似描述,毛利人在任何层面的经济生活当中,都伴随有消遣娱乐的成分,"不管他们是捕鱼、捉鸟、耕田,或是盖房子、造独木舟,在所有场合中,都能找到可以被认为是娱乐性的活动的痕迹"③。这样的情景在一些非洲部落中也可以看到。

虽然,人类学家通过考察原始部落的休闲后怀疑:尽管科技进步给人类带来了更多的物质产品,却不可能给工业社会中的大多数人带来更多的自由时间④。但从总体上说,原始人还是必须把绝大部分时间用于维持生存所进行的生产活动上,因为当时的休闲仅限于艰苦的劳动之后的休息和有限地参与活动(如打猎、唱歌等具有娱乐性质和休闲功能的活动);虽然劳动也具有一些休闲活动的性质,但这些活动的参加者并不把它们当作休闲或闲暇活动,而认为这些都只是日常生活的一部分。因此,在原始社会不可能存在有意识的休闲和选择性的休闲。简而言之,这个时期的休闲没有形成独立的社会形态,也没有形成休闲的意识或概念。所以,在人类早期的原始朴素的物质生活条件下,无论是劳动还是闲暇都是为了能够生存下去这样一个共同目的。只有随着生产力的发展,财富增加,闲暇时间增多,闲情才慢慢分离出来。

原始社会的休闲虽并不具有现代的技巧和文化特色,但我们仍能从现代的一些休闲行为中发现原始休闲行为的痕迹。麦克莱恩、马丁等坚持认为,实质上孩子们的游戏行为延续了它一直以来所呈现的方式,包括孩子们在溪流和湖泊中嬉戏、攀爬树木、与宠物游戏、以人或动物为假想敌的模拟战斗、学习生存技巧等。在远古时代的休息时间,人们大都还是在缝补衣服、串装饰项链、一起唱歌、诵经祈祷和跳舞等。正如克劳斯所阐述的:不像我们所处的科技高度发达的社会中对工作和休闲的区分,远古时代人类并没有把工作和休闲清晰地区分开来。劳作通常是在有时间或必要的情形中完成的,且常常与各种赋予其变

---

① 杨正宇:《休闲理念辨析》,《浙江经济》2007 年第 5 期。
② 刘红玉、粘忠友:《工作与休闲关系的嬗变》,《泉州师范学院学报》2008 年第 1 期。
③ 同①。
④ 刘福森、张兴桥:《消费主义的神话:生活质量、健康与幸福》,《长白学刊》2005 年第 1 期。

化和欢乐的仪式、习俗融合在一起的。显然，要想区分远古人们的劳作和游戏是比较困难的，因为游戏通常是与仪式、庆典等交织在一起的，又世代传承远古社会文化和文明。

现在与休闲娱乐相联系的许多活动大多是远古时期人们的日常生活活动。那时的大多数休闲和游戏活动，一般都与获得生存技能有关，包括捕鱼、打猎、滑雪、划船、游泳、骑马、搏斗，以及艺术、手工艺活动（如制陶、编织和皮革制作）等。这些活动为后续文明的演进奠定了基础，比如，我们今天无需再去打猎和采集野生食物，而由他人来完成培育、屠宰、清洁、包装的工作，以及出售成品肉类和其他食物给我们。但是，在我们的记忆中，保留着"存在于我们对弱小对象的猎取及孩子们的游戏中的那种追逐本性——它甚至保留在'game'这个单词中"，所以，"game"这个英文单词既有"游戏"也有"猎物"的意思。远古时代的人们是按照生命的韵律和节奏来安排生活，即饥饿时就去打猎、捕鱼或采集食物，高兴时就举行欢宴、庆祝活动，疲乏劳累时就睡觉、休息。那时，依照一年四季、寒暑交替的自然节律，根据需求和环境条件，人们进行迁徙，这一点在纯农业社会的休闲中也有鲜明表现，时间成了调节规范生活的重要尺度，人们的生活更紧密地与一年四季寒暑交替捆绑在一起，盛大的庆祝活动也与此相关。据此，杜兰特认为，"文化的第一种形式就是农业"。

2. 奴隶社会（古希腊、古罗马时期）的休闲

随着生产力水平的提高，剩余产品的出现，阶级产生，有闲阶层开始形成。古希腊社会是建立在奴隶劳动基础上的社会形态，柏拉图认为的以自我启发和自我表现为目的的休闲时间和亚里士多德认为的以必然性的劳动换到的休闲自由均属于特权阶层。在这一时期，罗马人和雅典人都没有认真考虑过劳动（工作）的问题。

古希腊人的休闲思想内涵丰富。在他们看来，休闲不仅仅指自由时间，还包括更多的哲学和文化范畴。古希腊人把休闲看作锻炼自己、提高修养的途径，是从必需的劳动到自由的状态[①]；休闲是人生的目的，劳动是为了实现这个目的的手段。更值得称赞的是，早期希腊哲学家把求知与休闲理想联系起来的态度取向，他们认为知识总是同自由相关，自由又总是同休闲相关[②]。如果休闲

[①] 倪依克：《蒸腾与困窘：当代中华民族传统体育发展之惑》，《体育科学》2005年第9期。
[②] 张文建、阚延磊：《休闲的理想和现实的反思》，《史学理论研究》2002年第2期。

包括自由地选择,那么知识则要求人们去聪明地选择。

古希腊人的休闲观建立在"维持自己和环境的协调"的前提下,追求自己认为有价值的生活、知识和自我完善等。在古希腊文化中,能够被称为休闲的活动是非常有限的,对人的一生有重要影响的休闲活动主要有政治、哲学、教育、艺术、游戏活动、宗教仪式、竞技大会,以及奥林匹克运动会等。亚里士多德认为只有音乐和冥想才称得上休闲,其中冥想是所有人类活动中最理想的休闲行为。在休闲活动方面,古希腊盛行借助公共设施进行公共休闲。由此可见,他们形成了独特的休闲伦理。由于社会安定和财富积累,古罗马出现了可以享受休闲的有闲阶级和富裕阶层,奴隶制度更使古罗马的有闲阶层每年能拥有大量的可供自由支配的休闲时间。单就休闲数量而言,古罗马人创造了拥有自由时间之最,那时每年的节假日大概有170多天。但是,与学习和创造等休闲活动相比,古罗马更盛行消费型休闲,还出现了普遍的大众休闲,但古罗马人并未表现出对追求幸福的高尚休闲的重视,甚至还把休闲当作政治工具加以利用。因之,相对于古希腊人,古罗马人并未过分看重休闲,只把休闲理解为劳动的适应状态①,其休闲观也更具实用性。

古希腊智者们深信:文明是通过培养人的思想、身体和精神来发展进步的。因此,对于文明进步和发展相联系的一系列活动他们都非常感兴趣,包括著述、艺术工作和体育项目。亚里士多德认为休闲给人们提供了心智方面的发展机会,提供了精神放松的途径,并为生活增添了乐趣。古希腊的公园、奥运竞赛项目、剧场、艺术等都是其为后人留下的休闲文化遗产。虽然古罗马的雕塑、绘画及其他艺术作品、圆形竞技场等美不胜收,拳击、摔跤、宗教庆祝活动等吸引眼球,但古罗马对休闲活动的认知是不同古希腊的。古罗马人的休闲通常被描述为快乐主义、粗俗和不道德的,这源于历史上他们对人和动物的屠杀和伤害的行径。而来自墓葬、墓铭、碑文等遗迹的古埃及文化则显示,古埃及有完善的等级制度,不同等级的人从事不同的休闲活动项目。亚里士多德认为:如果没有有闲阶层,那么就不可能有品位标准,也不可能鼓励艺术创作,从而也就没有文明。所以,匆忙的人不可能是高度文明、高度进步的。此外,古埃及人还拥有了人造的户外休闲活动空间,其中巴比伦的空中花园建筑最负盛名,被认为是古代世界七大奇迹之一。

---

① 刘红玉、粘忠友:《工作与休闲关系的嬗变》,《泉州师范学院学报》2008年第1期。

3. 中世纪时期的休闲

古罗马没落后,天主教和封建制度登上了历史舞台,两者共同支配着中世纪时代。早期的奥古斯丁和圣本尼迪克特的宗教观为中世纪做了思想准备,劳动被赋予了新的意义和价值。随着西方基督教的宗教价值和信念在全世界广泛传播,基督教信仰对于北美、欧洲等地的人们的工作、休闲的观念和态度有着重要影响,早期基督教徒普遍相信工作有益于人类,而游手好闲则对人类有害无益。以马丁·路德为先锋的宗教改革运动开始改变了人们看待工作和玩的态度,形成支持提升工作和节俭愿望的价值体系。路德把工作视为行善,所有职业在上帝眼中都同等重要,他们工作不是为了物质利益,是为了发展其自身能力以寻求完美。任何类型的工作都有价值,但游手好闲则依然被视作一种罪过。

综上,不同于古希腊和古罗马时代的集体休闲,中世纪的休闲维持了"宗教—个人"中心型的休闲形式①,将人类本性从玩转变为工作,认为劳动是神圣的,休闲是世俗的。在这一历史时期,主要的文明教化力量就是教堂,以宗教盛会形式组织的公开展示和表演、政治游行、锦标赛及节日等构成了中世纪时期狂欢作乐的一部分。

在中世纪,因为城市的诞生和行会的稳定,独立商人和手工业者逐渐转变为早期城市居民。与关心来世相比,积累了大量财富而生活富足的他们更追求现实的安乐生活,所以,在城市中也有了大众休闲初步的发展趋势。但无论是在休闲还是在其他活动中,中世纪的阶层界限还是非常明确的。

4. 文艺复兴时期的休闲

公元1300年左右开始于意大利、持续近300年的文艺复兴运动以在科学和艺术方面的进步和成就闻名于世,是人类伟大的智力活动空前活跃和创造力充分涌现的一段时期。艺术创作空前繁荣,文学、建筑学、雕塑、绘画、音乐和戏剧艺术都获得新生,涌现出了许多绘画、雕塑和建筑的新派和新风格。

在文艺复兴中,人们开始具有冲动、热情、感性、激情、独立性,以及与之相关的诸多特质,严厉的道德规范遭到蔑视,人类的理性从宗教的戒律中,从长期以来的宗教式的、超自然的思考方式中解放出来,形成严肃的理性思考和思想,如理性主义、实用主义等。在上述新思潮的影响下,人们对休闲进行了再评价,

---

① 倪依克:《蒸腾与困窘:当代中华民族传统体育发展之惑》,《体育科学》2005年第9期。

形成了近代欧洲上流社会社交休闲的风气,这些都对休闲文化的发展起到了积极的作用,构筑了数世纪以后产业革命的基础。因此,赫伊津哈称这个时期为"玩乐的黄金时代"。

尽管文艺复兴促进了平民的休闲自由,但中世纪末的宗教改革对西方世界劳动、生活观念的影响更大,宗教改革向劳动观念灌输了宗教意义,把劳动当作人类生活最神圣的、最高的境界,不劳动和休闲则被看作是罪恶的,这种工作伦理的影响一直持续到了20世纪。

5. 工业革命时期的休闲

在工业化社会以前,娱乐与玩耍是人们生活中的明显特征。虽然在16世纪和17世纪清教徒的影响下,大众娱乐化很大程度上受到抑制,但随着1660年君主制的恢复,限制因素开始消除。18世纪的社会,大多数时候还是有很多的休闲活动的,那时制造业虽然出现但规模不大,少有规模较大的城镇,但大部分人生活在农村,因而大多数人直接从事食品生产或服务于农业,工作和玩耍交织在一起。而且受季节和天气变化的影响,工作是断续的。当时的主要节庆与农业耕种和收获等重要农事活动有关,人们通过酒宴和狂欢活动来消除劳作的疲劳,娱乐活动也与受洗、婚嫁、丧葬等家族和家庭活动相关。酒馆是当时英国的主要休闲设施,在酒馆里可以获得一些在家里无法获得的消遣,比如信息交换、取暖、烹饪设施、家具、报刊、社交,甚至赌博等活动,商业交易有时也在酒馆中进行,这是工作和休闲相互纠葛的反映。当然,集商业活动和娱乐活动于一体的旅行交易会也是当时另一个比较流行的休闲场所。在16—18世纪,贵族、绅士阶层、商人、知识分子逐渐摒弃了流行文化,以获得新的爱好,追求新的活动,主要是以智力和艺术追求为中心的或以款待亲朋好友为目的的活动,特别是在乡村休养地或豪华住宅里进行的活动——要么是乡间漫步,要么是种类繁多的其他城市的消遣活动。因之,工业革命前夕的那段时间英国被称为"快乐英格兰"。

工业化带来了经济和社会的大变革,也彻底改变了人们对工作和休闲的态度和认知。

首先,不论从谋生的角度还是从工作的组织方式来看,工作的性质改变了。农业社会时期和手工业时期,劳动时间和娱乐时间界限没那么分明;工业化的工厂制度要求严格遵守工作时间,上班与下班、工作和休闲是相对立的概念,工作和休闲不再混同在一起,而是成为相互分离的两件事情。工作时间如此之长和辛苦,导致工作和休闲形成强烈的反差,休闲时间成为与工作相分离的昂贵商品。亚当·斯密的《国富论》中曾描绘了专业化分工的精细和工厂生活单调乏味,即制作一个简单的别针就需要十六道工序。作为填补空白的手段,休闲给人们提供了难以从工作中获得的兴趣和成就感。工业革命的进程又受到了新教伦理学对工作是美德并应得到报酬这一认识的影响。除了对提高劳动生产率以及相关的控制酗酒和提高出勤率极为关心之外,精英统治阶级还想禁止喧嚣粗暴的休闲娱乐活动,因为他们担心这类活动容易引起暴力行为,最终引发革命运动。中产阶级还对民众过于热衷于动物(血腥)游戏做出限制,他们认为这种游戏活动会吸引大量的围观人群。另外,反对玩耍动物也是对"动物福利"的担心,起初人们主要考虑的是家养动物,到 20 世纪,扩大到关心野生动物,通过对动物的慈善行为,人类可以显示出其行为是文明的而不同于动物的野蛮。

其次,工作的场所改变了。随着城市化的进展,人们的居住地也相应地改变了。制造业大规模发展,并且都集中在为数不多的城市工厂里,将人们与农村隔离开来,带来了沉闷的、拥挤不堪的和被污染了的新环境,在新的环境中人们不可能再沉湎于传统的休闲娱乐方式,大量的大众休闲在 19 世纪要么大量减少,要么消失,进而产生新的休闲价值观和休闲方式。理性消遣活动还被当作社会控制的工具,即将中产阶级的价值观延伸到工人阶级,工人阶级也开始有意识地用更为健康的、知识性的、美的或艺术的等更为持久的高雅休闲替代那些仅有瞬间快乐的单纯娱乐方式。理性消遣涉及众多具体的休闲方式,其内容与教育、户外运动和乡村休闲、自然和体育运动等方面的活动有关[①],理性消遣还涉及一系列的设施和机构,其中起重要作用的设施是图书馆和博物馆。中产阶级对工人阶级进行教育和改良的同时,还迫不及待地扩充他们的知识,开展讲座、培训、成人教育等,这与维多利亚时代的中产阶级对知识的价值和自我提高的重要性的看法有关。理性消遣运动的另一个重要作用是倡导有益于身心健康的休闲活动,包括开发新的体育项目和种类繁多的其他户外运动。正是通过这些活动,理性消遣才对休闲的长期发展产生了巨大影响。体育运动的规则和秩序,其对健身和体能要求的偏重,其富含的竞争意义和团队精神等,都体现着中产阶级所信奉的价值观,所以在社会控制中起着重要作用。

再次,社会结构改变了。除了统治阶级,特别是在城市里还出现了大量的

---

① 王晓杰、汪继福:《休闲研究:理论溯源与现实思考》,《求索》2007 年第 10 期。

产业工人阶级和中产阶级。在过去的几十年间,休闲往往同某个阶级联系在一起。在美国,第一批有闲阶层是在南方种植园中产生的。因为工业革命以后,城市人口开始聚集,人们的生活方式发生改变,城市劳动者出现,资本主义制度的经济基础越发牢固,劳动时间和非劳动时间界限分明,区分明显,这更加剧了社会等级分化,其中就分化出了所谓的"有闲阶级"。林德在《受折磨的有闲阶级》就提到,各种约束力结合起来,制约了休闲生活,有闲阶级陷入了物质主义的崇拜甚至炫耀式消费的怪圈。马克思曾说过的"人的异化""商品拜物教"就是当时休闲怪象的反映。1832年,阿历克西·德·托克维尔在到访美国后曾说道:这个国家中的绝大多数人热切地追逐着物质的满足,渴望着现世的享受和实用,每个人都注重实利,并且还散发着躁动不安的热情。这样的结果,无疑导致人们今朝有酒今朝醉,不存在任何有闲阶级,更不会存在孕育艺术、科学、哲学和文化的沉思。因此,"一个美国人的全部生活经历就像一场碰运气取胜的游戏、一场革命的危机和一场战争"。凡勃伦在《有闲阶级论》中也指出:休闲对当时的人们来说是建立在生产性劳动无意义这种感觉之上的,是具有支配金钱能力与享受安逸生活的炫耀,是享受剥削的权力。显然,拥有休闲的社会阶层对休闲本身的利用并不能促进自我完善、文化改良或社会发展,相反,他们仅仅对时间进行非生产性利用以取得自己的某种地位[①]。所以,在工业革命早期,休闲长时间以来被用来作为证明人的地位和声望的一种手段。

政府在休闲管理中的地位不断上升,这也是工业化时代休闲的重要特色。无论是作为手段,还是作为持续发展的需要,休闲在这一时期对市政建设和国家生态保护和建设方面的成就很显然。与之同时,政府也支持休闲发展并规范休闲活动,特别是随着社会福利哲学的兴起,通过征税,政府对收入进行再分配,提供娱乐休闲设施、活动内容及其他服务,解决包括教育、卫生健康和休闲娱乐领域的社会问题。同时关注对自由时间的不当利用,引导休闲活动,提供健康、有益和建设性的休闲活动,休闲被塑造得越来越迎合工业制度的价值观念。当一项运动越来越被公众接受时,它就会被体制化,它的宗旨和目标被广泛支持,其规划往往由国家税收来资助,相关行政管理制度开始出现,逐渐由职业经理来管理各种活动和相关机构等。人们对政府的信任度较高,每个层级的政府都开始涉足娱乐的提供和服务领域。如联邦政府开始更多地插手户外休

---

① 韩丽峰:《论休闲文化的世俗性及其超越》,《杭州师范学院学报(社会科学版)》2007年第2期。

闲娱乐管理,各州政府向公众开放了更多的州属公园,地方政府在公园和规划方面的支持力度更大。相关机构从只为儿童服务转而面向各个年龄段的人们,从简单地提供设施和装置发展到开始为人们合理利用休闲时间制定标准、提供建议,从满足个人兴趣发展到迎合、适应群体和社会的需求。

许多早期的运动和后来成立的机构都把娱乐活动作为促进和推动社会、文化和人们精神发展的工具,并由此涌现一批具有远见卓识的休闲领域的巨擘。爱德华兹在《大众娱乐》中指出:职业演艺人员在各个领域里纵横驰骋、八面玲珑,但这些领域中非职业或业余爱好者的权利却没有被有效地加以保护……一种社会病已经在我们中间广泛蔓延。针对热衷于观看他人竞赛或表演的观众病(spectatoritis),改革家们掀起了一系列的运动来淳化风俗。例如,劳拉·简·亚当斯被视作美国社会福利的倡导人,罗伯特·巴顿·鲍威尔等创立了童子军运动,蕾切尔·卡森出版了《寂静的春天》,亨利·戴维·梭罗写出了《瓦尔登湖》,乔治·卡林特是国家公园的倡导者,沃尔特·迪士尼是主题公园和电影动画领域的革新者,古斯塔夫斯·C.多恩是第一个国家公园——黄石国家公园的倡导者,库尔特·哈恩是当代户外拓展的奠基人,赫伊津哈是《游戏的人》的作者等。

6. 后工业革命时期的休闲

传统的经验智慧假定,生产率的增长将导致更多的休闲时间。然而,在最近 40 年中,几乎没有任何证据表明这种论断是正确的①。相反,事实上,与希望拥有更多的物质商品相比,人们对拥有闲暇的期望位居第二,也就是说,"一个关于新的、拥有更多的休闲的时代的观念实际上只是一种套话"②"工业化国家的产生,不仅造成了把时间看作是稀缺商品的环境,而且也使得这种商品变得更加稀缺"③。

在后工业社会,大多数劳动者已不再从事物质资料的生产,而是进行服务性劳动。人们的生活被时钟所支配,无论是工作还是休闲,孩子们和成年人都根据时间表而非个人愿望、需求和能力状况来调整工作劳动。单调乏味的工作促使人们开始在工作环境之外去寻找令生活满意的资源,在这种情况下,休闲

---

① 张晓林:《"休闲"的奠基?——从海德格尔的存在论到中国传统的心性学的诠释理路》,《洛阳师范学院学报》2010 年第 4 期。
② 唐任伍、周觉:《论时间的稀缺性与休闲的异化》,《中州学刊》2004 年第 4 期。
③ 同②。

成了补偿不能令人满意的工作体验的一种途径。同样的,随着各式正规和非正规教育的普及,人们的休闲潜力被开发出来了。很多以前人们不留意且不欣赏的活动,现在都激起了人们的兴趣。这种新出现的需要所付出的成本以及因此而导致的短缺,包括信息成本、社会协调成本和时间成本[①],而另一个使时间稀缺的因素是个人对于自己可以做什么事拥有了更多的选择余地。正如丹尼尔·贝尔阐述的:不能说我们的后工业社会已经不存在短缺现象,尽管传统形式的物质短缺如吃住等对社会绝大多数成员来说已不复存在,但人们面临着新的形式的短缺。

后工业时代对劳动价值的重视仍大于对休闲的重视。工业时代,资本主义制度下的工作与休闲的分化不仅产生了小部分的有闲阶级,还创造出了占绝大多数的工人阶级。在超长的劳动时间和过度的劳动强度下,工人阶级开展了争取缩短劳动时间的斗争,工人运动频发。最终标准的工作日制度形成,工人的休闲问题终于成为社会性问题。但此时的工人阶级的休闲还是不同于资产阶级享受的休闲,与过去封建主义等有闲阶级享受的休闲更有本质上的区别。工人阶级的休闲只是从被压迫的状态中恢复精力的一段时间。因为近代休闲的价值更多的在于保证生产劳动持续地进行,劳动成为近代社会的日常文化。安息日、禁酒运动、社会净化运动等许多休闲改革得以兴起,就是因为当时人们对贫穷的城市工人阶层抱有畏惧心态[②]。改革派为了缓解矛盾和斗争,缓和与工人阶级的关系,他们并不压制工人们的休闲,而是利用和转变休闲这一手段的功用,引导工人阶级以更加有秩序、有计划、更安全的娱乐取代大众化的、不确定的即兴游戏,为的是使工人阶层的行为更加文雅和更具可预知性、对工业化条件有更为温和的态度,从而减少对他人和社会的威胁。在北美各地乃至全球,后工业社会的发展和民主化进程已经使休闲阶层遭到了剥削,取而代之的是一个更大的阶层,对于他们而言,工作不再是一件非常痛苦的事情,人们所要获得的特殊奖赏是一份好工作,而不是不工作。

后工业时代开始给普通人提供更多的物质产品。随着工会体制的完善、管理的人性化以及生产能力的飞速发展,工人们渐渐发现工作时间在缩短,各个

---

① 周觉:《时间稀缺性与休闲的异化——个人自由时间之不可能》,《探求》2004 年第 4 期。
② 蒂姆·麦克、杰弗瑞·戈比、魏乐军:《休闲服务在未来的复杂性》,《洛阳师范学院学报》2012 年第 7 期。

方面的工作条件得到了改善。同样的,他们也渐渐开始接受甚至去推崇物质产品的消费了,这种消费对于工业资本主义的繁荣是非常必要的。劳动阶层陷入了相当可观的高消费,商品生产成了社会成就的试金石,广告成了非常重要的需求的激发器,正如约翰·肯尼思·加尔布雷思所强调的,由于工业体系反复向人们灌输对它的需求,所以,出现了这样的情景:人们想拥有较多的金钱,主要是用它来满足需求,而不是为了购买日常必需品或是将它存在银行里。

总而言之,尽管休闲的条件已经大大提高了,但后工业社会从未像很多书里宣扬的那样,正在逐步成为休闲型的社会,反而后工业时代的休闲问题成为重大社会问题。后工业社会中,需求的创造使得时间变得日益短缺,不仅加快了或将要加快休闲活动的速度,而且改变了我们"花费"休闲时间的观念①。

7. 21世纪前后的休闲

20世纪末,旅游观光事业在全世界蓬勃发展,休闲业在世界各地迅猛发展,并大大刺激了各国经济的快速增长。据统计,娱乐休闲业目前已成为美国驱动经济发展的新引擎。在中国香港,休闲产业也成为国民经济发展的支柱产业。北京的休闲旅游业近些年来也创造了可观的收入。21世纪,旅游观光业继续发展演变,这种趋势现在已经显现,未来旅游观光人数扩张还有很大的余地,旅行者也有极宽泛的选择。我们可以预见的一个不争的事实是:在即将到来的新世界中,休闲将不断地演变为人类生活的中心内容②。

休闲的科技与信息时代来临。有两大因素对科技或信息时代的发展贡献最大:一是计算机和智能手机的发明应用,二是劳动力结构的变化。计算机和智能手机使我们的生活方式发生了深刻的变化。电子文化的产生发展带来了革命性的变革,人们及各种机构处理和利用信息的能力与过去相比有了翻天覆地的变化。在使用信息的容量、速度和多样性方面,人类正在实现一个巨大的突破,那些定位于工业化的工作开始让位于一个新兴的社会,其中大多数工作是与信息服务而不是与产品生产有关。信息时代需要新创意、新概念、新战略来回应不断出现的价值取向。从工业时代向信息时代过渡的过程中,文化的多元化、城市与乡村、社会的变革、人力资源的变革、新技术发展、高度发达的通信方式等因素对休闲有着直接的影响。

---

① 陆英浩、柏慧敏:《休闲体育文化的意义隐喻》,《上海体育学院学报》2013年第2期。
② 金奇:《现代休闲的困境及其超越》,《社会科学家》2012年第4期。

第四章 新时代大学生休闲教育的趋势与实施

大众休闲时代开始。20世纪30年代,更多的人致力于公众休闲活动,北美各地已普遍开始实施双休日。这意味着,长期以来一直是阶级分明的休闲与文化变得界限模糊起来,真正意义上的大众休闲文化时代开始了①。从此,休闲活动不再是富有阶层的专利,更多的大众参与推翻了贵族们对休闲的独占。多元文化对休闲行为所造成的种种影响,进而发展出了大众文化、多元休闲文化。1995年6月20日,国务院颁布了《全民健身计划纲要》,倡导科学、文明、健康的生活方式,表明了中国融入世界休闲文化的进程,同时揭开了休闲文化新的历史篇章②。

人们的休闲意识开始转换。现代社会是伴随着大批量生产和大批量消费的大众休闲时代。休闲的意义和重要性对劳动阶层来说在逐渐演变,并最终发生根本性的变化,20世纪上半叶,个人对于自己可以做什么拥有了更多的选择余地,人们已经把休闲理解为能使自己的价值得以实现的活动。"休闲为了劳动"的观念正朝着"劳动为了休闲"方面转化,生活的价值不是过度而是适度地工作,是在工作中去发现更多的乐趣。在社会中,人与人所必需的交流量的增加使我们深深地浸润在其中,群体性文化逐渐被一种更强调多样性和个性的文化所取代,我们从中感受到了更多的新鲜事物的刺激,对自我的认识也发生了变化,浪漫主义的和现代的自我观念被"后现代"的自我观念所代替。不同国度间的人们有了更多的交流,跨国界旅游也更多了。另外,历史上,"进步"一直意味着人类对自然界的改变,在现代国家里,我们与自然和谐相处的能力在提高,如今,它的含义将逐渐转变为人类对人类自身的改变,这种改变将提高我们继续生存及获取幸福的可能性。人类将经历更多样的变化:如改善人们的身体状况以减少医疗费用,组织社会活动以增进文化群体间的理解,推动旅游业以增进国际的了解并提高人们对环境的认识,开展学术活动以帮助老年人和年轻人提高或保持他们的知识水平,此外许多其他的休闲活动都可以按预期方式实现人类自身的进步。目前,效率是文化中最流行的价值观;未来,"清静"观念很可能将对它的至尊地位发起挑战,人们渴望过上"断舍离"的轻松、平静、祥和、俭朴的生活。目前所谓的"佛系"生活为什么会受到追捧?这个问题也由此有了一个合理的解释③。

---

① 李国玲:《体育休闲在近代美国的发展进程》,《体育科技文献通报》2005年第8期。
② 孟凡强:《休闲体育教育教学改革初步探索》,《武汉体育学院学报》2008年第10期。
③ 王东昌:《现代人的精神生态与中国传统闲逸美学》,《洛阳师范学院学报》2012年第1期。

休闲活动多维度扩张。中产阶级的价值观的变化、闲暇时间和实际收入的增加、商业化的扩大、新技术的发展和地方政府作用的加强,都成为影响休闲扩展的因素。如改革工人运动、年假制度、带薪休假等,工业化的财富增加开始惠及工人阶级,商业化的大众娱乐活动兴起,音乐厅、演艺沙龙越来越多,阅读材料(如报刊、书籍等各类杂志印刷品等)层出不穷。

休闲的经济和商业价值凸显。据测算,1965年,美国在休闲产品方面的消费额度为580亿美元,到20世纪90年代,美国休闲消费资金总额度已经超过了4300亿美元。电视、广播、音像、乐器、玩具、体育用品、船舶,以及趣味工艺品等占到了这些总额中的绝大部分。《商业周刊》把休闲产业排在了美国四十个行业综合排名中的第十七位。商业性休闲领域的发展,导致了从家庭录像娱乐产品到与休闲仿生餐厅等一大批新型设施的出现。韩国学者金光亿指出,现代休闲具有目的性和产业化的倾向,其具体表现有:各级政府部门参与了休闲开发过程;当代休闲与消费有密切的联系,具有消费革命的特点;为了国民的休闲福利,需要制订长期休闲设施建设计划;休闲产业成为具有独立形态的现代产业。

旅游成为现代人休闲的重要形式。自从劳动者享有带薪休假的权利开始,旅游就从有闲阶层的有限范围扩大到社会经济生活的普遍范围。旅游作为物质生活发展起来之后的文化生活需要和社会现象,具备了广泛性。但是传统的旅游功能随着时代的发展已很难适应人们的需要。因此,应赋予旅游以更多的休闲内涵,应不仅满足人的感官需要,更能满足人的心理需求和精神需求,将旅游视为个体与群体间的文化氛围、文化经历、文化体验、文化传播、文化欣赏,"旅游是现代社会中居民的一种短期性的特殊生活方式,具有异地性、业余性和享受性等特点"①,而旅游者的目的则是"求新、求知、求乐及求得一个美好的回忆"。因此,问题的关键是如何提高人的文化素养、审美情趣、体验和欣赏能力,让出门旅游成为人们感受文明、融于自然、理解文化、陶冶性情的一种综合的休闲方式。

青年文化和休闲迅速发展,"青少年"现象出现以及性自由高涨。年轻人能够成长为真正有影响力的社会群体,能被当作"青年"来看待,一般被认为是现代西方社会才出现的新事物。美国学者约翰·吉利斯等人的研究表明,以社会学和政治学为意义的现代"青年"概念,大约是在18世纪70年代以后

---

① 于光远:《论普遍有闲的社会》,北京:中国经济出版社,2005年,第53页。

才出现的①。换句话说,现代意义上的"青年"概念至今也不过 300 多年的历史,它本身就是工业化、现代化进程的产物。20 世纪前叶,青年从走出校门到踏上工作岗位,再到成家立业和承担家庭责任之间的过渡是很快的。那时,青年的时间都被找工作、挣工资以满足基本生活需求等事项占用,鲜有时间用来休闲。现在,他们破天荒地首次有了大量的可自由支配的收入,更重要的是与这新发现的财富相伴而来的是青年们与日俱增的独立性,时髦衣服、手机、网络、游戏、咖啡厅、多媒体等都被青年快速接纳。

8. **未来社会的休闲**

正如未来学家们所预见的那样,21 世纪人类进入了以知识和信息为特征的社会,社会形态、经济结构和人们的生活方式都发生了变化,经济社会更注重发展的质量,进步的标准更多关涉到人的生存质量、生命质量及人的全面发展。休闲以其人本性、文化性、社会性、创造性对提高人的生活质量和生命质量,以及对人的全面发展意义重大,在未来的社会发展中将具有举足轻重的地位,特别是在文化传承、国际交流、国家和政府治理、经济发展、社会服务、个人发展方面的作用和价值会持续凸显。

休闲中心地位加强。进入 21 世纪后,人们在生活方式、物质丰富程度及享受休闲活动的机会等方面都发生巨大变化。在最近的 160 多年间,北美已经由乡村农业社会过渡到城市化的高技术社会。难以计数的科学技术发明重新塑造了人们的日常生活,休闲成为现代人的基本生活权。休闲的地位日益重要,休闲意识悄然增长,休闲费用持续增加,休闲用地数量急剧上扬,图书馆、博物馆、植物园、游戏场、网吧等休闲场所遍地开花,旅游区域迅猛扩张,娱乐组织空前增长,运动盛会如期满场,大小园艺星罗棋布,音乐酒吧顾客满堂,计算机、网络、智能手机等全面普及。据此,彼得·德拉克预测,随着工资的稳步增长和工作时间的不断缩减,人们会将其积累的一半财富用于创造休闲。

休闲与工作的界限将逐步消失。于光远先生曾说:"说到未来的理想社会,那是个劳动不只是'谋生手段'而成了'乐生要素'的社会。"②也就是说,工作的性质也越来越游戏化,工作与休闲的界限将逐步消失,工作不再是人们不得不从事的"谋生手段"。取消集中化、避免标准化的尝试,也就是阿尔文·托夫勒

---

① 李涯:《仪式抵抗:青年亚文化视域下的麦克尤恩早期创作》,《中外文化与文论》2015 年第 2 期。
② 于光远:《闲之为物》,《未来与发展》1996 年第 5 期。

所说的：后标准化意识的出现特别是求新求异的渴望同样也会刺激其他活动方式的出现，自然也包括对未来的休闲活动方式产生深远影响。很显然，被包装和开发出来供旅游者游览的新的旅游点和新的旅游方式就是这一趋势的反映，消费者总是不断地寻求新的休闲体验，如新的玩具、新的旅游景点、新的娱乐方式等。

休闲的商业化和商品化持续，休闲服务不断创新。未来，一些家政公司将会承担更多的家务劳动，从而使将来的人们有更多的时间从事休闲活动，这就必然要求休闲服务不断创新，成为重要产业。审视近二十年发展起来的涵盖广泛的休闲服务组织时，戈比注意到，所有成功的休闲服务机构都有帮助人们实现愿望、企业家精神以及适应不同时代社会需求的能力这三个共同点。休闲游憩运动的历史揭示，休闲服务应该伸出援助之手帮助那些迫切需要服务的新人群，比如野营活动的范围不断延伸、试图创造更为包容的环境使儿童和青年能够与其他能力各异和背景不同的人融合在一起相互学习、取长补短。在不久的将来，未来社会也必将以它特有的模式对休闲及每一个休闲服务组织进行再创造，由此引发的变化将彻底改变人们目前的学习内容及将来的工作状况[①]。

知识社会的休闲教育将大有作为。随着整个世界的经济基础经由采集—狩猎经济—农业经济—商业经济—工业经济—服务业经济—以计算机为基础的信息经济，知识必将成为最重要的资源，人们必须生产更多的知识。我们需要接收的信息将爆炸式增长，各个组织机构也必须与时俱进，以一种更为创新的方式提供服务。由于一个人所需要的知识需要不断更新，这将使学习成为一种生活方式，成为每个社会成员都必须做的事。成为新的教育范式的终身学习将对休闲产生重大影响。

休闲供给结构的潜在变化，使公益部门很可能会得到发展。确保社区群众都能获得他们所需要的休闲和服务设施、与其他供应商结成更紧密的合作关系、鼓励个人和其他组织从事休闲活动等都将成为政府需要重点考虑并能发挥重要作用的领域。休闲能够帮助解决社会冲突，恢复社会秩序，促进社会稳定，培养健康生活方式，为志愿者和社区活动提供机会并促使其终身学习习惯的养

---

① 蒂姆·麦克、杰弗瑞·戈比、魏乐军：《休闲服务在未来的复杂性》，《洛阳师范学院学报》2011年第10期。

成。因此,未来会有更多政府认识到休闲的重要性,将其作为实现很多社会目标的手段。从政府管理角度,应该成立专门休闲规划指导部门规划和引导人们的休闲行为,不断更新以前的传统时间、休闲观念等,开展对全体国民的休闲教育。

(二) 中华休闲文化略论

中华传统文化有着丰富的休闲思想内涵,其独特而深邃的理解会极大地丰富现代休闲学内涵。从《诗经》到《庄子》《墨子》《楚辞》、汉赋,再到唐诗宋词、元曲、明清小说,无不体现出中华文化对休闲的体验、理解与思考。中国的先贤们对"休"和"闲"二字的创造和使用,可谓独具匠心,至今耐人寻味。特别是对休闲的独特理解方式和行为方式,成为人类文化宝库中一颗璀璨的明珠。

在中国古代,休闲作为一种观念形态可能始自老子。《道德经》中提出的"人法地,地法天,天法道,道法自然"[①]就是老子的核心思想,即"遵循自然法则、自然而然为之"的精确概括,他强调的人应该"致虚极、守静笃"和"清静为天下正"表明了其学说重在精神自由、人格独立、追求生存理想的境界。而人要获得宁静和自由自在,心性尤其要悠然散淡。孔子主张的休闲不同于道家的出世、无为,它主张的休闲与其积极入世、努力创造生命价值的人生哲学是相辅相成的。"不义而富且贵,于我如浮云""五十而知天命,六十而耳顺,七十而从心所欲,不逾矩"都是儒家休闲理想的体现。

从文化渊源来看,受老庄哲学和禅宗思维方式的影响,中国人的休闲价值观很推崇诸葛亮所说的:"夫君子之行,静以修身,俭以养德。非淡泊无以明志,非宁静无以致远。"陶渊明所提的"采菊东篱下,悠然见南山"等文学表达都非常有代表性地表达了休闲之境界——自我心境与天地自然的交流和融合——体悟到了精神世界与客观世界的和谐统一。中国人对休闲的偏好,自有其深刻的道理。它是产生于一种经过了文学的熏陶和哲学的认可的气质,人们在休闲的状态中,处于完全平静的身心放松的状态。这种闲情逸致才产生了古代艺术的悠然情境。

在中华民族优秀的传统文化典籍中,辑录的有关休闲内容的作品也非常丰

---

① 老子:《道德经(第二十五章)》,郑州:中州古籍出版社,2016年。

富。文学的熏陶和哲学的气质影响了国人的休闲偏好,认为只有在休闲的状态中,人们才会处于完全平静的身心放松的状态,而正是这种闲情逸致才蕴含了古代艺术的悠然情境。从《诗经》《楚辞》、汉赋、唐诗、宋词、元曲到清代闲适小品都记述了古人追求自由快乐的灵性文字。不仅如此,古代圣贤们还常常将休闲与自然哲学、人格修养、审美情趣、文学艺术、养生延年紧密地连在一起①。在国人眼里,作为心灵的驿站,休闲可以驱逐精神的劳顿,安抚疲惫的心灵,或者从中得到精神的解脱,或者促进精神的升华,因而崇高、清明、深沉和美丽是中国休闲观的亮色②。

上古时代,《诗经》及先秦文化时期出现的巫舞一体的宗教休闲成为中国休闲的萌芽。《礼记·表记》中的"殷人尊神,率民以事神,先鬼而后礼"就是对这一现象的反映,"南有乔木,不可休思""民亦劳止,汔可小康"等《诗经》中的名句也是上古休闲活动和思想的表现。

中古时代,隐逸文化和寄情山水的田园休闲成为中国休闲的特色。其中,魏晋南北朝时期的竹林七贤等名家的生活风格和艺术作品是其标志;在隋、唐、宋时期,田园山水诗化的流行和田园生活的向往形成与璀璨的文化融通的艺术休闲。

近代,明清时期精致的艺术化的生活、近现代雅俗共赏的市井休闲、东西合璧的海派休闲成为国人休闲的主流。因为面对西方科学危机和精神失落,以倡导终极关怀和追求本体精神为主的人文主义开展了对科学、理性、价值和人生等重大问题的反省和沉思,引领了现代哲学思潮。五四运动后,我国产生了一批提倡闲适文学小品的作家,林语堂是第一位从哲学角度探讨休闲的作家。在《论东西思想法之不同》中,他考察了西方哲学发展的格局,指出西方文化面临的危机,指出西方物质主义和科学主义扼杀了人类的灵性。游学欧美使他更加认同了道家的人生态度和审美理想。在提倡闲适小品的热潮中以及定居国外后,林语堂以一种救世主的精神热情地向西方人士介绍道家文化,传输道家思想。《生活的艺术》《老子的智慧》《京华烟云》《风声鹤唳》和《唐人街》等作品通过介绍和描绘一些乡村民俗反映了林语堂想让世界了解中国的迫切愿望。当然,林语堂的人文主义的视野是宽阔的,既有中国儒道互补的古典人文主义,更

---

① 马惠娣:《人类文化思想史中的休闲:历史·文化·哲学的视角》,《自然辩证法研究》2003年第1期。
② 马惠娣:《休闲问题的理论探究》,《清华大学学报(哲学社会科学版)》2001年第6期。

有西方现代人文主义的精神,而且他采用的是中国传统的历史叙事方式,但由于其过分强调个人体验而没有系统化、理性化甚至排除科学性,因此,这也影响了林语堂休闲思想的传播和作用发挥。

综上,休闲是人类共同的精神家园,拥有休闲是人类共同的理想追求。在休闲表达上,中国人主"静"、注重内省,而西方人主"动"、注重外在表现。虽然东西方休闲价值观的学术渊源和休闲方式的表达区别极大,但两者对休闲之境的追求却高度一致。正如古德尔分析的,"虽说美国人认为,指导自己生活的准则源于古希腊,如亚里士多德所说的'黄金中道',但实际上,儒家经典的《中庸》也给我们提供同样的准则。伟大的人物彼此的思想是相似的"①。

二、休闲教育的发展轨迹

作为一个古老的人类活动,休闲从原始社会的"劳作得像玩一样"到奴隶社会的"有闲阶级的特权"再到中世纪"宗教式休闲",其间历经文艺复兴时期的"玩的黄金时代"、工业时代的"快乐英格兰"、后工业社会的"花费(消费)休闲",进而发展到今天的大众休闲。休闲教育也经历了从休闲理想—工具(作)伦理—消费膜拜—人本回归—生态文化的发展轨迹。

1. 理想价值的张扬

古希腊的思想家们认为休闲与知识、品德、心境、幸福密不可分,是"真善美"的组成部分,是人生理想。亚里士多德就是休闲理想的顶礼膜拜者。他曾把"闲暇、惊异、自由"作为哲学产生和发展的三个条件,认为"幸福似乎还内含着闲暇,我们忙碌是为了获得闲暇""一切事物都是围绕着一个枢纽在旋转,这个枢纽就是闲暇"②。他还清晰地论述了教育的目的和计划,认为教育应有助于公民履行其责任,使其成为合格的公民,或是成为政治家,而教育的重点是"为了明智地利用闲暇",因为休闲与思考密不可分,沉思是重要的休闲活动,甚至是神圣的活动,休闲滋润心灵,耕耘精神和个性。而亚里士多德所言的教育就是休闲教育,它是使人成为"自由人"的关键。罗素在《自由之路》中提道:美好的社会更重要的是产生于生活富于乐趣并在科学与艺术的自由创作中得以表

---

① 托马斯·古德尔、杰弗瑞·戈比:《人类思想史中的休闲》,程素梅等译,昆明:云南人民出版社,2008年,第4页。
② 亚里士多德:《尼各马可伦理学》,廖申白译,北京:商务印书馆,2003年,第69、306页。

现出来①。天主教哲学家皮珀重觅哲学与神学之间正确关系的立足点,试图寻回闲暇和沉思默想合一的生活,把休闲教育视为"休闲就是人不但要学会与自己和谐相处,还要与这个世界的意义保持一致"。

2. 工具理性的消遣

经过基督教工作伦理、工业时代科技理性和逻辑实证主义的洗礼,19世纪以来关于人充分利用自己的休闲潜力以达到自身完善的观念已经发生了重大改变,明确强调实利主义目标的新态度出现了。所以,19世纪的休闲被当作一种工具、手段或者说是社会建制来看待和研究,休闲教育走向倡导理性消遣时期。马克斯·韦伯在其代表作《新教伦理与资本主义精神》中提出:人活着并不只是为了工作,但是人却必须为自己的工作而活。理性消遣引导的休闲方式大多与教育、户外运动和乡村休闲、自然及体育运动等方面的活动有关,倡导有益于健康和健身的休闲活动,涉及图书馆和博物馆等一系列的设施和机构,在休闲教育发展的历史上起过重要作用,它的价值至今依然显见。

3. 消费主义的膜拜

随着生产力发展和余暇时间、财富积累的增多,工业社会的工人阶级已有能力开始有闲阶层的生活方式。这时,休闲开始登上了消费的舞台,休闲教育也进入了对消费主义的膜拜。凯恩斯强调:为了获得持续的繁荣与国民和睦,我们应绝对依赖于这样的政策,即促进消费。那么,如果情况果真如此,休闲期间消费商品就成了我们的道德义务,或者,至少也是一种经济义务②。

消费是典型的经济行为和物质活动,是个体性、私人性、主观性、情绪性极强的具体过程,消费必然包含、反映和孕育出一定的文化底蕴和意蕴,形成包括饮食文化、服饰文化、医药文化、建筑文化、体育文化、娱乐文化、旅游文化、表演文化等的消费文化。消费主义的道德准则是不断激发人们的物质追求和感官享受,试图以对物质的占有来满足和构筑自己的精神需求,大有"无消费不休闲"的势头。但它也会造成时间浪费、精神贫困的异化现象。所以,此时的休闲教育也是被异化了的教育形式。

4. 人本主义的回归

浪漫主义哲学认为,"休闲提供的不是一条愤世嫉俗的现代意义上的逃避

---

① 罗素:《自由之路》,李国山译,北京:文化艺术出版社,1998年,第89页。
② 卿前龙:《西方休闲研究的一般性考察》,《自然辩证法研究》2005年第1期。

之路,而是一条回归之路,即返回到健康、平衡的天性上来,返回到一种崇高而和谐的状态上来"①。因为如果给予足够的自由,人的天赋和动机将在本性的支配下引导自我走向完善。20世纪以来,许多西方学者如格奥尔格·卢卡奇、亨利·列斐伏尔等从文化批判、意识批判、日常生活批判角度较系统地阐述了人的自然状态是善和幸福、幸福来自善、在休闲中回归人的本性的关系。20世纪后半叶的休闲教育开始走向人本主义的回归,如我国在20世纪90年代就进行过两次工时制度改革。

今天,人们在工作中不只是要消耗体力,更要耗费智力和发挥人的创造性。很多休闲学者的研究也使人们坚信:现代社会正加速朝着把劳动和休闲融为一体的方向发展,工作会越来越像娱乐,而娱乐则越来越像工作,工作和休闲之间的界限在不久的将来会消失。

5. 生态文化的发展

当从人类学、历史和社会学的角度来考察休闲时,它总是内涵于某一种文化中,休闲的形式、诠释和导向必然是在文化中学会的。就如克里斯多夫·爱丁顿提出的:休闲总是与一定的社会文化规范、习俗和价值观紧密关联的。现代休闲教育更多的是对生态文化的自省和沉思,其旨在探讨人的精神世界,开发人的创造力和鉴赏力,突出文化氛围,提供学习和社会化的机会,通过休闲教育促使人对生活进行思索,有助于人的全面发展和个性的成熟,使人真正地走向自由。对于现代人来说,休闲教育关注的不仅仅是一个如何增加"量"的问题,更是如何改变"质"的问题②。

从休闲理想发展到工作伦理,由工作伦理再发展到休闲伦理,由休闲伦理发展到休闲中心论。从古代社会开始,经过宗教理性的洗礼,发展到工业革命以后,现代人类社会的休闲价值伦理观在不断转换。休闲发展以及研究呈现显著的多范式、多维度特征。杰克逊和伯顿指出,至少有3个方面的因素影响休闲发展:社会趋势,社会科学的发展,休闲自身的概念、范式和方法论变化。实际上,在世界各国尤其是北美国家,休闲研究还受到大学管理体制的影响。因此,上述四种力量共同作用于休闲研究领域,形成了错综复杂的关系和矛盾,引发了各种争辩,也共同推动了休闲的演化。

---

① 马惠娣:《休闲——文化哲学层面的透视》,《自然辩证法研究》2000年第1期。
② 同上。

三、大学生休闲教育的时代特色

1. 新时代是当前大学生休闲的新方位

党的十九大报告坚持和运用辩证唯物主义和历史唯物主义,科学判断我国社会主义现代化建设取得的巨大成就产生的历史影响,厘清历史阶段和发展方位的异同,正确把握社会主义初级阶段的变与不变,明确了基本国情和国际地位的总体稳定,作出了中国特色社会主义进入新时代的历史论断。这一发展方位的新阐述为各项工作的开展奠定了现实基础,而"两个 15 年"的"两个阶段"实现社会主义现代化强国的规划又凸显了当代大学生的重要性,凸显了休闲教育的重要性,因为"中国梦是历史的、现实的,也是未来的;是我们这一代的,更是青年一代的。中华民族伟大复兴的中国梦终将在一代代青年的接力奋斗中变为现实"①。

(1) 新时代赋予了青年大学生新使命

新时代是我国发展的新阶段,我们面临新的发展环境、发展条件和目标任务。在高质量发展、全面建成小康社会、人民对美好生活的向往等现实背景下,大学生应主动担负起时代赋予的使命和责任,不断奋进,改革创新。

中国特色社会主义进入新时代,不是简单的结论和普通的论述,而是具有深远意义的历史性结论,反映在国际共产主义运动、中华民族伟大复兴和世界现代化道路等多个方面。新时代需要新青年,而新青年也需适应新时代。

青年大学生应以"四个自信"为根本,增强对当前环境和变化的辨析能力。在 2020 年全面建成小康社会的基础上,我国将开启社会主义现代化强国建设新征程。在"两个一百年"的历史交汇期,绝不会风平浪静,各种风险挑战会层出不穷,因为发展任务比过去更为繁重和外部国际环境前所未有的复杂。也正是基于此,习近平总书记才更加注重斗争,并将其与伟大工程、伟大事业、伟大梦想并列共同构成"四个伟大"。因此,青年大学生必须保证政治清醒,不能糊涂,要树立"四个意识"、做到"两个维护",在大是大非面前旗帜鲜明,在大风大浪面前头脑清醒,始终坚定中国特色社会主义的正确方向。

青年大学生应以"古今中外"为原则践行社会主义核心价值观。20 世纪 50

---

① 习近平:《决胜全面建成小康社会 夺取新时代中国特色社会主义伟大胜利——在中国共产党第十九次全国代表大会上的报告》,北京:人民出版社,2017 年,第 70 页。

年代以来,文化成为综合国力的重要组成部分和国际竞争的重要领域。中国特色社会主义进入新时代,文化事业和文化产业的发展,社会主义文化强国建设的推进和国际舆论格局的变化,都要求青年大学生在文化激荡背景下更加坚定文化自信。中国特色社会主义文化包含中华优秀传统文化、革命文化和社会主义文化。青年大学生应该自觉学习传统文化、掌握传统文化知识、领会传统文化精髓,坚决反对历史虚无主义,以创造性转化和创新性发展为基本原则,坚持古为今用,积极成为中华优秀传统文化的传承者、传播者、创新者,扩大中华优秀传统文化的国际影响力,增强我国的国际话语权,以中华文化的独特精神气质和优厚资源为"世界之治"提供中国智慧。近代以来,为了改变我国积贫积弱的落后面貌,仁人志士前赴后继接力探索民族解放的道路,出现了许多英雄人物,上演了众多可歌可泣的感人事迹,形成了伟大的革命精神和革命文化,这为新中国奠定了红色的基底。当代青年大学生一定要传承红色基因,牢记红色传统,反对各种污蔑英雄人物和重大历史事件的虚无主义。扎根伟大实践的丰沃土壤而形成的中国特色社会主义文化是最具深厚底蕴、最有鲜亮底色和雄浑底气的,在中华民族伟大复兴的中国梦中,青年大学生必须坚定不移走中国特色社会主义文化发展道路,建设社会主义文化强国,为实现民族复兴熔铸精神之魂。特别是在复杂的网络信息化时代,青年大学生更要坚持底线,积极参与建设风清气朗的媒体格局和舆论生态。

新时代复杂的国内外环境对发展水平和质量的要求比以往更高[①]。作为我国全面建成小康社会和社会主义现代化强国的生力军和突击队,青年大学生应该主动承担时代赋予的责任和使命,以饱满的热情迎接挑战。

(2)新时代的主要矛盾对青年提出了新要求

主要矛盾决定中心工作,在革命、建设和改革不同历史阶段,中国共产党科学判断主要矛盾的变化,并以之为基础确定工作中心和政策方针,这一成功经验在中共十九大又一次创新性使用,郑重提出新时代中国特色社会主义的主要矛盾与十一届六中全会确定的主要矛盾已经不完全相同,人民日益增长的美好生活需要和不平衡不充分的发展之间的矛盾[②]。这样的表述不是简单的词序变

---

① 中共中央宣传部:《习近平新时代中国特色社会主义思想三十讲》,北京:学习出版社,2018年,第53页.

② 习近平:《决胜全面建成小康社会 夺取新时代中国特色社会主义伟大胜利——在中国共产党第十九次全国代表大会上的报告》,北京:人民出版社,2017年,第11页.

化,"美好生活需要"强化了新时代发展的最终目的,而"不平衡不充分"则强调了发展工作的着力点。

美好生活的向往也必然体现在对休闲生活的追求上。20世纪90年代,中国人解决了吃穿问题整体进入温饱阶段并开始为小康而奋斗。随着生产效率的提高,闲暇时间开始出现,休闲作为新现象和新问题进入普通中国人的日常生活,逐渐成为社会关注的焦点,随着研究成果的丰富,休闲学在人文社会科学中引起更多关注。在初步了解和群众感知的基础上,休闲学研究的发展呈现出多元化和体系化的良好态势,既体现于人民群众日常生活和经济社会生活的方方面面,也体现在社会发展目标和社会评价指标等宏观层面,构成新时代产业结构、经济指标、社会治理和公共服务的重要领域和组成部分。

随着生产力水平的显著提高,科技手段的日新月异,技术设施的逐步完善,社会福利的不断释放,人们的消费和出行需求持续攀升,休闲欲望日益强烈。新时代大学生休闲的"质"和"量"都在不断提升,更高质量的休闲体验和生活满意度的需求也得到了不同程度的满足,整体休闲素质和能力提高显著。同时,我们仍要关注大学生休闲中的深层问题,调研其现实诉求和需要,分析休闲发展中的制约因素,解决休闲的质量发展问题,释放休闲带来的最大"效益"。

生产力的快速发展,物质产品的极大丰富,激发了人们对物质文化生活的更高要求,也促使人民群众向往更为美好的生活。改革开放以来,经过长期发展,"三步走"发展战略的前两步稳步实现,人民生活水平经历了从温饱不足到总体小康再到全面小康的历史性跨越,人民美好生活需要会日益广泛,不仅要生活富裕还要有更高质量,有更多的获得感、幸福感、安全感,对民主、法治、公平、正义、安全等方面的要求日益增长①,适龄儿童少年需要接受更好的教育,成年人期望工作更稳定、收入更满意、居住条件更舒适,全社会期待社会保障更健全可靠,更优美的工作环境和生活环境,解决看病难看病贵的高水平医疗卫生服务,在物质富裕的基础上享受更丰富多彩的精神文化生活。

新时代需要发展高质量的休闲文化。随着温饱问题的普遍解决,小康时代的真正到来,社会恩格尔系数直线下降,人民群众的需求必将从以衣食为主的生存型转向精神满足的发展享受型。博物馆、图书馆、电影院等文化场所和演

---

① 中共中央宣传部:《习近平新时代中国特色社会主义思想三十讲》,北京:学习出版社,2018年,第67页。

唱会、旅游等文化产业,电影、电视剧、综艺节目等文艺创作,互联网、直播平台等文化基础设施,广场舞、健身操、健身运动等群众文化生活共同构成新时代人民的文化生活,丰富人民的精神世界,增强社会发展的精神力量,而且在数量日益充裕的基础上,文艺的精品化和原创性成为趋势。

当然,新时代必须创造一切条件及时满足人们对美好生活的追求,但也必须看到,我国仍处于社会主义初级阶段,我国的发展还存在明显的不平衡,我国仍然是世界上最大的发展中国家,人民生活水平与发达国家富裕人群和高收入群体还有很大差距,满足美好生活的期待不能好高骛远、脱离实际,而必须踏踏实实,逐步推进,一步一个台阶逐步实现。贯彻以人民为中心的新发展理念,以新思路、新战略和新举措,实现更高质量、更有效率、更加公平、更可持续的发展。

综上,作为决胜全面建成小康社会进而开启全面建成社会主义现代化国家新征程的新时代,是从未如此接近梦想的时代,是梦圆中华的时代,也是新赶考和接力赛。实干兴邦,空谈误国,奋斗才能实现中国梦,有梦想有奋斗,一切美好的东西都可以创造出来,我们都是追梦人,我们都在努力奔跑。面对新时代新目标、新使命,有梦想有担当有干劲的青年一代,需要一代又一代走好长征路,前赴后继、接力前行去奋斗,"撸起袖子加油干""你努力的样子真好看""幸福是奋斗出来的"是最为形象的表达。

2. 高质量发展是当前大学生休闲的新基础

据中华人民共和国商务部信息显示,2019年春节期间,我国居民出街消费首次突破万亿大关。与传统的赶集与大卖场购物相比,网络消费和智能消费逐渐兴起,与大众消费相比,定制消费和体验消费崭露头角。与传统的居家相比,春节旅游也成新风尚和新民俗,家庭游、敬老游和亲子游成为主流,与打卡式的风景区游玩相比,文化旅游更受大众青睐。日趋多元的居民消费说明理性消费和品质消费成新风尚,消费结构转换和个性化需求的增加。这说明中国经济正从增长为中心转向以质量和效益为中心,从"有没有"转向"好不好",经济新常态背景下的高质量发展成为新时代中国的必然选择和科学抉择,而这恰好也为休闲发展奠定了良好基础和发展空间。

十八大以来,科学研究判断形势和发展新方位,以习近平同志为核心的党中央以马克思主义政治经济学为指导,学习借鉴中国共产党人的经济思想,审时度势,相继提出了中国经济发展新常态、供给侧结构性改革、以人民为中心的发展思想、创新协调绿色开放共享的新发展理念、实现高质量发展的要求和建设社会主义现代化体系,形成了习近平新时代中国特色社会主义经济思想,开创了马克思主义政治经济学的新境界,其中高质量发展是新时代最鲜明的要求,在实践中必须加快形成推动高质量发展的指标体系、政策体系、标准体系、统计体系、绩效评价、政绩考核,创建和完善制度环境①。

高质量发展是我国发展的新基础和新机遇。2012年以来,无论是以GDP为基础的经济实力和综合国力,还是年均增长率和对世界经济增长的贡献率都有目共睹,中国成为动荡世界的动力源和稳定器,人民群众的获得感、幸福感和安全感不断提升,"五位一体"总体布局扎实推进,经济政治文化社会生态建设在取得重大进展的基础上必须进一步提质增效。更为重要的是,中国的高速铁路、移动支付、共享单车、网络购物等"新四大发明"成为中国创新战略和成果的缩影。在保持中高速增长的同时,中高端产业结构加速成型,创新型国家建设成效明显,全要素生产率明显提升,世界级先进制造业集群初现雏形,治理体系和治理能力现代化建设基本实现。

高质量发展为世界和谐发展贡献中国方案。从莫斯科国际关系学院到联合国日内瓦办事处,从博鳌亚洲论坛到世界经济论坛,从二十国集团峰会到中国共产党与世界政党高层对话会……习近平总书记在多个重大国际场合,深刻阐释构建人类命运共同体的重大倡议,清晰而明确地向世界传达了人类生活在同一个地球村里,逐步发展为"你中有我、我中有你"的命运共同体的新理念。人类命运共同体概括地说,就是"五维一体",习近平总书记从政治、安全、经济、文化、生态5个维度来描述人类命运共同体的美好愿景:建设一个持久和平、普遍安全、共同繁荣、开放包容、清洁美丽的世界②。

高质量发展必须明确新着力点,提高发展的平衡性、包容性、可持续性,通过解放和发展社会生产力,筑牢新时代人民美好生活的强大物质基础,加快推进经济结构调整和新旧动能转换,推进"一带一路"建设、京津冀协同发展、长江经济带发展等重大战略。

高质量发展依赖开放新格局。对外开放是我国的基本国策,以开放促改革

---

① 孙世忠:《关于政府统计体制改革的探讨》,《统计与管理》2018年第9期。
② 习近平:《决胜全面建成小康社会 夺取新时代中国特色社会主义伟大胜利——在中国共产党第十九次全国代表大会上的报告》,北京:人民出版社,2017年,第58—59页。

促发展是我国现代化建设的重要法宝。新旧动能转换成为世界经济复苏繁荣的关键。新一轮科技革命和产业变革蓄势待发,改革创新潮流奔腾向前,人工智能等新产业、新技术、新业态层出不穷。加快培育竞争新优势从而实现质量变革、效率变革、动力变革成为我国开放型经济的发展方向,也是对外开放工作必须把握的主攻方向。

综上,高质量发展是顺应新时代、解决新矛盾、经济发展规律、世界经济竞争、实现发展目标的共同要求,也是当代大学生休闲生活的基础、平台和动力。

3. 人民美好生活是当前大学生休闲的主指向

随着经济社会的发展,以休闲为重要指向的旅游出现诸多新特征,其具体表现为"四广"(即文化参与范围广、旅游消费类型广、文化惠民覆盖面广和理性消费参与度广)、"四高"(即文化参与频度高、旅游消费意愿高、文化惠民品质高和文明旅游认同度高),还呈现出与年龄段相对应的需求差异,其中年轻人初步开创了旅游休闲市场的新格局,这更是新时代以人民为中心实现人民美好生活的鲜活变化。

中国共产党人的初心和使命就是为人民谋幸福、为民族谋复兴,这是"人民至上论"和"人民幸福论"的具体体现,是人民立场的基本要求,是中国共产党的奋斗目标,是习近平新时代中国特色社会主义的鲜明特征,是中国共产党始终坚守的政治灵魂和精神支柱,是新时代发展的根本目的,是立党为公、执政为民的生动体现,是逐步实现全体人民共同富裕的必由之路,这也是习近平总书记始终强调的:我们追求的发展是造福人民的发展,我们追求的富裕是全体人民共同富裕[1]。

增进民生福祉首先要抓住人民群众最关心最直接最现实的利益问题。习近平总书记多次强调:"共产党就是为人民谋幸福的,人民群众什么方面感觉不幸福、不快乐、不满意,我们就在哪方面下功夫,千方百计为群众排忧解难。"[2]把教育事业放在优先位置,实现更高质量和更充分就业,促进收入分配更合理、更有序,加强社会保障体系建设,坚持"房子是用来住的,不是用来炒的定位",实

---

[1] 中共中央宣传部:《习近平新时代中国特色社会主义思想三十讲》,北京:学习出版社,2018年,第90页。
[2] 同上,第225页。

施健康中国战略是新时代民生领域的重点和难点,也是增进民生福祉必须啃下的硬骨头①。

解决人民群众最关心最直接最现实的问题必须坚持三大原则。首先,必须尽力而为,必须抓住战略机遇期,发挥主观能动性,采取针对性更强、覆盖面更大、作用更直接、效果更明显的举措②,拿出实实在在的举措,一个时间节点一个时间节点往前推进,以钉钉子精神落实好党中央关于民生工作的战略部署,绝不能等待和犹疑。其次,也应该量力而行。民生改善有一个从低层次到高层次、从不均衡到均衡的过程,等不得,也急不得,不能等待,也不能蛮干,必须考虑经济发展水平和财政能力,先做具备现实条件的事情,一件事情接着一件事情办,一年接着一年干,锲而不舍向前走。再次,更需要齐心协力。既需要党的领导、政府的支持、社会的参与和外力的帮助,但共建共享才是现实原则,人人尽责共同出力才能解决困难,"中国梦"归根结底是中国人民的梦,"中国梦"的实现需要依靠中国力量,因为只有通过诚实劳动才能实现,发展中的各种难题,只有通过诚实劳动才能破解。要引导广大群众树立勤劳致富理念,通过辛勤劳动、诚实劳动、创造性劳动,实现自身发展,共创美好未来③。

第二节 新时代大学生休闲教育的载体与方法

一、新时代大学生休闲教育的载体

休闲教育总是要通过一定载体才能进行,根据休闲教育的内容,选择合适的载体,也是加强和推进大学生休闲教育有序有效开展的重要方面。除了传统教育的管理载体和活动载体,由于休闲本身蕴含的文化特性,还应关注大学生休闲教育的文化载体和大众传播载体的运用和创新发展。

---

① 中共中央宣传部:《习近平新时代中国特色社会主义思想三十讲》,北京:学习出版社,2018年,第24页。
② 同上,第228页。
③ 同上,第229页。

1. 创造性转化和创新性发展中华优秀传统休闲教育思想

近些年来,旅游市场的文化色彩越来越浓厚,旅游行业的文化产品越来越丰富,文化含量高的很多地方也成为热门的旅游目的地。2019年,故宫博物院于正月十五和正月十六举办"紫禁城上元之夜"文化活动,是故宫博物院建院94年来第一次在晚间免费对公众开放,这一活动竟然火爆到抢票网站一度崩溃。《人民日报》积极评论故宫博物院的这种传承传统文化的行为为"走心"之作,这也反映出当前人民群众对旅游产品的新要求。文化和旅游部的重组也是对这一趋势的顺应。

习近平总书记指出:"中华民族伟大复兴需要以中华文化发展繁荣为条件。新时代必须推动中华优秀传统文化创造性转化、创新性发展,不断增强中华文化的影响力和吸引力,创造中华文化新的辉煌。"①

创造创新中华传统休闲教育思想,应发掘和传承中华优秀传统文化中契合时代需要的内容和方式方法。中华民族是一个最懂得利用闲暇时间进行文化和艺术创造的民族②,在源远流长的五千多年历史中形成了独具魅力的休闲文化、艺术作品和人文知识,成为世界文化宝库中的瑰宝,是当今仍然值得传承和发展的休闲文化内容。

"道法自然、天人合一"的人生哲学,为我们开展休闲教育提供了有益借鉴。首先,人与自然要和谐相处,要遵循自然法则、自然规律做事。这是新发展观,生态和环境保护的需要,也是人们对"绿水青山"的期待。其次,人们的生活方式也要注意遵循规律,简约自然,不能浪费资源和违背规律,否则会造成对自身健康的伤害。洪应明《菜根谭》中"宠辱不惊,闲看庭前花开花落;去留无意,漫随天外云卷云舒"的悠然心境;韦应物《简卢陟》中"我有一瓢酒,可以慰风尘"的豪迈气概;沈复《浮生六记》中"闲时与你立黄昏,灶前笑问粥可温"的浪漫气息;苏轼《定风波·莫听穿林打叶声》中"一蓑烟雨任平生""也无风雨也无晴"的豁达超脱;辛弃疾《临江仙·钟鼎山林都是梦》中"钟鼎山林都是梦,人间宠辱休惊"的大美灵魂:都是美的、自然的生活意境的表达。我们当代的"断舍离""佛系""不油腻"等生活理念从另一个角度解读也可以折射出当代人对生活的简单化、生态化、自然化的追求。再次,中国古人的隐逸思想也是一种自然的休闲哲

---

① 习近平:《在中国文联十大、中国作协九大开幕式上的讲话》,北京:人民出版社,2016年,第5页。
② 马惠娣:《文化、文化资本与休闲——对休闲问题的再思考》,《自然辩证法研究》2005年第10期。

学。儒家提倡"穷则独善其身,达则兼济天下",士大夫阶层发展起来的隐逸文化,都以简单朴素及内心平和为追求目标,不寻求认同为"隐",自得其乐为"逸"。这也是中国古人的休闲智慧和人生哲学。古人善用欣赏的态度看待自然,顺应自然而不是去竭力征服自然,这一方面是因为生产力发展的程度限制了人们对自然的开发,另一方面也与他们喜欢简单美好的休闲生活方式有关。

"文以载道、以文化人"的教化思想,启迪了休闲教育的方法。文化的涵养力量对当前的各项工作特别是思想政治工作意义深远。长期以来的宣传方法和思想政治教育的方法和内容的政治化、说教形式造成了其效率不高,效果不好。青年学生对时代文化有较强的敏锐性,受社会文化的影响更为深远,关注文化的力量,能更有效地提升思想政治工作的质量和效果。2016年,习近平总书记在全国高校思想政治工作会议上强调做好高校思想政治工作,他指出:"要更加注重以文化人以文育人,广泛开展文明校园创建,开展形式多样、健康向上、格调高雅的校园文化活动。要运用新媒体新技术使工作活起来,推动思想政治工作传统优势同信息技术高度融合,增强时代感和吸引力。"①

"形神兼备、情景交融"的审美艺术和多元文化,丰富了休闲教育的内容。中华优秀传统文化为我们留下了独具魅力的艺术、科学、文化遗产。习俗礼仪、饮食文化、家教思想、诗词歌赋、书法技艺等不但是我们为之骄傲的优秀文明成果,也是世界文化宝库中的瑰宝。所以,我们在倡导文化自信的道路上要把这些审美艺术和文化传承下去,并与现代文化相结合,创造出中国特色的休闲文化。习近平总书记强调:"要全面加强和改进学校美育,坚持以美育人、以文化人,提高学生审美和人文素养。"

"求同存异、和而不同"的处事方法,塑造了休闲教育的中国风格和气派。今天的中国走向了世界舞台,有了参与国际事务的话语权,在处理国际问题上可以贡献中国智慧和中国方案。人类命运共同体的提出正是中国传统文化中"求同存异、和而不同"处事方法的创造性产物。这一理念也将塑造出休闲教育的中国风格和气派,为解决人类的休闲难题提供方案。

"俭约自守、中和泰和"的生活理念,影响着中国人的休闲行为方式。正如《墨子·辞过》中的"俭节则昌,淫佚则亡"。生活节俭、和睦自然一直是国人秉承的生活信条。苏轼的《于潜僧绿筠轩》中"宁可食无肉、不可居无竹",

---

① 习近平:《习近平谈治国理政》第二卷,北京:外文出版社,2017年,第378页。

视每一片土地、树木、山川、江湖如生命之重要。所以,我们在休闲教育中也要关注休闲生活的环境责任,简约自守。"和为贵"的道德实践原则对世界和平、人类进步和发展都有重大意义。

勤劳善良的传统美德,激发中国人为生存、为美好生活不断奋进的热情。夸父逐日、精卫填海、愚公移山等神话故事都是中华儿女改造恶劣环境百折不挠的奋斗精神的体现。正是在这种精神激励下,我们才创造了世界为之瞩目的成果,做出了令世界惊叹的成就。所以,习近平总书记强调,"新时代仍要在学生中弘扬劳动精神,教育引导学生崇尚劳动、尊重劳动,懂得劳动最光荣、劳动最崇高、劳动最伟大、劳动最美丽的道理,长大后能够辛勤劳动、诚实劳动、创造性劳动"。

"天下兴亡、匹夫有责"的担当意识和精忠报国以及振兴中华的爱国情怀,形成一代代接续传承的中国人的家国情怀和民族精神,丰富着中国精神。在这种意识和情怀中,才形成了五十六个民族的大团结及中华民族绵延不断的生命力和凝聚力,才会有我们现代的发展和壮大。

"崇德向善、见贤思齐"的社会风尚和"孝悌忠信、礼义廉耻"的荣辱观念,体现着评判是非曲直的价值标准,形成了中华最稳固的立德树人的教育根基。道德风尚和荣辱观念是一个社会整体道德水平和状况的反映,是文明的产物。高尚的道德风尚和正确的荣辱观为经济社会发展提供了强大的精神支撑。

创造创新中华传统休闲教育思想,既要探寻中华优秀传统文化中的休闲思想在哪些方面和什么层面是适应和契合于现代社会的生产生活的,如何融入人们的日常生活中的,如何与传统节日、重大节庆和法律规范等衔接的,如何与日常饮食、休闲活动、穿着打扮等结合的,如何融通传统社会和现代社会各自存在的休闲文化,特别是对中华优秀传统休闲文化的全面挖掘和系统研究,从而解决其源与流、历史轨迹和未来走向、特征特色、主要理念和多元价值等问题外;还要以现代课程体系、现代优秀作品和当代先进载体展示、扶持、传承和传播优秀传统休闲文化,为当代中国休闲文化的培育提供资源,增其内涵。

"一部人类文化史在某种意义上就是一部休闲文化史。"[①]承载休闲文化的节日、展现休闲文化的学派、享受休闲生活的名流雅士、反映休闲品质的物产、体现休闲文化的艺术等共同塑造了我们民族特有的自然哲学的思想、人格修养

---

① 王宁:《消费社会学》,北京:社会科学文献出版社,2001年,第227页。

的魅力、审美情趣的独到、文学艺术的气质,这也是中华民族自立于世界民族之林中尤为值得骄傲的精神财富和文化遗产①。在当前的休闲教育中,我们既要继承和弘扬中国先贤的休闲理念,创造休闲境界,体悟真善美的和谐统一;还要不断进行创新和转化,创造更多人类的智慧果实和休闲精品,提升人们的休闲生活质量和满意度,实现社会和文明的高度发展。

2. 西方休闲教育思想的借鉴扬弃

中华民族是一个兼容并蓄、海纳百川的民族,在漫长历史进程中,不断学习他人的好东西,把他人的好东西化成自己的东西,这才形成我们的民族特色②。文明因交流而多彩,文明因互鉴而丰富,对各国人民创造的优秀文明成果,应该采取学习借鉴的态度,积极吸纳其中的有益成分。坚持从本国本民族实际出发,取长补短、择善而从、兼收并蓄,在不断汲取各种文明养分中丰富和发展中华文化③。经济全球化是不可逆转的客观趋势,信息技术的普及和升级推动网络时代的快速到来。从未有过的巨大变革使得不同文化和文明在碰撞激荡的同时,交流互鉴也成为必然选择。作为世界上独一无二的东方文明的代表,中华优秀传统文化的保持和发扬成为被广泛关注的问题,包括如何传承中华优秀传统文化,如何借鉴西方积极成果,并在新时代实现两者的融合。

在休闲资源的开发、共享和创新上,我们可以有更为广阔的发展前景。美国的休闲研究一部分是围绕规划娱乐设施、公园场所、休闲产业和服务展开的。这种研究基调推进了世纪之交时大量公园、操场、游乐场、娱乐活动的兴建和兴起。

对儿童和青少年的体育休闲的关注和重视值得推广。体育活动在人的性格塑造和道德教育过程中扮演重要角色,通常用来教育儿童和青少年如何竞争和如何服从规则。在大众体育的管理中,美国对青少年的休闲体育政策是重中之重,针对青年人的体育休闲服务比较多。健康的体育休闲生活,能促进青少年锻炼身体,增进交流,锤炼个性,开阔眼界,了解社会,陶冶情操,发展特长,增长知识,启迪智慧,学会审美,学会律己,学会劳动,学会创造和做人。因此,青少年体育休闲政策的制定和落实,无论对于学生的身心素质和个性的健康发

---

① 祥生:《游憩空间:城市需求的全新挑战——访中国艺术研究院休闲文化研究中心马惠娣教授》,《上海商业》2004年第3期。
② 《习近平谈治国理政》,北京:外文出版社,2014年,第105-106页。
③ 《习近平总书记系列重要讲话读本(2016年版)》,北京:学习出版社,2016年,第204页。

展,还是对于社会的文明进步,都具有十分重要的意义和作用。甚至一些国家的政府将其作为控制青少年犯罪的一种手段来实施。

对青少年志愿服务的大力支持值得借鉴。富兰克林·德拉诺·罗斯福说过:进步不是看我们能否为那些已很富足的人锦上添花,而是看我们能否为衣食匮乏的人雪中送炭。西方休闲消费新趋势是以志愿者的形式休闲消费,以慈善事业推进休闲。志愿者是指在不为物质报酬的情况下,基于道义、信念、良知、同情心和责任,为改进社会而提供的服务,贡献个人的时间及精力的人和人群①。志愿服务泛指利用自己的时间、技能、资源,善心为邻居、社区、社会提供非营利、非职业化援助的行为②。没有成就卓著的志愿者活动,就不会形成捐助善款的风气;没有大量的善款的捐赠,就没有绝大多数人受高等教育的机会;没有受过高等教育,就没有欣赏艺术的能力;没有欣赏艺术的能力,就没有高素质的劳动生产力;没有高素质的劳动力,就没有发达的科学创新能力③。

建立崇尚慈善捐助的文化传统,形成良好的互动循环,更重要的价值在于,人们利用闲暇时间选择有价值、有意义的活动——利己、利他、人人为我、我为人人,其中人性的改善,满足感、成就感的获得,自我的超越,社会互动中的信任、理解,真善美的弘扬,构筑了一个坚实的精神文化生态环境和经济生态环境。这对解决当前我国社会缺少互助支持系统和社会成员缺乏志愿服务意识等问题有很好的借鉴意义。

关注特殊人群的休闲需求。美国对残疾人的休闲教育有专门的安排,相关计划特别强调增强学生的社交能力、培养他们成长的休闲意识和形成乐观的人生态度,这些都离不开交往过程中朋友的选择、联系的加强、角色的定位、个性的展示和价值的评价等。这对患身体残疾、精神疾病和家庭不健全的所谓"特殊群体"的意义更为特殊,因为其适合的休闲活动和满意的休闲方式更为困难,休闲教育对此类群体有着助其融入他人和群体、融入社会、改善其生活的意义。

3. 融媒体资源的有效利用和正确引导

合理整合传统媒体和新媒体的优势,把广播、电视、互联网等融合形成互补互助的融媒体,实现对各类资源的通融和内容的兼容。

---

① 李茂平:《志愿服务对集体主义道德原则的彰显与弘扬》,《伦理学研究》2011年第2期。
② 同上。
③ 马惠娣:《文化、文化资本与休闲——对休闲问题的再思考》,《自然辩证法研究》2005年第10期。

融媒体传播的覆盖面广，时效强，速度快。当前，应充分发挥不同媒体的优势互补，利用融媒体的综合效用，引导形成全方位的休闲教育的态势。同时，引导教育对象积极通过融媒体资源参与休闲教育的过程，形成良性发展格局。

但同时也要消除其负面影响，融媒体资源也是复杂的，有良莠之分。有些不良信息会给广大民众特别是青少年的成长造成消极影响，因此，还应正确引导融媒体资源传播的方向和目标。目前很重要的是，要坚持融媒体资源传播的社会主义方向和育人的目标，形成风清气朗的网络空间，净化媒体传播内容，只有这样，才能更好地发挥融媒体的休闲教育的功能。

二、新时代大学生休闲教育的方法

1. 大学生休闲教育课程和内容的设定

学校是最主要的教育机构，承担着休闲教育第一位的责任，它在休闲教育中承担的任务并非只按学期计，应该成为学生们的心智家园，应将带有娱乐性质和教育意义的课程和活动引进学校。关于课程的开设必须统筹兼顾，着眼于当下和长远，平衡应用技巧型和学理知识型课程的比例，将有助于学生的智力、身心、就业、审美的综合发展。

（1）生活指导类课程。这类课程主要为引导学生形成正确的人生观和价值观，选择健康有意义的生活方式而开设的，因为包括休闲行为在内的人类行为的核心都是价值观。离开价值观这个出发点和依归，我们根本无法探讨当今的任何话题——如和平、政治、经济、教育、宗教、公民权等任何形式的科学、休闲与工作。价值观和信念不是先天遗传，而是后天获得的。人们必须通过师长传授、他人的影响或自己的经历来学到各种价值观和信念。正如托夫勒在《未来的冲击》中阐述的，有的价值在漫长的岁月里基本维持不变，也许因为时间重新确定了他们的真理性和持久的价值。我们有很多价值是从遥远的过去传下来的，要否定这一点是虚妄的，而如果意识不到每代人都必须重新审视和重新塑造旧的价值并发展新的价值，必须维护和加强关乎现在和未来人类最大利益的价值，同样也不现实。即使是最崇高、最为人类所需的价值，也需要加以保护、培育，并用自己的行动去体现它们，否则它们便会走向衰落，因此，新时代的休闲教育必须重新思考、重新塑造和重新组织休闲和休闲教育的视角和动机的问题。每一个人所处的环境不同，导致其所经历的事件不尽相同，而正是这些，造就了他们的行为方式和生活方式。这意味着，每一代大学生都有着不同的行为方式,适时地对大学生进行终身价值观引导,也是对其生活方式、行为方式的引导。

(2) 艺术、技艺类课程。有句话流行甚广:人生不只眼前的苟且,还有诗与远方,我们除了要面包,也要玫瑰。除了物质主义的享受,人还需要艺术的熏陶来提高人文素养,没有审美情趣的灵魂是干瘪的,甚至是危险的。这类课程还要在对经典艺术和传统技艺传承的基础上不断激发学生的创新欲并提高创新力,开设休闲艺术专业、成立休闲艺术系和休闲艺术学院都是可行之举。

(3) 专业心理咨询类课程。埃里克松从心理分析角度出发,认为每个人的成长过程就是不断面对并持续解决各种心理问题。对处于人生起步阶段的年轻人来说,如何看待世界进而独立人格的塑造、如何看待他人进而伙伴关系的建立等都是极为关键的问题。尽管现在医学和公共医疗技术已取得了长足进步,但人类生理上的疾病、身体上的残障却比以往任何时候都出现得更多。如果说环境恶化和交通危险,包括空气和水中越来越多的辐射和污染,都严重威胁着人的生命和肢体,那么生活成本和竞争压力也导致了人的精神紧张、神经错乱和疾病,而患有这些生理和心理疾病的不少是儿童和年轻人。所以,必须开展专业性的治疗和康复类休闲课程,必然雇用专业人士,做好心理引导和咨询工作。也可以借助相关专业的志愿者,让他们确定服务方向并接受培训来做这方面的工作。

(4) 专业应用性课程,与专业相关的休闲应用型课程。许多生活体验出现在休闲中,而且在合适的条件下这种体验会转变为人生经验和技能,当我们思考以休闲和完满的人生为目的的教育时,如何帮助学生将其所学习的理论知识转化为真实生活的体验是现实问题。这类课程近年来得到较多关注并在部分高校开始施行。浙江大学开设了"从神农本草到现代中药"等养生课程和舞龙舞狮传统体育类课程等,前者既有中医知识也有传统文化,其中涉及炼丹、泡脚和治脱发等,后者既传承了我国的传统技艺也有现代体育的元素。此外,中南大学的"名侦探柯南与化学探秘"、南京农业大学的"运动减脂课"、天津大学的"恋爱学理论与实践"、福建师范大学的"先秦穿越手册"和山东女子学院的"婚姻与家庭"等类似课程都受到了学生的热捧,因为这些课程使枯燥的学习生活得到了滋润,学生道:"希望大学多开些这样生活中能用到的选修课,不要把选修课开成形式课。"

(5) 休闲专业类课程。在自动化时代,休闲将充盈到富足的后工业时代的各个领域,休闲知识将散布在所有学科门类,休闲教育将扩充到所有机构部门。以人际关系和人类生态为核心的学科,尤其是与人类幸福密切相关的和直接影响到人的专业学科,有责任从专业层面来关注休闲教育。我们需要大量的有充分的职业准备的休闲专业人士来突破传统的教育模式,开展专业的休闲培训,因为如果老师仅是训诫学生如何睿智地使用闲暇时间,就如同医生仅是叫病人放松,都不能说休闲教育已达到目标。相关课程应该交叉融合经济学、社会学、政治学、文化学、心理学、地理学、宗教学、哲学、法学等蕴含相关休闲内容的既有课程。

(6)业余活动的课程化。我们不能武断地认为学生从内心就是根本抗拒课堂,问题的出现更多的可能是内容和方法的问题而非课堂本身的问题。如果业余活动能从所谓的"第二课堂"上升为"第一课堂",也许对当前的学校的休闲课堂教育效果有一定的意义,因为课程化建设会使一项活动更为完整和专业化,而且业余活动的课程化能够改变人们对活动的偏见而视之为自我提高,这种影响性认知的改变使活动更容易得到同伴和家人的支持与理解。

(7)传统文化类课程。游戏、节日、自发性的活动,将使学校充满了诱人的魅力;而且,传承传统节日内涵、弘扬传统文化和传统仪式也是休闲教育义不容辞的责任。

综上,休闲教育的课程在师资配备上应该是博采众长和多方参与的,课程目标应该是传承创新的,考核标准应该是多元个性的,课程选择应该是学校引导和学生自愿的。

2. 大学生休闲教育环境和过程的融合

大学是从基础教育跨入专业教育的阶段,作为即将迈入社会的准成人,大学生的休闲观念和行为对未来人生的影响不容忽视,因为休闲教育可以扩展人们的就业选择,成为基础或辅助教育系统的关键因素,所以,需要全面考虑整个教育体系、社会大环境及各门课程间的关系,用融合的观点和方式来平衡专业教育和休闲教育。

(1)学校、社区、家庭等教育主体的融合

学校是大学生休闲教育的第一责任人。虽然学校和休闲部门都是开展休闲教育的两大主体,但在一定的政策框架和网络范围内,较之休闲部门,教育部门提供的教育内容和形式要更为丰富。学校的休闲教育功能应主要通过如下活动和服务展开:对学生价值观和休闲意识的教育,加强校园硬件和文化建设而建设美丽生态校园,提供学生生活方式的指导和措施,提供多方面的休闲机会和平台,加强培训提高休闲技能和水平。所以,学校要多方调研,了解学生的诉求,及时回应学生的问题,预防和管理其不良行为,给予各类心理疏导。在开展活动和课程设计上尽量避免流于形式,既要满足其多样化的需要,更要在教学质量上不断提升。教育者也需要变革,敢于打破传统,勇于创新,不能仅仅沉浸在传统之中,顽固地抱着过去不放,过分地执拗过去的一切,或执着于经过验证的、已被证明有效的东西,执着于程序化的缺乏吸引力的可预见的事物。同时,学校还承担着桥梁的作用,应主动搭建家庭、社区、各类休闲部门的共同教育的平台,学校教育和其他形式教育应有效协调配合,搭建学校的课外活动教育和离开学校的休闲教育之间的通道,形成大学生休闲教育的合力,从多方面潜移默化地开展休闲教育。

终生的休闲教育通常开始于家庭。家庭是每个人的第一座教堂、第一所学校和第一个游乐场所,在塑造早期的价值观、兴趣和技能方面的潜能等方面的作用无与伦比。最完美的家庭中不仅有权威、良好的指导和以身作则,还有对人的特征、能力、局限性、观念和个体差异的尊重。父母在孩子的休闲教育中扮演的角色很重要,家庭是个人休闲生活方式的基础。未来几代人为休闲做的准备有多充分,这在很大程度上将取决于他们的父母有什么样的价值观、思想和行为,以及能为子女提供什么样的机会。如果个人对休闲教育负有责任,那么最大的义务当然是落在父母身上。家庭的主要影响因素如下:家庭成员的参与程度、参与时间和具有的资源构成了休闲教育的基础;家庭的物质条件决定着大学生的休闲选择;家庭生活的质量影响着大学生的休闲水平;家庭成员及其社会网络会向个人提供休闲的渠道和传授有效的休闲技能,也可能阻碍家庭成员从事其他类型的休闲活动。

社区和其他休闲部门对休闲教育的作用越来越重要,应充分开发社区等休闲资源的信息。社区可以通过调查研究来了解人们在社区中能做些什么、想做些什么、某些特殊的人群有哪些休闲需求、为大学生提供社区志愿服务机会等途径发挥自身休闲教育的功能和作用。同时,有能力的社区还可在指导大学生休闲生活,抵制消极性休闲行为、预防犯罪,开展有意义的休闲活动中提供更多便利和发挥更大作用,特别是大学城等社区机构应该发挥自身优势把休闲资源融合起来提供给大学生。

综上,多部门联合最有效的途径是实施联合供给计划,即在教育部门和社区、家庭、其他休闲部门之间建立一种伙伴合作关系,通过各部门的相互合作与综合性教育系统开展对人们休闲兴趣和生活方式的引导和培养,促使家庭、教育部门、休闲供给部门和社区对人们的休闲教育起到相互补充的作用。

(2) 现代信息技术与传统文化、技艺等休闲教育内容的融合

基于众所周知的原因,大学倾向于关注核心课程及其相关的特殊技能,而忽视一些基本的社会文化知识,甚至有观念认为体育和音乐只属于少数有天赋的人,只有他们能够在表演或比赛中获得好成绩,这样的认知就会导致某些休闲活动小众化和专业化,进而使学生远离那些娱乐休闲活动。上述认知和行为都是有悖于全面教育的理念的,忽视了综合能力作为个人在工作和休闲过程中自我实现的价值和功用。

目前,虽然常规教育体系主要是为学生就业服务的,但传统休闲知识和技能还是得到了越来越多的关注。比如我国许多传统的技艺和知识,如青花瓷、琉璃、龙泉宝剑、木版水印、刺绣、农垦等手工技艺和产品,民俗、仪式等非物质文化遗产也都试图在传统与现实之中找寻一条适合传承的道路。在现代休闲教育中,传统手工艺与现代工业文明、传统文化与现代技术是互助而不悖的。创新传统手工与现代技术的融合,信息与工艺的结合,审美与趣味的辉映,是提高休闲教育效果、吸引学生的有效途径。就像瓦尔特·本雅明在20世纪就提出的:"人类也可以在机械复制年代创造第二自然,社会意识形态将受制于工业文明的节奏。"①

(3) 榜样示范与情感陶冶等休闲教育手段的融合

休闲教育高度依赖榜样。首先,父母和教育者的形象影响巨大,成人的休闲习惯会反映在孩子身上。通过榜样来帮助学习、成长和丰富生活并非要孩子一味顺从、放弃个性,只是心怀敬畏和盲从。影响和吸引年轻人还需要父母、教师返回到年轻人的心态,将自己置身于年轻人的世界中,走进他们内心并与其交流加以引导。其次,同龄人的榜样示范作用也很突出。年轻人喜欢模仿偶像,喜欢追逐偶像的一言一行,甚至效仿其穿着打扮,行为举止。所以,在教育中要多树立和宣传休闲生活质量高和有正向精神引领作用的朋辈典型。

情感的熏陶是强大的休闲资源,休闲和游憩生活中的自由和情感因素突出了树立榜样的作用。一个孩子要学会如何明智地利用闲暇时光,也需要能亲眼

---

① 曹俊杰:《本雅明传统手工艺与现代工业文明的互助可能》,《第一财经日报》2012年5月3日。

看到别人的示范和感受情感的陶冶。如何能寄希望于明天的公民会将闲暇时光用于更高尚、更令人满意的目的呢？这蕴藏在每个孩子身上,使孩子首先要想追求美好事物的神圣的火花可能是最能给我们以希望的东西。

(4) 个性、主流、专业的融合

大家普遍认为：青年是充满个性的群体。所以,这个阶段的青年大学生的休闲生活也是富有叛逆精神和探索精神的,这是青年大学生休闲中最明显的个性体现。他们的休闲选择容易受到时尚和流行的影响,他们总是在不断地摒弃、吸收和创造新的、不同的活动。在特有的青年休闲文化的鼓舞下,他们敢于反叛权威及采取区别于权威的做法。如音乐就是年轻人用来表达叛逆精神的一种主要休闲方式,朋克摇滚、嘻哈说唱等音乐形式一度受到年轻人青睐。如果在该阶段能够将学生个人兴趣点结合专业、导入其将来的休闲情趣的话,他们就能够在未来的生活中保持和发展一种有意义的休闲生活方式。所以,在学校环境中,如果学校对学生的预期目标明确,能对学生的休闲行为有所引导,在开发休闲资源时能够考虑学生的创造力和个性、专业发展,如果老师们能把学生的真正需求放在中心位置考虑,给学生多种选择的机会,使他们有足够的信心投入他们喜欢的事情,那么学生将更容易获得"畅"的体验。

长期以来人们有这样一种共识,那就是社会需要向年轻人提供一种有建设性的、社会可以接受的休闲追求。尽管年轻人有着叛逆的精神,但是这个阶段他们所追求的休闲方式事实上还需要主流价值的规范,参与主要休闲方式的能力还经常受到经济因素的制约,比如家庭、学校及范围更大的社区等。我们还得考虑到年轻人成长进程中的危险因素,例如正是因为大学生好奇心重,喜欢尝试并乐于接受新事物,但因为缺少经验判断和理性思维,吸毒、酗酒、熬夜、暴饮暴食、过度消费、物质依赖等情况在大学生群体中仍存在并有上升趋势。如果在高校能开展对其个性、专业和主流融合的休闲方式的引导,将会使大学生的休闲教育达到更为完美的境界。

同时,我们还要关注女性大学生、残疾大学生、有心理疾患的大学生等特殊群体的休闲教育。了解他们的休闲需要和特殊性,给予针对性的指导,为其提供更多的休闲机会和便利。

当然,课堂、活动、培训、游憩空间等休闲教育形式的融合也是方向和要求。

3. 新时代大学生休闲教育机制和方法的创新

博爱特关于休闲教育并不是要完成一定的课时量、古德贝关于休闲教育不仅限于确保图书馆、公园和体育中心等设施具有高使用率的认识和观点共同说明最有效的休闲教育就是让个人能够主动地参与休闲活动，并在人的一生中培养科学的休闲生活方式。这就要求现有的休闲教育必须要有所突破，不能仅把它看成传统教育中的某一门课程；同样也意味着要超越传统方法，这种方法视休闲为核心课程的一种补充或是把休闲视为同其他核心课程的一种结合。

是否鼓励智力发展和探索自由，是否坚持休闲和工作并重，这是当下高等学校休闲教育首先要解决的思维问题，其具体措施如下：

（1）创新学校治理理念和休闲服务意识

休闲教育不仅要求改变教育内容，更要转变教育态度和培养勇于探索新思想领域的精神，主动调整改革现有的顶层设计和制度条件，包括维持吸引人的健康自然环境，改善和美化人工环境和认识到学校在为休闲做准备和提供休闲机会方面的责任。

大学休闲教育最重要的就是重视增强学生意志力的培养，并将意志力转化为制度和行动。首要的是进行休闲启蒙，普及休闲知识，构建终身休闲教育体系，使每一位大学生都能合理、高效地利用时间，在休闲中完善自我，并为未来的任何阶段的休闲生活提供价值指导。建立休闲教育主管部门，制订休闲与文化事务计划，学校各部门积极履行休闲教育的职能，改变课程目标和实施办法，专业课程增加休闲教育的内容并以更为休闲的方法改善教学。

（2）制订青年大学生休闲发展计划

鉴于休闲与社会化认同的发展、身体、认知，以及社会能力、体质健康和精神健康的密切联系，鉴于相对宽裕的自由时间对大学生休闲生活的"双刃剑"作用，鉴于青年休闲活动的当下意义和长远影响等，大学生休闲教育需要制订青年大学生休闲发展计划，开展有教育意义的项目，培养其自我完善的能力、探索能力、自信心和创造力，以促进青年大学生成长发展，同时也提供休闲乐趣和享受，提高其生活和学习的满意度。作为培育青年的有益尝试，青年大学生发展计划能培养大学生宽泛的与他人乃至社会的沟通联系能力，拓展相应的休闲知识和技能。

青年大学生休闲发展计划要更多地反映环境、社会和经济改革的需要，而不仅仅是被动地满足当前需求，要致力于规划出一系列形式多样的活动项目，培养大学生的能力和优势，要增加青年大学生为社会服务的机会，要保持高消费的休闲产品服务和低消耗的休闲模式的平衡,要利用休闲文化预防不当休闲行为,从关注问题转向塑造品质,在项目上应该突出孵化青年服务产业和职业,培养大学生关怀社区。

(3) 校园游憩性服务的供给

20世纪后半叶,作为一种治疗形式,游憩所具有的潜力越来越被人们所认识和重视,为残障人士提供包容性或特殊服务项目的需求也日益增加。作为一个特殊场所,尽管提供休闲和游憩服务不属于大学的基本功能,但它常常把提供公园和游憩服务作为其分内职责。而且长期以来,大学校园习惯被看作是提供游憩服务的理想而方便的场所。社区一般与特定的学校合作,学校拥有的设施就成为推动整个社区活动和提供休闲服务的资源基础,如体育馆、教室、会议室、美术工作室、木工和五金工作坊及球场、田径场地等。校园游憩组织机构的志愿者活动也有利于宣扬和了解校园文化、爱护校园文化、承继校园文化,志愿者也可以通过校园游憩活动引导学生将追求美和知识的内在渴望表现出来,从而重建身心平衡,将机体康健与自然环境发展联系起来。

(4) 共享休闲资源,广募志愿服务者

在大学校园内,许多课外活动都是基于休闲开展的,但学校自身不可能拥有活动开展需要的所有资源和条件,如果不推广资源共享,必然导致课外活动的削减,进而影响课堂活动,而缩减或取消校外活动项目的做法可能会导致无所事事和没有目标的高危青少年人数的增加。青年大学生的休闲体验需要从学校以外的机构获得资助,这就产生了对更多的私人和不基于学校的公共项目的需求。

(5) 创新教育过程和教学方法

增添教育教学过程的休闲色彩。如果学校以培养学生形成良好的休闲价值观和对即将到来的休闲社会的适应能力为目标,那么,可以在校园的总体设计和布局、教学步骤的安排以及教学中做出较大程度的改善。包括提供让学生具有高度自主性和能"实践"自由的环境和氛围,在课程表上预留供学生灵活支配的时间和反思的机会。使教学过程更富休闲性并不意味着教室里的每一件事都是有趣的,也并不是说要取消必要的纪律而扰乱课堂秩序,而是强调发挥学生的主体作用,让学习者在学习过程中自我约束和相互监督,以自律和好奇心维持良好的课堂秩序,而非传统的教师外在强加进来的约束和惩戒。

用游戏的方式教学。人们在享受学习的火炬之光时,必然也会感受到它的炽热。而学校如果要教给学生明智利用休闲的艺术和技能,学习过程中同样难免会需要纪律,但这并不意味着学校不能以一种有趣的方式展示教学资料,或是以一种让学生参与其中的方式来激发和维持他们的兴趣,来加深他们的欣赏力和理解力。游戏能够让年轻人沉迷,对于教育者来说或许也可以这么思考,我们的教育是否也能让孩子们沉迷其中,也就是说,游戏的即时反馈等各种机制是否值得教育借鉴。真正高质量的教育,应该理解青年的游戏、娱乐和休闲是一件重要的事情,并创新方法让学生感受到学习如打游戏一般的乐趣,享受到竞争拼搏后的成就感。

(6) 突破休闲制约,引导理性休闲

休闲活动的制约是多方面的。包括自身的限制,如对某一种休闲活动的兴趣度、家庭的影响、朋友们的态度、缺乏自信心等;还包括人际间的限制,如某项活动要求有同伴一起参加;还包括结构上的限制,如缺乏时间、金钱、交通工具,缺乏活动设施或相应计划。

影响大学生休闲教育的因素更为复杂。如代际因素,某一代际的青年可能会拥有与其他不同代的青年完全不同的世界观,因为他们是在不同环境因素、教育程度和文化背景的"世界"里成长起来的。怎样消解休闲制约,引导理性休闲也是休闲教育必须考虑的问题,特别是在学生的健康状况、学业问题、网瘾、职业选择等问题上寻求难题突破的路径。

第三节 新时代大学生休闲教育的路径

新时代大学生休闲教育不仅是理念和理论问题,更是方法和实践课题。在解决了"要不要"之后,怎么融合、融合的现实路径等问题就自然被提上议事日程。

一、休闲教育与思想政治教育实施主体的融合路径

关于思想政治教育的要素说,张耀灿认为主要有主体、客体、介体和环体等四要素。从这一理论框架出发,基于大学生思想政治教育者的教育主体性来考察,休闲教育与大学生思想政治教育的主体融合首先要关注其融合的原则。

(一) 融合的原则

第一,方向原则。休闲教育的根本目标是实现人的自由全面发展,这一目标的实现过程要受制于现实的社会发展水平和客观条件,不能一蹴而就,依据现实条件可以确定不同时期的具体目标,根本目标的实现是不同阶段的具体目标实现的结果。中国共产党的"两个一百年"奋斗目标的第一个目标就是全面建成小康社会,这是自古人们对理想社会的追求,是与人的发展目标相一致的。所以,当前的休闲教育要以党的奋斗目标为指导,要全面贯彻党的教育方针,坚持社会主义方向,培养"德智体美劳"全面发展的社会主义建设者和接班人。

第二,层次原则。休闲教育者应从实际出发,根据教育对象的不同开展分层次的休闲教育。由于教育对象的生活环境、经济状况、价值取向等不同,客观上存在复杂的层次性,因而必须分层次进行休闲教育,以使休闲教育更具针对性。要深入实际了解教育对象的差异性,分清层次,并整体规划和统筹安排,确定适宜的目标和内容、方式方法,循序渐进地开展不同层次学生的休闲教育。从而既能促进学生的整体提高,又能满足个性发展需求。

第三,渗透原则。休闲教育从具体操作上,更大程度上是对休闲观和生活方式的引导,所以,它更需要融入生活、贴近生活、贴近学生的实际。同时,要把休闲教育融入家庭、社会、学校等各项活动中去,形成教育的合力,这样才能增强其实效性和针对性,才能发现现实中存在的问题,坚持渗透原则对于大学生休闲教育来讲就具有更加重要的意义。教育者要在平时的生活指导中具有渗透意识并不断增强渗透意识,对教育对象施加全方位的潜移默化的影响。

第四,示范原则。休闲教育工作者要发挥自身的示范作用,以身作则。教育者自身的休闲观、休闲能力、休闲方式如果与教育内容不一致甚至相悖,教育效果肯定要大打折扣,还可能让学生产生怀疑和逆反心理。以身示范是休闲教育增强实效性的必要条件。

(二) 融合的路径

习近平总书记强调:"青少年阶段是人生的'拔节孕穗期',最需要精心引导和栽培。""办好思想政治理论课关键在教师,关键在发挥教师的积极性、主动性、创造性。""思政课教师,要给学生心灵埋下真善美的种子,引导学生扣好人生第一粒扣子。"①而辅导员队伍又是高校思政工作不可或缺的重要力量,是高校学生日常思想政治教育和管理工作的组织者、实施者和指导者,兼具教育和管理两种职能。从工作主辅二重性出发,辅导员应是高校思想政治工作的主攻手、学生管理的主导者、学生成长的主心骨②。所以,思想政治理论课教师、辅导员作为大学生思想政治教育的两股主要力量,在学生的思想、学习、生活、工作等方面的引导和培育等方面责任重大。

进入大学阶段后,学生空闲时间明显增多,学校应开发这些时间资源,引导学生健康文明、高效有价值的休闲方式,解决现存的闲暇时间利用不足、资源浪费、休闲生活质量不高等问题,开展休闲教育正当其时。

抓住"大思政"格局,把休闲教育融于其中。针对当前的课程思政、日常思政、网络思政等支撑的"大思政"格局,可以把休闲观融入学生的世界观、价值观和人生观教育中。把学校的小课堂衔接到社会的大课堂中,实现合力、全过程、全方位的教育格局,增强休闲教育的效果并开拓休闲教育的路径。

以休闲教育形式推进思想政治理论课的实践创新,增强思政课的亲和力和针对性。坚持休闲教育中的美育、劳育等实践形式与思想政治教育中的理论内容相统一,挖掘休闲教育中蕴含的思想政治教育资源,增强思想政治教育的实效。

紧扣时代命题,开展大学生休闲观和休闲生活方式的引导和培育。要学习和运用习近平新时代中国特色社会主义思想铸魂育人,用"创新、协调、绿色、开放、共享"的新发展理念倡导环保绿色生活,用新生态消费观引导健康合理的消费生活,引领大学生以自身知识素养和技能的提高助推高质量发展的要求,以奉献青春、服务社会的责任意识提升其休闲生活质量和实现自身价值。

充分利用"学生舆论场"开展贴近学生的休闲教育。要善于倾听学生的心声,以贴近学生的语言,走进学生的内心,关心学生的各种难题和呼声,及时回应并给予帮助。通过"学生舆论场"还能迅速捕捉到学生的内心世界和思想问题,把控危险因素,找到存在的问题,及时预防、引导和破解。

善用网络资源和优秀传统文化开展休闲教育。大学生是最具创新性的群

---

① 2019年3月18日习近平总书记在学校思想政治理论课教师座谈会上的讲话。
② 2019年9月24日教育部党组书记、部长陈宝生出席全国高校辅导员优秀骨干培训班开班仪式的讲话。

体,他们思想激进、接受新鲜事物能力强。要坚持创新工作方法和内容,坚持价值和知识、显性教育和隐性教育的统一,善于把网络资源和优秀的传统文化引入休闲教育中去,提升大学生的审美情趣和休闲技能,传导主流意识形态。

以典型案例和榜样示范引导大学生休闲生活。要善于引用各类典型案例、社会热点事件启发学生思维,引导学生思考。同时,要重视学生朋辈支持教育,运用学生身边的榜样示范引领学生形成积极健康的生活观念。辅导员作为跟学生接触比较密切的第一线教师,在日常的工作生活中也要用崇高的人格魅力来感染学生,赢得学生的尊重,做学生心中有高度、有温度、有情怀的人生导师和可信、可敬、可靠的知心朋友。此外,辅导员应以自己高尚的道德情操、坚定的信仰、勇于担当的品格和宽广的人生境界在学生心中播撒真善美的种子。

二、休闲教育与思想政治教育载体的融合路径

1. 休闲教育与高校思想政治教育融合的内容与形式

高校思想政治教育的主要课堂教育形式是由高校思想政治理论课,由思想道德修养与法律基础、马克思主义基本原理、中国近现代史纲要、毛泽东思想和中国特色社会主义理论体系概论、形势与政策等五门课程构成,其中高职院校的主要课堂教育形式是由思想道德修养与法律基础、毛泽东思想和中国特色社会主义理论体系概论、形势与政策等三门课程组成。集中进行马克思主义理论道德观、法律观、历史观、政治观和马克思主义理论及其中国化成果教育,一般统称为思政课程。在发挥大学生思想政治教育主渠道作用的同时,部分高校挖掘其他各类课程中的思想政治教育资源,将其他课程与思政课程进行融合,一般统称为课程思政,在一定程度上拓宽了教育渠道,提升了教育效果。因独特的性质、目标、内容和形式,休闲类课程在建构"课程思政"及将自身内容有机融合思想政治教育上大有可为。

由于休闲类课程本身的文化、艺术特色,形式上的亲和力,更有利于提升思想政治教育的实效性。在课程内容上,通过对休闲内涵、休闲文化的分析和讲授提升大学生对中华文化的认同感,增强文化自信;通过引导休闲观、休闲生活方式,塑造学生正确的"三观"(世界观、人生观、价值观),提升大学生的道德素养;在培养休闲能力的同时也培育学生的职业道德、工匠精神、探索和创新能力。同时,根据立德树人的任务和目标,在休闲课程教学活动、教学案例、教学素材、教学方法、教学环境中也可融入思想道德教育的内容和形式。

2. 以休闲类活动推进大学生践行社会主义核心价值观

开展因地制宜、丰富多彩的休闲类活动吸引大学生参与其中，在活动中渗透思想政治教育的内容，增加引领大学生核心价值观的含量。同时，也要对大学生自发的休闲类活动予以指导，或者通过创设更多的休闲设施和条件，增强大学生对活动的参与度和实效性。活动的开展可以拓展到家庭、社区、其他社会团体、机构等中去。在活动中实现学生"德智体美劳"的全面发展，在活动中厚植爱国情怀，感悟诚信友善的重要性，形成爱岗敬业、劳动光荣的工作理念。同时，还要防止活动的泛化和形式化。过多过滥的形式主义活动易造成学生的反感和抵触，所以，教育者要指导和组织好各类休闲活动，力戒形式主义。

3. 在大学生思想政治教育中纳入休闲文化资源

中华民族几千年来形成了博大精深的优秀传统文化，其中，就有很多休闲文化资源。这些都为思想政治教育提供了深厚的力量，为推动思想政治教育改革创新、不断增强其艺术性和亲和力，提供素材和培育土壤。休闲文化中的思想、审美、艺术、技艺等也给学生心灵埋下了真善美的种子。皮珀说过："休闲就是人不但要学会与自己和谐相处，还要与这个世界的意义保持一致。"休闲于人而言，是最本质的需要和存在的意义。以休闲的形态开展教育，也是符合教育的规律和人的发展规律的。

综上，新时代的大学生休闲教育尚处于起步阶段，虽然在理念、制度和方法上进行了初步探索并形成了一定成果，解决了大学生休闲生活存在的部分问题，但因为休闲生活本身的发展性，特别是新时代的休闲生活进入新的发展阶段和面临转型升级的新要求，使得当前休闲理论还有不成熟性。特别是网络信息技术对人类学习方式、思维方式的影响，对教育全方位全过程的改造，新时代我国的教育还处于全面创新的前夜。况且，我国的休闲教育开展的时间还比较短，还缺乏更多成功的案例和模式可以借鉴。因此，新时代的高校休闲教育，必须满足大学生成长的新需求、顺应休闲生活的新趋向、把握教育发展的新规律、明确休闲对大学生的新价值、明晰休闲教育对休闲生活的新作用、体现大学生身心发展的新特征，在古今中外资源的整合、目标目的计划的精准、理念原则思想的更新、技术方法路径的创新、教师学生管理者的定位、学科专业课程的设置、课堂网络实践的协同、准备讲授反馈的衔接、教学考核评价的转变等方面进行全方位、立体式、整流程的创新。

后　记

关于休闲,我还有很多疑惑需要进一步思虑。

休闲时间的增多并不必然引起休闲活动的提质增效。虽然随着生产力水平提高,科技的发展,人们在工作和生活中对闲暇时间和自由度增加的呼声越来越高,甚至越来越多的省市已开始尝试"一周休假两天半"的方案,但时间的增量并不代表休闲活动的实际增效,越来越多的时间,除了出门旅游、聚餐、访亲会友、运动养生……我们好像没有更多可消遣的方式。因为如果只是考虑休闲对经济拉动的目的,或者是对时间的消遣,而不是回归人自身本质需要的层面,那休闲除了能让人感到休息得更累(因为疲于旅游、吃喝……),或者让人感到只是身体上恢复,抑或沉溺于假象上的心理上的欢愉,那休闲于人的真正意义和对人的本质上的改变是少之又少的。所以,我们必须重视的是对人们休闲质量的整体提升,对人们休闲理念、休闲能力和休闲技能的引导。同时提升人们对闲暇时间资源的重视、开发和利用,在休闲中发展和完善自我也是当务之急、发展之需。

如果休闲带给人们的是与世界和谐相处的欣喜感,是一种基于信仰而回归内心和自我的安适,或者是"畅"这种内心体验,那我们目前的很多休闲活动离真正的休闲还有距离。就像我们一直在追问"幸福是什么?"一样,和休闲的身体感受度相比,休闲心境是我们人人都可追求并能实现的状态。所以,怎样回归休闲的本质,我们需要澄明一个问题:为什么古人没有现代的生活条件和技术,但同样能体会到"久在樊笼里,复得返自然""心远地自偏"的诗意生活状态,创造出充满意境和美的诗歌、书法、绘画等休闲文化产品。

休闲的制约是我们必须正视的课题。习近平总书记深刻指出:"人民对美好生活的向往,就是我们的奋斗目标。"这充分体现了中国共产党情系群众、关注民生的为民情怀。国家、社会、机构、团体,直至个人都在不断寻求突破,为民众或自身创造更多的休闲条件和休闲环境。但至今,有些人仍没有更新自己的休闲理念,缺失对诸如生态、环境等的发展伦理和理念的重视。我们的休闲观念、休闲方式绝不是以个人的无限自由为法则的。在休闲的制约因素中,我们必须有所信仰、有所敬畏,如敬畏自然、信仰法则、敬畏人类社会的道德律。所以,休闲不是随心所欲、不是任性为之。对自由的审慎和敬畏才能使我们持续发展和不断获得真正的自由。

新的高质量发展阶段,自然提出了对人的高质量发展的要求。2021年全面建成小康社会目标的实现,我们该怎样寻求更多的对公民素质的整体提升的破题,以跟上经济发展的步伐,因为民众素养的普遍提高才能带来整个社会休闲水平的提升。

我们将如何借力休闲?发展是永恒的,这个课题也是常新的。

参考资料

一、经典文献

[1]《马克思恩格斯选集》第1~4卷,北京:人民出版社,2012年。

[2]《马克思恩格斯全集》第42卷,北京:人民出版社,1979年。

[3]《马克思恩格斯全集》第1卷,北京:人民出版社,2002年。

[4]《马克思恩格斯文集》第1、8卷,北京:人民出版社,2009年。

[5]《资本论》,北京:商务印书馆,2007年。

[6]《习近平谈治国理政》第2卷,北京:外文出版社,2017年。

[7]《习近平新时代中国特色社会主义思想三十讲》,北京:学习出版社,2018年。

[8]《决胜全面建成小康社会 夺取新时代中国特色社会主义伟大胜利——在中国共产党第十九次代表大会上的报告》,北京:人民出版社,2017年。

[9]《习近平新时代中国特色社会主义思想学习纲要》,北京:学习出版社,2019年。

[10]《习近平著作选读》第2卷,北京:人民出版社,2023年。

二、著作类

A

[1] 阿格妮丝·赫勒:《日常生活》,衣俊卿译,哈尔滨:黑龙江大学出版社,2010年。

[2] 埃德加·杰克逊等:《休闲的制约》,凌平、刘晓杰、刘慧梅译,杭州:浙江大学出版社,2009年。

[3] 埃德加·杰克逊等:《休闲与生活质量》,刘慧梅、刘晓杰译,杭州:浙江大学出版社,2009年。

[4] 艾里希·弗洛姆:《逃避自由》,刘林海译,上海:上海译文出版社,2015年。

B

[1] 伯特兰·罗素:《自由之路》,李国山等译,北京:文化艺术出版社,1998年。

[2] 柏拉图:《理想国》,郭斌和、张竹明译,北京:商务印书馆,1986年。

C

[1] 查尔斯·K.布莱特比尔:《休闲教育的当代价值》,陈发兵、刘耳、蒋书婉译,北京:中国经济出版社,2009年。

[2] 程遂营:《北美休闲研究》,北京:社会科学文献出版社,2009年。

[3] 程遂营等:《中国长假制度》,北京:中国经济出版社,2010年。

[4] 陈鲁直:《民闲论》,北京:中国经济出版社,2005年。

[5] 陈琰:《闲暇是金:休闲美学谈》,武汉:武汉大学出版社,2006年。

[6] 陈咏梅等:《中国休闲哲学与文化专辑》,北京:中国广播电视出版社,2016年。

D

[1] 道格拉斯·克雷伯等:《休闲社会心理学》,陈美爱译,杭州:浙江大学出版社,2014年。

F

[1] 凡勃伦:《有闲阶级论》,蔡受百译,北京:商务印书馆,1964年。

[2] 冯友兰:《哲学的精神》,西安:陕西师范大学出版社,2008年。

G

[1] 郭鲁芳:《休闲经济学:休闲消费的经济分析》,杭州:浙江大学出版社,2005年。

[2] 郭鲁芳:《休闲学》,北京:清华大学出版社,2011年。

H

[1] 汉娜·阿伦特:《人的境况》,王寅丽译,上海:上海人民出版社,2009年。

[2] 亨利等:《休闲政策政治学》,徐菊凤、陈愉秉、潘悦然译,北京:中国旅游出版社,2010年。

J

[1] 蒋艳:《城市居民休闲参与的幸福感》,北京:经济科学出版社,2015年。

[2] 杰弗瑞·戈比:《21世纪的休闲与休闲服务》,张春波等译,昆明:云南人民出版社,2000年。

[3] 杰弗瑞·戈比:《你生命中的休闲》,康筝译,昆明:云南人民出版社,2000年。

K

[1] 克里斯·布尔等:《休闲研究引论》,田里、董建新等译,昆明:云南大学出版社,2006年。

[2] 克里斯多夫·爱丁顿、陈彼得:《休闲:一种转变的力量》,李一译,杭州:浙江大学出版社,2009年。

[3] 克里斯多夫·R.埃廷顿等:《休闲与生活满意度》,杜永明译,北京:中国经济出版社,2009年。

[4] 克里斯·格拉顿等:《体育休闲经济学》,凡红译,北京:人民体育出版社,2009年。

L

[1] 赖勤芳:《休闲美学读本》,北京:北京大学出版社,2011年。
[2] 老子:《道德经》,郑州:中州古籍出版社,2016年。
[3] 梁振南:《休闲审美学》,桂林:广西师范大学出版社,2013年。
[4] 林东泰:《休闲教育与其宣导策略之研究》,台北:师大书苑有限公司,1992年。
[5] 刘邦凡:《社会休闲与休闲治理》,长春:吉林人民出版社,2014年。
[6] 刘晨晔等:《人本视域中的休闲经济和休闲产业》,大连:辽宁师范大学出版社,2015年。
[7] 刘晨晔:《休闲:解读马克思思想的一项尝试》,北京:中国社会科学出版社,2006年。
[8] 刘海春:《生命与休闲教育》,北京:人民出版社,2008年。
[9] 李云霞:《面向生活世界的休闲问题研究》,北京:中国社会科学出版社,2013年。
[10] 楼嘉军:《论休闲与休闲时代》,上海:上海交通大学出版社,2013年。
[11] 楼嘉军:《休闲新论》,上海:立信会计出版社,2005年。
[12] 陆丽琼:《西方休闲价值观研究》,北京:经济科学出版社,2015年。
[13] 罗杰克等:《休闲理论原理与实践》,张凌云译,北京:中国旅游出版社,2010年。
[14] 罗歇·苏等:《休闲》,姜依群译,北京:商务印书馆,1996年。

M

[1] 马尔库塞:《现代文明与人的困境》,李小兵译,上海:三联书店上海分店,1989年。
[2] 马惠娣等:《中国休闲研究(2015)》,广州:广东高等教育出版社,2016年。
[3] 马惠娣、宁泽群:《中国休闲研究学术报告(2011)》,北京:旅游教育出版社,2012年。
[4] 马惠娣、宁泽群:《跨学科研究:休闲与社会文明》,北京:中国旅游出版社,2010年。
[5] 马惠娣:《休闲:人类美丽的精神家园》,北京:中国经济出版社,2004年。
[6] 马惠娣:《休闲与国计民生》,重庆:重庆大学出版社,2009年。
[7] 马惠娣:《自由与审美——休闲的两只翅膀》,北京:文化艺术出版社,2014年。
[8] 马惠娣:《走向人文关怀的休闲经济》,北京:中国经济出版社,2004年。

N

[1] 倪敏达:《〈礼记·学记〉的教育智慧》,北京:中国华侨出版社,2016年。

P

[1] 庞学铨等:《休闲评论》第1、2、5、8辑,杭州:浙江大学出版社,2011—2018年。
[2] 潘海颖:《休闲消费论纲》,北京:中国社会科学出版社,2015年。

Q

[1] 秦学:《和谐文明视域下休闲文化与生活风尚建设》,北京:科学出版社,2013年。

S

[1] 沈金荣:《社区教育的发展和展望》,上海:上海大学出版社,2000年。

[2] 石振国:《课程视域中的休闲体育》,南京:南京师范大学出版社,2011年。

[3] 宋瑞、杰弗瑞·戈比:《寻找中国的休闲:跨越太平洋的对话》,北京:社会科学文献出版社,2015年。

[4] 宋瑞:《2013—2015年中国休闲发展报告》,北京:社会科学文献出版社,2015年。

[5] 宋瑞:《全球休闲范例城市研究》,北京:社会科学文献出版社,2012年。

[6] 宋妍:《媒介之镜与休闲时代》,沈阳:辽宁教育出版社,2009年。

[7] 苏霍姆林斯基:《给教师的建议》,杜殿坤译,北京:教育科学出版社,1980年。

[8] 孙海植等:《休闲学》,朴松爱、李仲广译,大连:东北财经大学出版社,2005年。

[9] 孙林叶:《休闲理论与实践》,北京:知识产权出版社,2010年。

T

[1] 托马斯·古德尔、杰弗瑞·戈比:《人类思想史中的休闲》,程素梅、马惠娣等译,昆明:云南人民出版社,2008年。

W

[1] 王斌:《步入小康社会的日本休闲文化》,北京:中国社会科学出版社,2010年。

[2] 王立新:《休闲异化的技术审视》,大连:东北财经大学出版社,2017年。

[3] 王宁:《消费社会学》,北京:社会科学文献出版社,2001年。

[4] 王琪延等:《休闲经济》,北京:中国人民大学出版社,2005年。

[5] 王守颂:《休闲》,济南:山东人民出版社,2015年。

[6] 吴文新等:《大众休闲与民闲社会》,哈尔滨:黑龙江人民出版社,2009年。

[7] 吴文新等:《休闲学导论》,北京:北京大学出版社,2013年。

[8] 王雅林、董鸿扬:《闲暇社会学》,哈尔滨:黑龙江人民出版社,1992年。

[9] 王雅林:《城市休闲:上海、天津、哈尔滨城市居民时间分配的考察》,北京:社会科学文献出版社,2003年。

[10] 王忠明:《星星点点》,北京:中国经济出版社,2003年。

[11] 魏小安:《中国休闲经济》,北京:社会科学文献出版社,2005年。

X

[1] 向建州:《当代中国休闲伦理研究》,新北:花木兰文化出版社,2015年。

[2] 谢秀华:《工业社会休闲异化批判》,长春:吉林大学出版社,2016年。

[3] 席勒:《美育书简》,徐恒醇译,北京:中国文联出版公司,1984年。

[4] 徐春林等:《中国休闲文化大观》,上海:上海文化出版社,2012年。

Y

[1] 亚当·斯密:《道德情操论》,蒋自强等译,北京:商务印书馆,1997年。

[2] 亚里士多德:《尼各马可伦理学》,廖申白译,北京:商务印书馆,2003年。

[3] 亚里士多德:《政治学》,吴寿彭译,北京:商务印书馆,1997年。

[4] 伊夫·R.西蒙等:《劳动、社会与文化》,周国文译,北京:中国经济出版社,2009年。

[5] 约翰·赫伊津哈:《游戏的人》,傅存良译,北京:北京大学出版社,2014年。

[6] 约翰·凯利:《走向自由——休闲社会学新论》,赵冉译,昆明:云南人民出版社,2000年。

[7] 约翰·R.凯里等:《解读休闲:身份与交际》,曹志建、李奉栖译,重庆:重庆大学出版社,2011年。

[8] 约瑟夫·皮珀:《闲暇:文化的基础》,刘森尧译,北京:新星出版社,2005年。

[9] 于光远等:《于光远马惠娣十年对话:关于休闲学研究的基本问题》,重庆:重庆大学出版社,2008年。

[10] 于光远:《论普遍有闲的社会》,北京:中国经济出版社,2005年。

[11] 于永昌:《休闲教育学》,沈阳:白山出版社,2014年。

Z

[1] 张永红:《马克思的休闲观及其当代价值》,长沙:湖南人民出版社,2010年

[2] 张媛:《休闲概论》,上海:上海交通大学出版社,2012年。

[3] 张玉勤:《休闲美学》,南京:江苏人民出版社,2010年。

[4] 钟学富:《休闲哲学》,北京:中国社会科学出版社,2009年。

三、期刊论文类

C

[1] 才立琴:《当代青年休闲生活的哲学审思》,《中国青年研究》2009年第5期。

[2] 曹俊杰:《本雅明传统手工艺与现代工业文明的互助可能》,《第一财经日报》2012年5月3日。

[3] 查尔斯·J.李斯特、孟繁红:《野外休闲的美德》,《世界哲学》2006年第5期。

[4] 程遂营:《北美休闲研究:回顾与展望》,《旅游学刊》2009第10期。

[5] 成思危:《应重视中国休闲学研究》,《科技导报》2009年第23期。

[6] 陈静:《休闲教育与和谐人格的培养》,《黑龙江高教研究》2011年第3期。

[7] 陈立旭:《论城市历史文化遗产的价值》,《中共浙江省委党校学报》2001年第6期。

[8] 陈宁:《发展成都市休闲文化的对策思考》,《中华文化论坛》2012年第4期。

[9] 陈霞:《休闲伦理研究综述》,《南京政治学院学报》2012年第6期。

[10] 陈兴升、陈新蕊:《基于休闲体育视角的大学生休闲教育内容选择》,《南京体育学院学报(社会科学版)》2011年第5期。

[11] 陈新蕊:《休闲体育——高校休闲教育的切入点》,《浙江体育科学》2011年第1期。

[12] 陈正伟:《居民休闲方式统计分析》,《改革》2002年第5期。

[13] 崔伟奇:《休闲:现代生活质量的意义阐释》,《马克思主义与现实》2003年第3期。

[14] 崔伟奇:《现代休闲研究的哲学意蕴》,《中共中央党校学报》2003年第2期。

D

[1] 戴世勇:《休闲教育:大学生思政工作新课题》,《中国高等教育》2008年第24期。

[2] 邓蕊:《休闲教育——一个值得关注的问题》,《山西高等学校社会科学学报》2004年第4期。

[3] 邓蕊:《休闲教育与中国高等教育的应对》,《自然辩证法研究》2002年第6期。

[4] 邓文才:《对休闲教育的探讨》,《黑龙江高教研究》2003年第2期。

[5] 蒂姆·麦克、杰弗瑞·戈比、魏乐军:《休闲服务在未来的复杂性》,《洛阳师范学院学报》2011年第10期。

[6] 董辉、袁祖社:《"美好生活"的理想及其生存论人学逻辑》,《中国高校社会科学》2019年第1期。

F

[1] 方青、邬丽丽:《1980年以来的中国休闲研究》,《安徽师范大学学报(人文社会科学版)》2009年第1期。

[2] 方旭红:《休闲方式与时代精神建构》,《苏州大学学报(哲学社会科学版)》2009年第2期。

G

[1] 高德胜:《学校时间观念的反思与批判》,《首都师范大学学报(社会科学版)》2007年第1期。

[2] 高德胜:《生命·休闲·教育——兼论教育对休闲的排斥》,《高等教育研究》2006年第5期。

[3] 共青团陕西省委课题组:《"校园贷"问题产生的原因及防范建议——陕西大学生"校园贷"调查报告》,《预防青少年犯罪研究》2018年第4期。

[4] 管媛媛:《校园"裸贷"法律规制研究》,《洛阳理工学院学报(社会科学版)》2019年第1期。

[5] 郭鲁芳:《国外休闲经济研究的历史与进展》,《经济学家》2004年第4期。

H

[1] 韩东屏、罗会宇:《休闲于人生的意义》,《湖北社会科学》2010年第2期。

［2］韩丽峰：《论休闲文化的世俗性及其超越》，《杭州师范学院学报（社会科学版）》2007年第2期。

［3］韩美兰：《高校德育应重视对学生休闲价值观的教育》，《教育理论与实践》2007年第3期。

［4］韩升、谢丽威：《闲暇的政治哲学分析》，《中共四川省委党校学报》2015年第4期。

［5］何平香、张秋芬、孙众：《中西方休闲观念比较研究》，《北京体育大学学报》2009年第7期。

［6］黄梅：《中国近代休闲方式解读》，《社会》2000年第9期。

［7］黄文琴：《传媒社会背景下的学校休闲教育》，《教育理论与实践》2009年第3期。

［8］胡小明：《竞技运动文化属性的皈依——从工具到玩具》，《体育文化导刊》2002年第4期。

［9］胡振良：《五四运动与马克思主义发展新境界》，《当代世界与社会主义》2019年第2期。

［10］胡志坚、李永威、马惠娣：《我国公众闲暇时间文化生活研究》，《清华大学学报（哲学社会科学版）》2003年第6期。

J

［1］蒋星梅：《西部民族地区节日游艺民俗与农民休闲》，《贵州民族研究》2012年第4期。

［2］季斌：《休闲：洞察人的生存意义》，《自然辩证法研究》2001年第5期。

［3］杰弗瑞·戈比、沈杰明、刘晓杰、刘慧梅：《北美休闲研究的发展：对中国的影响》，《浙江大学学报（人文社会科学版）》2008年第4期。

［4］金川江：《从游戏到休闲：对休闲体育发展历程的多重解读》，《吉林体育学院学报》2011年第2期。

［5］金奇：《现代休闲的困境及其超越》，《社会科学家》2012年第4期。

［6］金雪芬：《论休闲之"成为人"的价值意蕴》，《旅游学刊》2012年第9期。

［7］季忠：《休闲的哲学意义》，《自然辩证法研究》2001年第5期。

K

［1］克里斯托夫·爱丁顿、周丽君：《世界休闲：促进人类健康》，《浙江大学学报（人文社会科学版）》2006年第5期。

［2］孔旭红：《休闲教育：解决大学生心理健康危机的出路之一》，《未来与发展》2008年第1期。

L

［1］廖小平、孙欢：《论大学生休闲教育》，《现代大学教育》2011年第1期。

［2］廖小平、孙欢：《休闲价值论》，《湘潭大学学报（哲学社会科学版）》2011年第1期。

［3］李斌：《休闲与休闲体育教育的生命化、生活化、生态化内涵解读》，《广州体育学院学报》2010年第6期。

［4］李国玲：《体育休闲在近代美国的发展进程》，《体育科技文献通报》2005年第8期。

［5］黎海燕：《通识教育、闲暇教育与思想政治教育关系研究》，《理论月刊》2008年第6期。

［6］李磊：《是"假日经济"还是"休闲经济"？——有关"假日"和"休闲"的探讨》，《自然辩证法研究》2002年第9期。

［7］李茂平：《志愿服务对集体主义道德原则的彰显与弘扬》，《伦理学研究》2011年第2期。

［8］琳达·L.凯德维尔、谭惠娟、李维兴：《以休闲教育为预防措施：应对中国青少年的危险行为》，《浙江大学学报（人文社会科学版）》2009年第2期。

［9］刘昶荣：《我国居民收入逐步提高 休闲却变得越来越"奢侈"》，《中国青年报》2018年7月19日。

［10］刘晨晔：《休闲文明建设初探》，《道德与文明》1996年第3期。

［11］刘晨晔、许征帆：《劳动——休闲——马克思人的自由全面发展思想的两个内在逻辑基点》，《南京政治学院学报》2003年第1期。

［12］刘东丽、张艳琼：《虚拟休闲的哲学阐释》，《经济导刊》2011年第10期。

［13］刘耳：《中国古代休闲文化传统》，《自然辩证法研究》2001年第5期。

［14］刘方喜：《试论"自由时间"的双重内涵及两种价值趋向》，《自然辩证法研究》2006年第9期。

［15］刘福森、张兴桥：《消费主义的神话：生活质量、健康与幸福》，《长白学刊》2005年第1期。

［16］刘冠军、陈晨：《科技型生产方式下剩余价值生产方法的系统考察》，《齐鲁学刊》2019年第2期。

［17］刘海春：《多元化的现代休闲生活方式》，《华南师范大学学报（社会科学版）》2007年第3期。

［18］刘海春、孙东屏：《休闲：现代人精神生活的风标》，《华南师范大学学报（社会科学版）》2010年第6期。

［19］刘海春、吴文新、刘河：《休闲价值与构建和谐社会——"2006—中国：休闲与社会进步年会"会议综述》，《自然辩证法研究》2007年第2期。

［20］刘海春：《休闲教育的伦理限度》，《学术研究》2006年第5期。

［21］刘海春：《休闲教育的实践理想》，《学术研究》2008年第7期。

［22］刘海春：《休闲教育的失位、错位与归位》，《自然辩证法研究》2007年第4期。

［23］刘红玉、粘忠友：《工作与休闲关系的嬗变》，《泉州师范学院学报》2008年第1期。

［24］刘慧梅、张彦：《西方休闲伦理的历史演变》，《自然辩证法研究》2006年第4期。

［25］刘捷：《现代社会的工作与休闲》，《中国城市经济》2005年第9期。
［26］刘绮红：《休闲运动与和谐社会价值理念探讨》，《体育与科学》2006年第6期。
［27］刘小容：《休闲教育融入大学生思想政治教育探析》，《思想理论教育导刊》2013年第5期。
［28］刘彦华：《2017中国休闲小康指数：77.2 休闲方式大变化 手机休闲成主流》，《小康》2017年第28期。
［29］李先启：《科技异化视域下人的主体性消解与重构——以休闲教育为视角》，《贵阳学院学报（社会科学版）》2019年第2期。
［30］厉新建：《换个角度看假期制度与旅游》，《旅游学刊》2009年第10期。
［31］李涯：《仪式抵抗：青年亚文化视域下的麦克尤恩早期创作》，《中外文化与文论》2015年第2期。
［32］李仲广：《科学的形式与休闲学的几个基本问题》，《杭州师范大学学报（社会科学版）》2007年第5期。
［33］李仲广：《与休闲比较视野下的旅游》，《旅游学刊》2006年第9期。
［34］陆海涛：《基于齐鲁文化的旅游商品设计创新》，《工业设计》2018第12期。
［35］罗春潮、莫碧珍：《休闲：一个备受关注的研究领域》，《经济与社会发展》2005年第9期。
［36］罗明东、扶斌：《论闲暇、闲暇素质与闲暇教育》，《学术探索》2002年第6期。
［37］罗务恒：《现代西方文学艺术与近现代西方文化主题》，《文艺研究》1986年第6期。
［38］罗雪莲：《美国大学"休闲娱乐治疗"课程介绍及启示》，《体育学刊》2010年第7期。
［39］陆彦明、马惠娣：《马克思休闲思想初探》，《自然辩证法研究》2002年第1期。
［40］陆英浩、柏慧敏：《休闲体育文化的意义隐喻》，《上海体育学院学报》2013年第2期。

M

［1］马惠娣：《城市与休闲》，《中国城市经济》2004年第11期。
［2］马惠娣、成素梅：《关于自由时间的理性思考》，《自然辩证法研究》1999年第1期。
［3］马惠娣、刘耳：《西方休闲学研究述评》，《自然辩证法研究》2001年第5期。
［4］马惠娣：《人类文化思想史中的休闲：历史·文化·哲学的视角》，《自然辩证法研究》2003年第1期。
［5］马惠娣：《文化精神之域的休闲理论初探》，《齐鲁学刊》1998年第3期。
［6］马惠娣：《文化、文化资本与休闲——对休闲问题的再思考》，《自然辩证法研究》2005年第10期。
［7］马惠娣：《西方城市游憩空间规划与设计探析》，《齐鲁学刊》2005年第6期。
［8］马惠娣：《休闲——文化哲学层面的透视》，《自然辩证法研究》2000年第1期。
［9］马惠娣：《休闲问题的理论探究》，《清华大学学报（哲学社会科学版）》2001年第6期。

[10] 马惠娣:《"休闲:终归是哲学问题"——记于光远休闲哲学思想》,《哲学分析》2014 年第 4 期。

[11] 马娟:《休闲与人的全面和谐发展》,《福州党校学报》2008 年第 2 期。

[12] 孟凡强:《休闲体育教育教学改革初步探索》,《武汉体育学院学报》2008 年第 10 期。

[13] 苗元江、王旭光、梁小玲:《生命之流——幸福流的理论及其应用》,《中小学心理健康教育》2012 年第 20 期。

[14] 莫恒全:《论中国传统休闲审美的第三境界》,《钦州学院学报》2013 年第 4 期。

N

[1] 倪依克:《蒸腾与困窘:当代中华民族传统体育发展之惑》,《体育科学》2005 年第 9 期。

P

[1] 庞学铨:《试论休闲对于城市发展的文化意义》,《浙江大学学报(人文社会科学版)》2010 年第 2 期。

[2] 庞学铨:《休闲学的学科解读》,《浙江学刊》2016 年第 2 期。

[3] 庞学铨:《休闲学研究的几个理论问题》,《浙江社会科学》2016 年第 3 期。

[4] 潘立勇、武晓玮:《休闲教育与创意思维》,《浙江大学学报(人文社会科学版)》2019 年第 2 期。

[5] 潘立勇:《走向休闲——中国当代美学不可或缺的现实指归》,《江苏社会科学》2008 年第 4 期。

Q

[1] 卿前龙、胡跃红:《休闲产业:国内研究述评》,《经济学家》2006 年第 4 期。

[2] 卿前龙:《什么是休闲?——国外不同学科学者对休闲的理解》,《国外社会科学》2006 年第 4 期。

[3] 卿前龙:《西方休闲研究的一般性考察》,《自然辩证法研究》2005 年第 1 期。

[4] 秦秀清、李璐璐:《试论新时代习近平群众观的新发展》,《江西理工大学学报》2018 年第 6 期。

S

[1] 宋超女:《休闲理念下的大学生健康人格培养》,《中国成人教育》2010 年第 14 期。

[2] 宋瑞:《反思与演化:近二十余年西方休闲研究的学理之辩》,《旅游学刊》2013 年第 5 期。

[3] 宋瑞:《国内外休闲研究扫描——兼谈建立我国休闲学科体系的设想》,《旅游学刊》2004 年第 3 期。

[4] 宋瑞:《浅论休闲经济》,《消费经济》2001 年第 5 期。

[5] 宋瑞:《休闲:经济学分析与统计》,《旅游学刊》2002年第6期。

[6] 宋瑞:《休闲与生活质量关系的量化考察:国外研究进展及启示》,《旅游学刊》2006年第12期。

[7] 宋妍:《"大众传媒时间"与休闲理想的悖论》,《国际新闻界》2006年第7期。

[8] 孙承志:《休闲利益论的发展与比较研究》,《世界经济文汇》1999年第2期。

[9] 孙承志:《休闲哲学观思辩》,《社会科学家》1999年第4期。

[10] 孙冬青:《习近平高校青年工作重要论述:演进逻辑、理论特质与价值意义》,《思想理论教育导刊》2019年第4期。

[11] 孙林叶、董美珍:《国外休闲教育的发展及启示》,《教育理论与实践》2006年第20期。

[12] 孙林叶、孟宪文:《试论休闲与休闲教育》,《黑龙江高教研究》2006年第8期。

[13] 孙世忠:《关于政府统计体制改革的探讨》,《统计与管理》2018年第9期。

[14] 孙伟平:《社会主义核心价值观与法治中国建设》,《思想教育研究》2018年第12期。

[15] 孙英:《加强休闲教育促进大学生心理健康》,《中南民族大学学报(人文社会科学版)》2007年第S1期。

T

[1] 唐继刚:《议休假制度改革不能囿于旅游视角》,《旅游学刊》2009年第10期。

[2] 唐任伍、周觉:《论时间的稀缺性与休闲的异化》,《中州学刊》2004年第4期。

[3] 陶海鹰:《本土化语境下当代中国特有的文化心理与设计》,《艺术评论》2009年第12期。

[4] 陶培之:《人的全面发展:休闲消费的伦理之维》,《苏州大学学报(哲学社会科学版)》2008年第4期。

W

[1] 王德胜:《消费文化与虚拟享乐》,《北京社会科学》1988年第2期。

[2] 王东昌:《现代人的精神生态与中国传统闲逸美学》,《洛阳师范学院学报》2012年第1期。

[3] 王景全:《论幸福的休闲维度》,《中州学刊》2008年第4期。

[4] 王景全:《休闲:人与自然和谐之道》,《中州学刊》2007年第1期。

[5] 王琪延:《北京人的昨天、今天》,《中国统计》2007年第1期。

[6] 王琪延、郭茜:《从时间分配看青少年生活方式》,《中国统计》2007年第9期。

[7] 王琪延:《休闲时代旅游消费的十大趋势》,《旅游学刊》2006年第10期。

[8] 王守颂:《论休闲时代休闲教育的必要性》,《继续教育研究》2010年第10期。

[9] 王守颂:《休闲消费视域下体验经济发展问题探讨》,《商业时代》2010年第32期。

[10] 王晓杰、汪继福:《休闲研究:理论溯源与现实思考》,《求索》2007年第10期。

[11] 王晓杰:《休闲经济发展的人本学解读》,《科学社会主义》2010年第4期。

[12] 王晓琴:《审美性休闲文化与人性的生态建构》,《成都大学学报(社会科学版)》2003 年第 2 期。

[13] 王学俭、高璐佳:《试论对马克思休闲思想的研究范式》,《甘肃社会科学》2010 年第 4 期。

[14] 王岩:《论高校校园休闲文化的内涵与认同路向》,《兰州学刊》2008 年第 12 期。

[15] 王永明:《休闲伦理研究的当代进展》,《探索》2009 年第 5 期。

[16] 王昭君、陈宇明:《大学生休闲文化之功能探析》,《教育理论与实践》2012 年第 12 期。

[17] 魏小安:《发展休闲产业论纲》,《浙江大学学报(人文社会科学版)》2006 年第 5 期。

[18] 文海鸿:《论马克思对自由与时间矛盾的现实解决》,《探索》2008 年第 3 期。

[19] 闻一平、王少春:《论休闲体育的价值》,《浙江体育科学》2004 年第 4 期。

[20] 吴承忠:《国外游憩政策研究》,《城市问题》2009 年第 9 期。

[21] 吴文新:《休闲文化与先进文化:复杂关系辩证》,《中共福建省委党校学报》2006 年第 3 期。

[22] 吴育林、胡朝:《走向自由——基于马克思的"劳动—休闲"维度视域》,《理论学刊》2011 年第 12 期。

[23] 吴育林:《论马克思的劳动休闲观》,《自然辩证法研究》2006 年第 7 期。

X

[1] 祥生:《游憩空间:城市需求的全新挑战——访中国艺术研究院休闲文化研究中心马惠娣教授》,《上海商业》2004 年第 3 期。

[2] 谢香道、黄勇、黄剑等:《大学生运动休闲参与模式的调查研究》,《武汉体育学院学报》2003 年第 8 期。

[3] 许斗斗:《马克思休闲价值思想探析》,《学术研究》2006 年第 5 期。

[4] 许国彬:《实行高校辅导员"五导"促进大学生自由全面发展》,《思想教育研究》2008 年第 10 期。

[5] 徐锦中:《休闲文化的道德意蕴》,《道德与文明》2003 年第 5 期。

Y

[1] 杨守明、杨鸿柳:《论习近平新时代观的内涵、依据和价值》,《中国特色社会主义研究》2018 年第 12 期。

[2] 杨正宇:《休闲理念辨析》,《浙江经济》2007 年第 5 期。

[3] 于光远:《论闲之为物》,《未来与发展》1996 年第 5 期。

[4] 于光远、马惠娣:《关于"闲暇"与"休闲"两个概念的对话录》,《自然辩证法研究》2006 年第 9 期。

[5] 于光远、马惠娣:《关于消费在社会生活、经济运动中的地位和作用的对话》,《自然辩证法

研究》2002年第9期。

[6] 于光远:《谈谈消费文化》,《消费经济》1992年第1期。

[7] 于光远:《我的"四种消费品"理论》,《自然辩证法研究》2003年第3期。

[8] 于光远:《闲之为物》,《未来与发展》1996年第5期。

[9] 余宗:《外国人休闲生活面面观》,《决策与信息》2006年第9期。

Z

[1] 曾燕波:《中国大学生生活方式研究》,《当代青年研究》2008年第9期。

[2] 张琮:《试论闲暇教育与人的自由全面发展》,《理论导刊》2011年第9期。

[3] 张建:《国际休闲研究动向与我国休闲研究主要命题刍议》,《旅游学刊》2008年第5期。

[4] 张晚林:《"休闲"的奠基?——从海德格尔的存在论到中国传统的心性学的诠释理路》,《洛阳师范学院学报》2010年第4期。

[5] 张文建、阚延磊:《休闲的理想和现实的反思》,《史学理论研究》2002年第2期。

[6] 张雅静:《西方休闲价值观解读及启示》,《中共中央党校学报》2010年第4期。

[7] 张玉勤:《审美文化视野中的休闲》,《自然辩证法研究》2004年第10期。

[8] 赵宝珺:《中小学闲暇教育的现状与思考》,《现代教育科学(普教研究)》2008年第12期。

[9] 赵建岭:《论休闲与工作的"对立"和统一》,《中山大学学报论丛》2004年第2期。

[10] 赵鹏、刘捷:《休闲与人类健康发展的关系》,《旅游学刊》2006年第11期。

[11] 赵迎春:《学生闲暇生活的现状及教育策略》,《教学与管理(理论版)》2012年第18期。

[12] 郑蓉:《休闲与大学生心理健康》,《中国成人教育》2008年第24期。

[13] 郑胜龙、刘嘉龙:《我国休闲教育的现状与发展构想》,《高等教育研究》2007年第2期。

[14] 周星:《大学生日常休闲活动的动机与障碍》,《中国青年研究》2005年第8期。

[15] 周觉:《时间稀缺性与休闲的异化——个人自由时间之不可能》,《探求》2004年第4期。

四、外文文献

[1] A. Furnham:Personality and Leisure Activity:Sensation Seeking and Spare-Time Activities [M]. Elsevier Inc,2004.

[2] Chery Atwood:Ergonomics of Leisure Activities[M]. Elsevier Inc,2004.

[3] Colin Clark:The Future of Leisure Time[M]. Elsevier Inc,2001.

[4] Colin Wringe:Ethical Aspects of Leisure Choices and the Autonomous Chooser[M]. Springer International Publishing,2017.

[5] Ernest Furchtgott:Leisure [M]. Springer Inc,1999.

[6] Jane Ali-Knight,Martin Robertson：Introduction to Arts,Culture and Leisure[M]. Elsevier Inc,2004.

[7] J. Robinson：Leisure and Cultural Consumption[M]. Elsevier Inc,2001.

[8] Ken Roberts：Sociology of Leisure[M]. Elsevier Inc,2015.

[9] Robert Beland：The Use of Leisure Time[M]. Elsevier Inc,2008.

附 录

高校大学生休闲生活状况调查问卷(学生卷)

您好:为了全面了解当前大学生的休闲生活方式及当前大学生休闲的满意度,我们特别设计了这样一份调查问卷,非常感谢您能给予大力支持和帮助,完成这份问卷的填写。(我们对问卷个人信息将完全保密,感谢您的如实填写)

1. 您的性别(　　)
   A. 男　　　　　B. 女
2. 您的学历层次(　　)
   A. 大专　　　B. 本科　　　　C. 硕士　　　　D. 博士
3. 您的年级(　　)
   A. 一年级　　B. 二年级　　　C. 三年级　　　D. 四年级
4. 您的专业归属是(　　)
   A. 社会科学类　　　　　　B. 自然科学类
5. 您的家庭所在地(　　)
   A. 省会及以上大城市　　　B. 中小城镇
   C. 农村
6. 您认为休闲是指(　　)(可多选)
   A. 空闲的时间　　　　　　B. 纯粹的身体休息
   C. 自由　　　　　　　　　D. 心理的放松
   E. 不劳动(不工作、不学习的状态)　F. 旅游、美食、逛街等活动
   G. ＿＿＿＿＿＿＿＿＿＿(自己的观点)
7. 您认为休闲生活对个人重要吗(　　)
   A. 非常重要　　　　　　　B. 可有可无
   C. 需要,但是太浪费时间　　D. 不需要休闲

8. 您感觉周围的亲戚朋友对休闲的重视程度（　　）

    A. 都不太重视　　　　　　　　B. 越来越重视

    C. 很少有人重视　　　　　　　D. 都很重视

9. 您认同"休闲仅仅是个人的事情，任何人都无权干涉"这个观点吗（　　）

    A. 同意　　　　B. 不同意　　　　C. 要具体分析

10. 现阶段，您认为学习和休闲哪个更重要（　　）

    A. 学习重要　　　　　　　　　B. 同等重要

    C. 休闲重要　　　　　　　　　D. 对我来说，都无所谓

11. 您认可"不会玩就不会学"这句话吗（　　）

    A. 认可　　　　　　　　　　　B. 不认可

    C. 要看怎么玩　　　　　　　　D. 玩得有技术和水平最好

12. 空闲时，您最想（　　）

    A. 毫无压力地发呆或者休息　　B. 参加休闲类活动使身心完全放松

    C. 参加休闲类活动锻炼提升自己

13. 一周除去学习时间和满足生理需要（吃饭、睡觉、上厕所等）的时间，您平均每天拥有的闲暇时间大概是（　　）

    A. 几乎没有　　B. <1 小时　　C. 1～2 小时　　D. 3～4 小时

    E. 5～6 小时　　　　　　　　　F. 7～8 小时

    G. 9～10 小时　　　　　　　　H. 11～12 小时或以上

    I. 除了上课都是休闲时间　　　J. 自己没在意过

14. 您满意自己当前的休闲时间分配吗（　　）

    A. 很满意　　　　　　　　　　B. 希望再多些休闲时间

    C. 空闲时间太多

    D. 空闲时间都被其他事务占用了，不满意

15. 您周一到周五学习与休闲的时间对比（　　）

    A. 学习时间太多　　　　　　　B. 学习时间太少

    C. 除了上课，其他时间都没事干　D. 学习时间和休闲时间正好

16. 您感觉每日的睡眠时间充足吗（　　）

    A. 不充足　　B. 很充足　　C. 正合适　　D. 太多了

17. 您认为一年中最应该重视的休闲时间是（　　）

    A. 平时学习之余的闲暇时间　　B. 周末　　C. 寒暑假

18. 您平均每天电脑上网的时长是(　　)

　　A. <1 小时　　B. 1～4 小时　　C. 5～8 小时　　D. 9～12 小时

　　E. 12 小时以上　F. 经常通宵

19. 您每天闲暇时间用手机上网的时长是(　　)

　　A. <1 小时　　B. 1～4 小时　　C. 5～8 小时　　D. 9～12 小时

　　E. 12 小时以上　F. 经常通宵

20. 您上网主要是(　　)(可多选)

　　A. 看新闻及评论　　　　　　B. 与人聊天

　　C. 看影视、听音乐　　　　　D. 看、发帖子

　　E. 玩游戏　　　　　　　　　F. 收发邮件

　　G. 查找学习资料　　　　　　H. 看、聊微信或者 QQ

　　I. 网上购物　　　　　　　　J. 找工作

　　K. 其他_____

21. 您通常上网的地点是(　　)

　　A. 网吧　　　　　　　　　　B. 宿舍

　　C. 教室或者图书馆　　　　　D. 肯德基等一些商业场所

　　E. 其他

22. 您用手机或者电脑玩过游戏吗(　　)

　　A. 经常　　　　　　　　　　B. 有时

　　C. 没有,但想尝试　　　　　　D. 从不

23. 您平时主要玩哪款游戏(　　)(可多选)

　　A. 王者荣耀　　B. 梦幻西游　　C. 英雄联盟　　D. 魔兽世界

　　E. 穿越火线　　　　　　　　F. 绝地求生

　　G. 彩虹岛　　　　　　　　　H. 简单的一些小游戏

　　I. 从不玩　　　　　　　　　J. 其他_____

24. 您玩游戏的主要目的是(　　)

　　A. 锻炼大脑　　B. 宣泄情绪　　C. 刺激、好玩

　　D. 消磨时间　　　　　　　　E. 获得成就感和满足感

　　F. 逃避现实　　　　　　　　G. 其他(请注明)_____

25. 您更愿意选择的购物渠道是(　　)

　　A. 网购　　　　B. 实体店购物　　C. 其他_____

26. 您选择网上购物主要是因为（　　）

　　A. 好奇　　　B. 方便　　　　　C. 价格便宜　　D. 时尚

　　E. 节约时间

27. 您喜欢在网上发表（　　）（可多选）

　　A. 情绪情感　　　　　　　　　B. 生活点滴（比如美食、旅游等）

　　C. 文学诗歌等　　　　　　　　D. 时事政治

　　E. 心灵鸡汤　　　　　　　　　F. 跟帖或者评论别人

　　G. 我的爱好　　　　　　　　　H. 娱乐（诸如电影、音乐等）

　　I. 其他

28. 您闲暇时间主要阅读的是（　　）

　　A. 图书　　　B. 报纸杂志　　　C. 电子媒体读物

29. 您最想了解的资讯是（　　）

　　A. 明星八卦　　　　　　　　　B. 时事政治新闻

　　C. 文学知识　　　　　　　　　D. 周围亲戚朋友的动态

　　E. 就业资讯　　F. 金融股市　　G. 其他_____

30. 周末的空闲时间，您一般会（　　）（可多选）

　　A. 睡觉休息　　　　　　　　　B. 打游戏

　　C. 看电视或者电影　　　　　　D. 旅游

　　E. 出去聚餐唱歌　　　　　　　F. 约会

　　G. 逛街　　　　　　　　　　　H. 参加志愿活动

　　I. 看书学习或者上辅导班　　　J. 运动健身

　　K. 参加社会公益活动　　　　　L. 兼职挣钱

　　M. 陪父母　　　　　　　　　　N. 参加自己感兴趣的培训

　　O. 其他（请注明）_____

31. 您最希望从事的休闲活动是 a._____ b._____
　　c._____。（请至少写出3个）

32. 寒暑假您一般会选择（　　）（可多选）

　　A. 旅游、健身或者交友　　　　B. 在学校自学或者上培训班

　　C. 参加学校组织的活动　　　　D. 回家帮父母做事

　　E. 无所事事　　F. 兼职　　　　G. 其他_____

33. 平时周一到周五，除了上课时间，您一般去哪里（　　）

A. 图书馆　　　B. 校外商业场所　　C. 网吧　　　　D. 宿舍

E. 体育馆　　　F. 其他_____

34. 周末,您一般去哪里(　　)

A. 购物场所　　B. 学习场所　　　C. 娱乐场所　　D. 健身场所

E. 交友场所　　F. 其他_____

35. 您觉得学校的休闲设施和场所(　　)

A. 太少　　　　B. 正好　　　　　C. 太多　　　　D. 不关注

36. 您对学校周围的休闲环境满意吗(　　)

A. 满意　　　　B. 基本满意　　　C. 不满意

37. 您希望可以再增加些什么可供休闲的设施或者场所_____

38. 什么样的休闲环境更能吸引您(　　)

A. 购物、娱乐等一体的　　　　B. 文化氛围浓厚的

C. 方便交友聊天聚会的　　　　D. 适宜个人安静独处的

E. 刺激的好玩的　　　　　　　F. 游戏运动的

G. 其他_____

39. 您喜欢旅游吗(　　)

A. 非常喜欢　　B. 不喜欢　　　　C. 无所谓

40. 如果给您充足的时间和金钱,您最想去的地方是(　　)

A. 国外　　　　　　　　　　　B. 国内名胜古迹

C. 文化名城　　　　　　　　　D. 乡村游玩

E. 其他_____

41. 您想在空闲时间兼职吗(　　)

A. 很想　　　　　　　　　　　B. 想尝试,没机会

C. 不想　　　　　　　　　　　D. 无所谓

42. 您平时兼职主要从事什么(　　)

A. 家教或者培训　　　　　　　B. 专业相关工作等

C. 服务　　　　　　　　　　　D. 促销

E. 撰稿　　　　　　　　　　　F. 随机,有什么干什么

G. 其他_____

43. 您兼职的目的是什么(　　)

A. 增加经济收入　　　　　　　B. 锻炼自己的能力

C. 获得生活经验 D. 扩大交往

E. 增长见识

44. 在兼职挣钱和无偿公益服务之间,您会选择( )

A. 兼职挣钱,钱对自己更重要 B. 参加公益服务,因为更有意义

C. 两者都不想做

45. 您经常参加学校组织的志愿活动吗( )

A. 经常 B. 很少 C. 不想参加 D. 没机会参加

46. 您最想参加的公益活动是( )

A. 生态环境保护类 B. 帮助老弱病残类

C. 社会公共服务类 D. 专业技术服务培训类

E. 边远山区帮扶类 F. 其他类_____

47. 您希望自己的闲暇生活是怎样的( )(可多选)

A. 忙碌的 B. 有计划的 C. 随意的 D. 主动的

E. 有收获的 F. 充实的 G. 有意义的 H. 轻松愉快的

I. 说不清 J. 无所谓 K. 没想过

48. 您从事闲暇活动的动机是( )(可多选)

A. 扩大视野、增长见识 B. 放松休息、解除压力

C. 锻炼身体、保持健康 D. 社交友谊、联络感情

E. 消磨时间、无聊空虚 F. 排忧解闷、调节心情

G. 陶冶情操、充实生活 H. 寻找挑战、完善自我

I. 其他_____

49. 闲暇时间,您喜欢( )

A. 自己一个人活动 B. 和朋友在一起

C. 和恋人在一起 D. 和家人在一起

50. 总的来说,您感觉自己的闲暇生活丰富吗( )

A. 很丰富 B. 比较丰富 C. 一般 D. 不太丰富

E. 很单调

51. 即使空闲时,您偶尔也会有未知的压力感吗( )

A. 压力很大 B. 有一点 C. 没有

52. 您对当前整个社会的休闲环境满意吗( )

A. 满意 B. 基本满意 C. 不满意 D. 还需要完善

53. 老师对你们的闲暇生活指导情况如何（　　）

　　A. 很好　　　B. 一般　　　　C. 很少指导　　D. 不指导

54. 您觉着目前制约您休闲活动的主要因素是（　　）（可多选）

　　A. 时间不够　B. 费用太高　　C. 设施、场所不够

　　D. 形式单一　E. 缺少指导

55. 谁的生活方式和态度对您的闲暇态度影响最大（　　）

　　A. 父母　　　B. 师长　　　　C. 朋友　　　　D. 恋人

　　E. 明星　　　F. 其他_____

56. 您认为最能影响您闲暇生活的是（　　）（依次选3个最能影响您的因素）

　　A. 经济因素　B. 家庭教育　　C. 学校教育　　D. 个人性格

　　E. 空闲时间　F. 周围环境　　G. 国家政策　　H. 现实需要

57. 大众传媒的宣传对您的休闲生活选择有影响吗（　　）

　　A. 影响非常大　　　　　　　B. 一般

　　C. 不清楚　　　　　　　　　D. 几乎没有

58. 您觉得学校重视您的闲暇生活吗（　　）

　　A. 很重视　　B. 比较重视　　C. 不太重视　　D. 不重视

　　E. 不知道

59. 您认为有必要对大学生的闲暇生活作引导吗（　　）

　　A. 十分必要　B. 必要　　　　C. 无所谓　　　D. 没必要

　　E. 很不必要

60. 您所在学校开展过休闲指导或教育活动吗（　　）

　　A. 经常　　　B. 偶尔　　　　C. 从没

61. 您希望学校能给您什么样的休闲指导或者教育（　　）

　　A. 不需要　　　　　　　　　B. 理论指导

　　C. 技能培训　　　　　　　　D. 设施或者场所的提供

　　E. 活动的安排　　　　　　　F. 其他_____

当前高校休闲教育状况调查问卷(教师卷)

您好:为全面了解当前高校的休闲教育情况,我们特别设计了这样一份调查问卷,非常感谢您能给予大力支持和帮助,完成这份问卷的填写。(我们对问卷个人信息将完全保密,感谢您的如实填写。)

1. 您的性别(　　)

    A. 男　　　　　　　　　　B. 女

2. 您的学历层次(　　)

    A. 大专　　　B. 本科　　　C. 硕士　　　D. 博士

3. 您认为休闲生活对个人重要吗(　　)

    A. 非常重要　　　　　　　B. 可有可无

    C. 需要,但是太浪费时间　　D. 不需要休闲

4. 您感觉现在大学生的学习和休闲的时间分配(　　)

    A. 合理　　　　　　　　　B. 基本合理

    C. 学习时间太多　　　　　D. 闲暇时间太多

5. 一周花费在休闲生活的时间(　　)

    A. 几乎没有　　B. 一天左右　　C. 两天　　D. 两天以上

    E. 除了上课都是休闲时间

6. 您所在学校开展过休闲指导或教育活动吗(　　)

    A. 经常　　　　B. 偶尔　　　　C. 从没

7. 您觉得学校应该重视学生的闲暇生活吗(　　)

    A. 应该重视　　B. 不应干涉　　C. 无所谓

8. 您感觉当前大学生的闲暇生活(　　)

    A. 很好　　　　　　　　　B. 还算正常

    C. 存在不少问题　　　　　D. 亟须改善

9. 相对于兼职打工,您是否觉得大学生选择公益性服务活动更有意义(　　)

    A. 是　　　　　　　　　　B. 看学生自己的需要

    C. 都一样

10. 在兼职挣钱和无偿公益服务之间,您会选择(　　)

    A. 兼职挣钱,钱对自己更重要　　B. 参加公益服务,因为更有意义

    C. 两者都不想做